정책평가론

김명수 · 공병천

도서출판 대영문화사

머리말

우리나라에 평가제도가 도입되어 운영된 지가 어느덧 60여년에 이른다. 1961년 「정부조직법」(1961.8.25)에 따라 처음으로 정부 내에 도입된 평가제도는 이후, 대통령령인 「정부의 기획 및 심사분석에 관한 규정」(1982.5)과 「정부업무의 심사평가 및 조정에 관한 규정」(1995.2)에 따라 운영되었다. 그러다가 평가제도가 도입된 지 40년이 지난 2001년이 되어서야 국회가 제정한 「정부업무 등의 평가에 관한 기본법」(2001.5)에 따라 운영되기에 이르렀다. 그러다가 평가제도의 실효성 확보 및 제고를 위해 체계적인 성과관리 규정이 명시되어 대체입법화된 현행 「정부업무평가 기본법」(2006.4)이 제정되어 지금에 이르고 있다. 이와 같이 우리나라의 평가제도는 많은 법・제도적인 변화와 발전이 있어 왔다. 그러나 평가제도가 여전히 형식적이고 분절적으로 운영되어 오면서 학계와 정부 내에서는 많은 지적과 다양한 비판 또한 있어 온 것도 사실이다.

정부 내에 도입되어 운영되면서 많은 변화를 거쳐 지금에 이르는 정부업무평가 제도를 비롯해 정부는 물론 공공 부문 내에서 운영되고 있는 다양한 평가제도가 이제는 실질적인 성과 개선 및 향상에 도움을 주기 위한 성과관리의 주요 수단으로서 정착되고 운영되어야 할 때이다. 이러한 시점에서 성과관리와 정책평가에 관심이 있는 공무원, 대학에서 성과관리와 정책평가를 가르치는 교수, 대학 강의실에서 정책평가를 배우는 행정학도 및 정책학도, 정책평가에 관심이 있는 일반 대학생들 어느 누구에게나 정책평가에 관한 이론을 체계적으로 접해 그 실제를 제대로 이해하기 위해서는 무리없이 읽힐 수 있는 교재가 매우 절실함을 깨닫게 되었다.

사실, 이 책은『공공정책평가론』으로 1987년 초판, 1993년 개정판, 2000년 전정판, 2003년 전정보증판으로 출간되어 학계는 물론 정부 내에서 정책학과 정책평가에 관심을 두고 있는 독자들에게 이미 널리 알려진 바 있지만, 이후 절판되어 대학에서 학생들을 가르치는 교수로서 아쉬움을 금치 못했다. 그리하여 이전에 출간된 바 있는『공공정책평가론』의 이론과 편제를 중심적인 내용으로 다루면서, 이후 정부 환경 변화에 따른 성과관리 및 평가제도에 관한 최근 이론과 실제를 더해『정책평가론』이라는 이름으로 새로 출간하기에 이르렀다.

이 책은 제1편 서론, 제2편 평가 과정, 제3편 한국 정부의 정책평가로 구분해 총 16장으로 구성되었다. 제1편 서론은 정책평가의 의의, 평가의 대상인 정책과 사업, 정책평가의 역사와 발전 배경, 정책 체계에서의 정책평가의 위치, 평가와 성과관리 등 5장으로 구성되었으며, 제2편 평가 과정은 평가의 기획, 정책평가의 유형, 정책평가에 대한 순차적 접근, 평가방법론 일반, 평가 유형별 평가 방법, 상위평가, 평가의 활용, 정책평가의 문제점 등 8장으로 구성되었다. 그리고 제3편 한국 정부의 정책평가는 정부업무 평가제도의 과거와 현재, 정책평가기관, 한국 정부의 정부업무평가에 대한 비판적 논의 등 3장으로 구성되었다.

향후 이 책은 성과관리 및 평가에 관한 최신 이론의 추가적인 소개와 평가의 실제에 적합한 평가방법론에 대한 지속적인 연구 결과가 보태어짐으로써 정책학 및 정책평가론의 학술적인 발전은 물론 정부 및 공공 부문의 성과 개선 및 향상에 기여할 것이다. 이를 위해 이 책이 독자들과 지속적인 담론의 장이 되기를 바란다. 끝으로 이 책이 출판될 수 있도록 적극적으로 지원을 해주신 대영문화사 임춘환 사장님과 편집부 직원들께 진심으로 감사드린다.

2016년 2월

김명수 · 공병천

차 례

제 2 편 평가 과정

제 3 편 한국 정부의 정책평가

제 1 편

서론

여기에서는 정책평가에 관한 핵심적인 내용을 논의하기에 앞서 기초적인 내용을 다루고자 한다. 정책평가란 무엇을 의미하는가? 그것은 다른 학문 분야와 어떤 관계에 있는가? 우리가 정책평가를 연구하고 수행하는 목적은 어디에 있는가? 그것의 대상은 무엇인가? 그리고 전반적인 정책체계 속에서 정책평가는 어떠한 위치를 차지하고 있는가? 성과관리는 무엇이고, 이는 평가와 어떤 관계에 있으며, 성과관리의 주요 수단인 성과측정, 성과점검, 성과평가는 무엇인가? 이러한 여러 질문에 대한 해답을 제공하는 것이 제1편의 목적이다.

제 1 장 정책평가의 의의

행정관리학파(administrative management school)의 대표적 학자인 귤릭(Luther Gulick)은 행정관리자들이 수행해야 할 가장 기본적인 기능을 POSDCoRB(Planning, Organizing, Staffing, Directing, Coordinating, Reporting, Budgeting)란 말로 요약해 제시한 바 있다(Gulick, 1937: 12-13). 이러한 제안은 그 후 많은 연구를 자극하고 새로운 제안들을 뒤따르게 했을 뿐만 아니라 행정조직의 구성 및 행정학의 교과 내용 설정에서도 결정적인 기여를 했던 것이 사실이다. 그러한 새로운 제안 중에서 우리에게 관심을 일으킨 것은 1971년 폴랜드(Orville F. Poland) 교수가 제안한 POSDECoRB이다(Poland, 1971: 201-202). 즉, 그는 행정의 중요한 과정을 총망라한다고 생각되어 온 POSDCoRB에 Evaluation(평가)의 첫 문자인 'E'를 포함시켜 POSDECoRB로 할 것을 제창했던 것이다. 행징학계에서 평가에 관심을 기울이기 시작한 것은 바로 이때부터라고 하겠다.

평가는 어느 조직이 공공조직이든 사적인 조직이든 어떠한 계획을 수립하고(planning), 이를 실시하며(implementation), 그 후 그것의 결과를 평가하고(evaluation), 또 그 평가 결과에 따라 어떤 조치를 취하는(feedback) 일련의 논리적 과정에서 매우 중요한 부분을 구성한다. 따라서 주먹구구식이 아닌 합리적인 운영을 시도하는 조직이라면 어떠한 형태로든 이러한 평가 기능을 수행하지 않을 수 없을 것이다. 이것은 분명히 모든 계층의 행정가(혹은 관리자)가 외면할 수 없는 것이며,

그들의 책임 하에 수행해야 할 필수적인 기능임에 틀림없다.

그렇다면 평가란 무엇인가? 그리고 이 책의 주제인 정책평가(특히 정부 부문을 포함한 공공 부문에서 이뤄지는 평가)란 무엇을 의미하는가? 그것은 다른 학문 분야 혹은 개념들과 어떻게 관련되어 있는가? 그리고 그것이 추구하는 목적은 무엇인가? 이러한 몇 가지 질문에 해답을 제공하는 것이 제1장의 목적이다.

제 1 절 정책평가의 개념

정책평가(public policy evaluation)라는 용어는 '정책'과 '평가'라는 두 개념의 합성어이다. 여기에서 정책이라는 용어는 사적 부문에서 운용되는 정책은 제외하고 정부 부문을 포함한 공공 부문에서 수립 · 실시되는 정책만을 관심의 대상으로 한다(앞으로 이 책에서 '공공'이라는 수식어 없이 정책이라고만 하더라도 그것은 공공정책을 의미하는 것으로 받아들여야 한다).

평가라는 용어는 일반적으로 어떤 활동(예컨대 정책 · 사업)의 가치(worthwhileness)를 판단하는 과정으로 이해된다. 그리고 이것과 관련된 용어로서 평가연구(evaluative research)라는 것이 있는데, 이는 어떤 활동의 가치를 판단하기 위해 과학적 방법을 사용하는 것으로 이해된다(Suchman, 1967: 28-31). 이러한 견해를 따른다면, 이 책에서 정책평가라고 할 때 그것은 정책평가 연구와 동일한 개념이다. 즉, 그것은 공공의 정책을 어떤 직관이나 인상에 의해 판단하는 과정을 의미하는 것이 아닌 어떤 체계적인 방법의 적용을 통한 증거를 수집하는 과정을 뜻한다. 무엇에 관한 증거를 수집하느냐의 문제는 제10장에서 자세히 다뤄지겠으나, 간단히 요약하면, 정책의 효과와 집행 과정 및 구조에 관한 증거의 수집을 포함한다.

아래에서는 정책평가 혹은 사업평가가 무엇을 의미하는가를 좀 더 구체적으로 살펴볼 뿐만 아니라 그것의 의미가 얼마나 다양하게 사용되고 있는가를 알아보기 위해 여러 학자의 견해를 검토한 후 이들을 종합해 보도록 하겠다.[1)]

1) 이곳에서는 정책평가와 사업평가를 동일한 것으로 사용한다. 그러므로 양자는 이 책에서 상호 교환적으로 사용될 것이다. 이러한 입장에 관한 자세한 논의는 제2장 참조.

1 해트리(Harry Hatry) 등

정책 · 사업평가란 특정한 정부사업이 국민에게 미친 모든 장 · 단기적 효과에 관한 정보를 제공하기 위해 특정한 정부사업을 체계적으로 검토하는 것이다(Harty, Winnie, & Fisk, 1973: 8).

2 홀리(Joseph Wholey) 등

정책 · 사업평가는 다음과 같은 특징을 가지고 있다(Wholey, Scanlon, Duffy, Fukumoto, & Vogt, 1973: 23).

① 진행 중인 어떤 사업이 그 목표를 달성하는 데 어느 정도 효과적인가를 측정한다.

② 사업의 효과를 다른 기타 요인의 효과로부터 구분하기 위해 조사설계의 원리에 의존한다.

③ 현재 운영 방식의 수정을 통해 사업을 향상시킬 것을 목적으로 한다.

3 나크미아스(David Nachmias)

정책 · 사업평가란 진행 중인 사업이 달성하고자 하는 목표와 관련해서 그것이 대상집단에 미친 효과를 객관적 · 체계적 · 실증적으로 검토하는 것이다(Nachmias, 1979: 4).

4 로시(P. Rossi) 등

정책 · 사업평가란 사회적인 성격의 개입사업(social intervention programs)의 개념화와 설계, 실시 및 효용을 측정하기 위해 사회조사 절차를 체계적으로 적용하는 것을 말한다. 다시 말해서 사업평가는 사회조사방법론을 이용해 보건, 교육, 복지 및 기타 사회봉사사업의 기획(planning)·점검(monitoring)·효과성 및 능률성을 판단·향상시키는 것이다(Rossi & Freeman, 1982: 20).

5 엡스타인(Irwin Epstein)과 트리풀(Tony Tripool)

사업평가란 사업의 효과성과 능률성을 측정하는 과정이다(Epstein & Tripool, 1977: 111).

위와 같은 여러 학자의 견해를 종합해 보면, 정책평가는 대체로 이를 좁게 해석하는 견해와 넓게 해석하는 경우의 두 가지로 구별할 수 있다. 해트리와 홀리 및 엡스타인 등의 견해는 전자를 대표한다고 볼 수 있고, 로시 등의 견해는 후자를 대표한다고 하겠다.

정책·사업평가를 좁은 의미로 파악할 때, 그것은 정책·사업이 야기한 효과, 특히 효과성의 측정을 일컫는다. 그러나 이와 같이 정책평가를 좁게 이해할 때 경우에 따라서는 정책평가를 정책·사업의 효과성과 능률성을 측정하는 것으로 이해하는 사람도 있다. 한편 정책평가를 넓게 이해하는 사람들은 협의의 정책평가에서 다뤄지는 정책·사업의 효과와 능률성 이외에도 정책의 집행 과정 및 정책의 구조(설계)와 같은 정책의 여러 측면에 관한 검토까지를 정책평가의 개념에 포함시키고 있다. 대체로 보면 협의의 정책평가에서는 정책·사업의 성패 여부를 측정해 그것의 가치를 판단하고자 하는 데 비해 광의의 정책·사업평가에서는 그와 같은 성패 여부의 측정뿐만 아니라 그러한 결과의 원인 규명까지도 관심을 보인다고 하겠다.

다음에는 이와 같이 정의되는 정책평가와 밀접한 관계에 있으면서도 상호간에 구분을 요하는 '정책분석'의 개념에 관해 살펴보기로 한다.

제 2 절 정책평가의 유사 개념: 정책분석

정책분석(policy analysis)이라는 용어는 그것을 사용하는 사람에 따라서 아주 다양한 의미를 갖는다. 그러나 대체로는 이를 좁게 파악하는 입장과 넓게 파악하는 입장으로 구분할 수 있다(김명수, 1982: 16).

먼저 정책분석을 좁게 파악하는 경우에는 더 나은 정책대안(policy alternatives)을 개발·선택하기 위한 분석을 가리킨다. 즉, 정책을 형성하는 과정에서 더 나은 정책을 얻기 위해 합리적인 고려와 여러 기법을 동원·사용하는 것을 말한다. 여기에서의 정책분석은 정책 실시 이전(ex ante)에 활동이 이뤄진다. 즉, 정책 실시 이전인 정책형성 과정에서 이뤄진다. 반면에 정책평가는 정책의 실시 과정에서나 그 이후(ex post)에 이뤄진다.

이러한 좁은 의미의 정책분석은 특히 효과평가 및 능률성 평가와 아주 밀접한 관계를 가질 수 있다. 왜냐하면 정책분석은 효과평가 및 능률성 평가의 기초를 제공해 줄 수 있기 때문이다. 정책분석에서 기대했던 정책 효과라든지 비용 등은 정책평가가 실시되는 경우에도 정책 효과 및 비용에 대한 검토 과정에서도 그대로 이용될 수 있기 때문이다. 정책평가 역시 정책분석에 유용한 정보를 제공해 줄 수 있다. 정책평가 결과는 다음 단계의 정책분석이 이뤄질 때 적어도 하나의 정책대안(이미 평가 대상이 되었던 정책)에 대한 필요한 자료로 제공될 수 있기 때문이다.

한편 정책분석을 넓게 파악하는 경우에는 정책결정자가 그들의 판단력을 행사하는 데 도움을 줄 수 있도록 정보를 창출·제시하는 모든 형태의 분석을 일컫는다. 그리하여 그것은 아주 포괄적 개념인 정책연구(policy studies)와 거의 다를 바 없게 된다. 한 예로 다이(Thomas R. Dye)는 정책분석을 정부 활동에 관한 기술과 그것의 원인과 결과를 설명하는 것으로 정의하고 있는데(Dye, 1978: 1), 이러한 개념 규정은 정책평가를 부분적으로 포괄하고 있다고 볼 수 있다. 맥래(Duncan MacRae)와 와일드(James Wilde) 그리고 퀘이드(E. S. Quade) 등은 정책분석의 틀 속에 정책대안의 개발·선택을 위한 분석뿐만 아니라 정책집행 및 정책평가 요소까지 포괄함으로써 아주 포괄적인 입장을 취하고 있다(MacRae & Wilde, 1979: 3).

우리나라에서 2001년부터 단일법인 「환경·교통·재해 등에 관한 영향평가법

(약칭 환경평가법)」에 근거를 두고 시행되고 있는 환경영향평가와 교통영향평가 등이 정책분석에 해당한다고 하겠다. 어떤 정책 혹은 사업을 시행하기 이전에 그것이 환경 혹은 교통에 어떤 영향을 미칠 것인가를 미리 예측·분석해서 검토하고 있기 때문이다. 환경영향평가 역시 대상사업의 사업계획을 수립하려고 할 때에 그 사업의 시행이 환경에 미치는 영향을 미리 조사·예측·평가해서 해로운 환경영향을 피하거나 줄일 수 있는 환경 보전 방안을 마련하기 위해 시행되고 있다. 그리고 인구 10만 이상 도시에서 실시되고 있는 교통영향평가는 건축물의 신축 및 대량의 교통 수요 유발 가능성이 있는 일정 규모 이상의 사업 시행 이전에 교통 수요를 예측하고 검토·분석해 교통 체계의 혼잡 및 문제점을 억제하고 사전 해결을 통한 도시 교통의 원활한 소통과 교통 편의 증진을 목적으로 시행되고 있다.

제 3 절 정책평가의 목적

정책·사업평가는 여러 가지 목적을 달성하기 위해 행해진다. 평가는 합리적인 목적을 달성하기 위해 이뤄지기도 하지만, 경우에 따라서는 좋지 않은 일반적으로는 정치적인 이유에서 이뤄지기도 한다.

1 바람직한 목적

정책·사업평가가 바람직한 방향으로 이뤄지는 경우는 대체로 다음과 같은 세 가지 목적을 위해 행해지는 경우라 하겠다.

① 정책평가가 정책·사업과 관련된 의사결정 과정에 필요한 정보를 제공하기 위해 행해지는 경우

② 정책평가가 정책·사업의 결과에 대한 책무성(accountability) 요구를 충족시키기 위해 이뤄지는 경우

③ 정책평가가 기존 이론의 타당성을 검증하거나 새로운 이론을 개발하기 위해

이뤄지는 경우

세 가지 목적이 무엇을 의미하는지에 대해 각각 그 내용을 자세히 살펴보면 다음과 같다.

1) 의사결정 요구의 충족

정책 · 사업평가가 의사결정 요구를 충족시켜 준다는 것은 의사결정자들이 내려야 하는 결정에 필요한 정보를 평가가 제공해 줄 수 있다는 것을 의미한다. 여기에서 정책 · 사업과 관련해 의사결정자들이 내려야 하는 결정은 무엇이며, 이러한 결정에 필요한 정보는 어떤 것들이 있는지 살펴보면 다음과 같다.

(1) 결정의 유형

정부의 정책 · 사업과 관련을 가지고 있는 의사결정자들도 여러 가지의 결정을 내려야 한다. 여기에서 내려야 하는 결정의 유형은 의사결정자가 누구인가에 따라 상이할 것이다. 이러한 의사결정자들로는 ① 고위정책 결정자, ② 사업관리자, ③ 사업 실시자, ④ 평가조사 자금 제공자, ⑤ 일반 국민, ⑥ 정책 · 사업의 수혜자 등을 들 수 있다(Weiss, 1972: 14-15). 이들 모두는 각각 동일한 유형의 결정을 내려야 할 위치에 있지 않을 뿐만 아니라 실제에서도 전혀 그럴 필요성이 없을 것이다. 그러나 이들 각각의 의사결정자가 내려야 하는 결정이 무엇이며, 그것들이 서로 어떻게 다른지에 관해 연역적으로 추출해 볼 수 있는 일반적인 결정의 범주를 제시해 보면 세 가지로 나눠 볼 수 있다.

가. 계속 시행-중단 결정

이것은 문제가 되고 있는 정책 · 사업을 계속 시행할 것인가, 아니면 중단할 것인가를 결정하는 것이다.

나. 확대-축소 결정

이것은 문제가 되고 있는 정책 · 사업을 그 범위를 넓혀 다른 지역에도 실시할 것인가, 그 규모를 확대할 것인가, 혹은 그 규모를 축소할 것인가를 결정하는 것이다.

다. 수정(혹은 개선) 결정

이것은 정책·사업의 구조를 변경할 것인가의 여부를 결정하는 것이다.

(2) 결정에 필요한 정보

그렇다면 정부의 정책·사업과 관련을 가지고 있는 의사결정자들이 위와 같은 결정을 내리기 위해 어떠한 정보를 필요로 할까? 바람직한 것으로는 결정의 유형별로 필요하리라고 생각되는 정보의 내용을 제시하는 것일 수 있다. 여기에서는 위와 같은 유형의 결정에 필요하리라고 생각되는 정보를 망라해 제시해 보고자 한다.

① 문제가 되고 있는 정책·사업에 대해 아직도 사회적 요구(a social need)가 있는가?(Gross, 1973: 187).

② 문제가 되고 있는 정책·사업의 목표가 추구할 가치가 있는 것인가? (Deniston, Rosenstock, & Getting, 1968: 324-325)

③ 문제가 되고 있는 정책·사업이 어느 정도나 헌법과 법률의 규정과 일치하고 있는가? (Gross, 1973: 187)

④ 문제되고 있는 정책·사업이 성공적이라고 볼 수 있는가?

- 의도했던 제1차적 목표(primary objectives)를 달성했는가?
- 의도했던(혹은 기대했던) 제2차적 목표(secondary objectives)는 달성되었으며, 의도하지 않았던 (부정적) 효과는 나타나지 않았는가?

⑤ 성공적이었다면 그 이유는 어디에 있었는가?

- 문제되고 있는 정책·사업 이외의 다른 요인에 의해 정책의 성공이 설명될 수 있는 것은 아닌가?
- 정책·사업을 성공으로 이끄는 데 정책·사업의 각 구성 요소들이 어느 정도나 기여했는가?

⑥ 성공적이었다면 그 정책·사업은 비용을 능가하는 편익을 가져왔는가? 동일한 목표를 달성하기 위해 수행된 다른 정책·사업들에 비교해 볼 때 더 능률적이라고 볼 수 있는가?

⑦ 성공적이지 않다면 그 이유는 어디에 있었는가?

• 정책 · 사업의 집행 과정상에 결함은 없었는가?
• 정책 · 사업 자체에 어떤 결함은 없었는가?

2) 책무성 요구의 충족

인간은 대체로 자신의 행동이나 활동에 대한 외부의 평가 시도에 저항감을 갖는다. 인간들로 구성된 기관(또는 조직)의 경우도 역시 마찬가지이다. 그러나 정부 및 공공기관들(구성원 포함)은 그들의 행동이나 활동에 대한 평가를 피할 수 없는 것도 또한 사실이다. 국민이 낸 세금을 재원으로 정책 · 사업을 시행하고 있는 정부는 궁극적으로 그의 활동이나 결과에 대해 국민에게 책임을 져야 하기 때문이다. 책임을 져야 하는 활동을 해야 하는 것은 국민에 대한 의무로서 이것은 바로 공직윤리의 본질에 해당한다. 일반적으로 공공행정에서의 책임성(responsibility)이란 개인이나 기관에 부여된 직무를 잘 수행해야 한다는 측면을 가리킨다. 반면에 책무성(accountability)이란 그러한 직무 수행의 내용 · 예산 지출 · 결정 · 노력 등을 정당화할(설명해야 할) 책임을 가리킨다(Scriven, 1981: 1).

현대 국가에서 책무성을 강조하게 된 배경에는 현대 국가의 적극국가(a positive state)적 성격이 깔려 있다. 즉, 현대 정부는 국민 생활의 모든 영역에 영향을 미칠 만큼 다양한 활동(각종의 규제 활동, 영세민 구호사업 실시, 각종의 보조금 지급, 공기업 운영 등)에 개입하고 있기 때문에 국민들은 이러한 활동이 국민 생활의 질을 향상시키는 데 기여하고 있는지의 여부에 관심을 갖지 않을 수 없으며, 따라서 정부로 하여금 그러한 여러 활동의 정당성을 증명하도록 요구하게 된 것이라고 볼 수 있다(Greenberg, 1979: 3-4; Vocino & Rabin, 1981: 398-399).

그렇다면, 책무성 요구에 대해 정부는 어떻게 대처해야 할 것인가? 종전에는 단순히 정부 활동에 관련되어 있는 회계 자료를 제시함으로써 예산을 법규에 따라 사용했음을 증명하는 데 그쳤다. 그러나 이젠 그러한 증명만으로는 부족하고 한 걸음 더 나아가 그러한 예산을 사용한 결과가 정당화될 수 있는가를 보여주지 않으면 안 되게 된 것이다(Scriven, 1981: 1-2). 결국 이러한 과업을 수행하기 위해 정책 · 사업평가는 필수불가결한 과정으로 등장하게 되었다. 자신들이 수행하고 있거나 수행해 온 여러 정책 · 사업에 대한 체계적인 평가를 통해 정부기관은 이들의 집행 과정과 그 결과에 대한 기록(records)을 남겨둘 수 있어 책무성의 문제를 자발적이며 능동적으로 대처할 수 있게 된 것이다(Posavac & Carey, 1985: 45).

3) 이론 형성에의 기여

일반적으로 말한다면, 정책은 이론을 함축하고 있다. 또 그래야 된다(Bernstein & Freeman, 1975: 41). 정책 또는 사업이 미래의 바람직한 모습을 그린 목적지향성을 전제로 하고 있다. 즉, 정책이 실시되면 그것이 의도하는 목표가 달성될 것이라는 인과 관계를 내포하고 있다. 이와 같이 정책이 함축하고 있는 인과 관계는 이미 확립된 이론에 근거를 두고 있기도 하지만, 경우에 따라서는 정책을 입안하는 사람의 사유 과정을 통해서 나온 산물일 뿐 아직까지는 인과 관계가 경험적으로 증명되지 않은 상태에 있는 경우도 있을 수 있다. 후자의 경우에 해당하는 인과 관계는 단순히 '상정된 인과 관계'일 뿐이다. 확립된 이론이나 상정된 인과 관계 모두 언제나 새로운 검증의 도전을 받을 가능성을 지니고 있다. 그러한 도전을 통해 이미 확립된 이론은 더욱 공고해지거나 거부될 것이며, 상정되었던 인과 관계 역시 확인되거나 부인될 수 있다. 다만 이것이 가능하기 위해서는 증거를 산출하는 평가, 즉 효과평가가 이뤄져야 한다.

정책·사업평가는 사회과학 분야에서 새로운 이론의 개발이나 기존 이론의 발전에 기여할 수 있는 좋은 수단이 될 수 있다. 그 이유는 정책·사업평가, 특히 그 중에서도 정책·사업의 효과평가는 바로 독립변수로서의 정책·사업과 종속변수로서의 정책 효과 사이의 인과 관계 규명을 그 중심 과제로 삼고 있기 때문이다. 그리하여 평가의 결과에 의해 문제되고 있는 정책·사업이 성공하지 못한 것으로 판명되면, 그러한 정책이나 사업계획(program plan)이 함축하고 있는 이론이나 정책·사업과 이것의 효과 사이에 존재하리라고 상정되었던 인과 관계는 다시 본질적인 검증을 거쳐야 할 것이다.

반대로 그러한 정책·사업이 성공한 것으로 판명되는 경우에는 이것이 근거했던 이론이나 상정되었던 인과 관계는 좀 더 확고한 기반 위에 놓이게 될 것이다. 문제되고 있는 정책·사업과 그 효과 사이의 인과 관계를 검증해 볼 수 있는 수단으로 정책·사업평가에서 가장 많이 활용해 온 형태가 실험(experiment)이었다는 것은 잘 알려진 사실이다(Mitroff, 1983: 163).

2 바람직하지 못한 목적

정책 · 사업평가가 언제나 앞서 언급한 것과 같이 바람직한 방향으로만 이뤄지는 것은 아니다. 바이스(Carol Weiss)는 정책 · 사업평가가 다음과 같은 세 가지의 비합리적 이유에서도 이뤄지고 있음을 지적했다(Weiss, 1972: 11-12).

1) 결정의 지연

의사결정자들은 때로는 결정을 지연시킬 목적으로 정책 · 사업평가를 이용하기도 한다. 위원회를 구성하는 방안도 있을 수 있으나, 그보다 더 많은 시간을 요하는 평가연구를 발주해 결정을 지연시키는 경우이다.

2) 책임의 회피

의사결정자들은 때로는 서로 의견을 달리하는 두 집단 사이에서 어떤 결정을 내려도 두 집단을 모두 만족시킬 수 없는 경우에 직면하게 된다. 이때 결정의 책임을 회피하기 위해 정책 · 사업평가를 이용하는 경우가 있다. 즉, 평가의 결과에 따라 결정을 내림으로써 결정의 책임을 평가보고서에 돌리는 경우가 이에 해당한다. 이러한 경우에 의사결정자는 평가연구 이전에 이미 어떠한 결정이 내려질 것이라는 것을 알고 있는 경우가 많다.

3) 공공 관계

때때로 사업관리자는 자기의 책임 하에 실시되어 온 정책 · 사업이 아주 성공적이었음을 알고 있는 경우에 이를 대외적으로 널리 알리고 싶어한다. 이를 위한 수단으로서 정책 · 사업평가를 이용하기도 한다. 그는 정책 · 사업이 성공적이었음을 확인해 준 평가연구보고서를 그의 상관이나 정책 · 사업의 운영을 좌우하는 다른 사람들에게 배포함으로써 그의 공적을 널리 알릴 수 있게 된다.

이와 같이 평가가 바람직하지 못한 목적에서 실시되는 경우가 있기 때문에 정책 · 사업평가가 언제나 필요한 것인가 하는 문제가 대두될 수 있다. 결론부터 이야기하자면 "그럴 필요가 없다". 특히 평가 자체가 바람직스럽지 못한 방향으로 이용될 것이 명백한 경우라면 평가자는 그런 과업을 수행하지 않아야 할 것이다. 이것은 평가자가 지켜야 할 최소한의 행동 윤리이기 때문이다. 아울러 평가는 권한 행사를 위한 도구가 아닌 평가 대상 기관(또는 조직)이나 정책(또는 사업)의 성과를 제고하고 개선하기 위한 성과관리의 도구적 의미를 갖는 것임을 분명히 해야 한다. 평가 행위 자체가 목적이 되지 말아야 한다는 점을 평가자(또는 평가기관)는 항상 염두에 두어야 한다. 평가 자체 역시 정부 활동의 하나로 평가 활동을 정당화할 수 있어야 하기 때문이다(공병천, 2008: 76-77).

제 2 장 평가의 대상: 정책과 사업

정책평가(policy evaluation) 혹은 사업평가(program evaluation)의 대상은 정책과 사업이다. 그러나 정책평가라고 부르건 사업평가라고 부르건 실제로 평가되는 것은 사업(program)임에 틀림없다. 그리고 정책평가라는 용어와 사업평가라는 용어 사이에는 개념적으로나 실제적으로 아무런 차이가 없는 것도 또한 사실이다. 이 책에서 종종 '정책 · 사업평가'라고 표현하기도 하고, 또 경우에 따라서는 '정책평가'라고 쓰기도 하며, 또는 '사업평가'라고 표현하고 있는 것은 바로 이들이 아무런 제약 없이 상호 교환적으로 사용될 수 있음을 나타낸다.

이곳에서는 정책평가의 중심 개념인 정책과 사업에 대한 개념화를 시도하고, 양자 사이에서 개념상의 관계가 어떠한지를 살펴본 후 평가 대상으로서 양자 사이의 관계를 살펴보고자 한다.

제 1 절 정책의 개념화

정책은 여러 가지 의미로 사용된다. 이곳에서는 정책에 대해 여러 학자가 제시한 개념 규정을 몇 가지 범주로 나눠 정리해 본 후 그것에 관한 조작적 정의를 제시해 보고자 한다.

1 정부가 선택한 행동 노선(방향)으로서의 정책

이 범주에 속하는 학자들은 정책을 정부가 많은 사람에게 영향을 미치기 위해 의도적으로 선택한 행동 노선(a course of action) 혹은 행동 방향으로 보고 있다. 행동 노선이나 행동 방향을 선택한다는 것은 어느 조직이 앞으로 나아갈 방향을 선택하는 것을 의미한다. 그렇기 때문에 그것은 조직의 목표 설정과도 같은 것이며, 그것은 또한 아주 중요한 선택(a choice)인 것이다. 맥래와 와일드의 견해가 여기에 속한다(MacRae & Wilde, 1979: 3).

"공공 부문이나 민간 부문에서 이뤄지는 아주 중요한 선택"을 정책으로 본 라스웰(Harold Lasswell)의 견해도 기본적으로는 이 범주에 속한다고 볼 수 있다(Lasswell, 1951: 5). 라스웰이 정책을 언급하면서 민간 부문을 포함시킨 것은 정책학이 민간 부문에도 적용될 수 있다고 여겼기 때문이다. 한편 드로(Yehezkel Dror)는 정책을 "정부가 앞으로 추구할 목적(goals)으로서 그 목적을 달성하기 위해 앞으로 수행할 좀 더 구체적인 활동에 대한 지침"이라고 규정한 바 있다(Dror, 1968: 12; Anthony, 1965: 16).

2 사회 내의 문제에 대한 정부 대응책으로서의 정책

이 견해에서는 정책을 사회 내에 존재하는 제반 문제에 대해 정부가 취한 반응(reaction)·조치(action) 혹은 무조치(inaction)로 보고 있다(Eulau & Eyestone, 1968: 126). 정책을 "정부가 국민들을 위해 국민들에게 행한 것과 행하지 않은 것"으로 본 라인베리(Robert Lineberry)의 견해(Bullock, Anderson, & Brady, 1983: 3-4; Lineberry, 1977: 2),[1] 그리고 "실질적인 사업, 특히 실제로 수행된 일의 내용"으로

1) 라인베리(Robert Lineberry)는 전자를 적극적 정책(positive policy), 후자를 소극적 정책(negative policy)이라고 부른다.

본 프로만(Lewis Froman, Jr.)의 견해(Froman, Jr., Vol.13: 204)가 이 범주에 속한다고 하겠다.

정책에 대한 이러한 견해의 특징은 정부가 실제로 행한 것이나 행하지 않은 것을 중요시하고 있다는 점이다. 그러므로 정부가 사회 문제에 직면해 어떤 대응책을 정해놓기만 하고 실시가 되지 않은 것은 정책으로 보지 않는다. 그러므로 국회가 통과시키고 대통령이 공포한 법률은 분명히 정책으로 볼 수 있다. 그러나 행정기관이 실시를 목적으로 수립해 놓은 중요한 계획이라 할지라도 대통령 혹은 장관의 재가를 얻지 못했거나, 또는 국회에 의해 예산 배정을 받지 못해 아직 실시되지 못하고 있는 것은 정책으로 볼 수 없다(Anderson, 1979: 2-3). 한마디로 말해서 정책은 정부가 당면하고 있는 여러 문제에 대해 이를 해결하기 위한 수단으로서 의미가 있다고 이해할 수 있다.

3 목적과 수단을 포함하고 있는 가설로서의 정책

정책을 목적과 수단을 포함하고 있는 가설로 파악하는 견해는 프레스맨(Jeffrey Pressman)과 윌다브스키(Aaron Wildavsky)에 의해 대표되고 있다. 이들은 정책을 원초 조건(initial conditions)과 예견되는 결과(predicted consequences)를 포함하고 있는 가설로 규정하고 정책을 명시적이건 그렇지 않건 간에 원초 조건과 미래에 나타날 결과 사이의 인과 관계로 함축하고 있다. 즉, 원초 조건이 만족되면 예견되었던 결과가 초래될 것이라는 가설이 정책이라는 것이다(Pressman & Wildavsky, 1973: 14-15). 여기에서 예견되는 결과는 정부가 달성하고자 하는 목적을 말하며 원초 조건이란 그러한 목적을 달성하기 위해 수행될 것이 예정된 어떤 활농계획, 즉 수단을 의미한다.

이와 같은 견해는 정책의 구조적 측면에 초점을 맞춰 구성되었다고 여겨진다. 정책의 한 형태라고 볼 수 있는 각종 법률을 살펴보면 이 점을 쉽게 이해할 수 있다. 모든 법률은 그것이 의도하는 목적을 그것의 앞부분에 제시하고 있으며, 그 이하에서는 그것을 달성할 수 있는 여러 수단을 제시하고 있다. 즉, 모든 법률은 목적과 수단을 내포한 정책의 한 형태에 해당한다.

4 목적과 수단 및 실제적 조치를 포괄하고 있는 것으로서의 정책

정책을 목적과 수단 및 실제적 조치까지 포괄하는 개념으로 파악하는 견해는 정책의 개념을 가장 광범위하게 파악하는 입장이다. 이러한 견해를 밝히고 있는 학자로는 그럼(John Grumm)과 래니(Austin Ranney)를 들 수 있다(Grumm, 1975 참조; Ranney, 1968: 6-7).

그럼은 정책을 좁게 보면, 어떤 조치를 취하거나 어떤 조치를 강요하기 위해 정치 과정에서 내린 결정이라고 규정할 수 있는 반면, 이를 넓게 보면 ① 목적 혹은 목표, ② 목적을 달성하기 위해 시행하고자 의도하는 행동 노선이나 계획에 관한 천명, ③ 정책 천명에 따라 정부 당국이 취한 실제의 조치와 같은 세 가지 요소를 내포하고 있다고 했다(Ranney, 1968: 6-7).

5 정책의 개념 이해

지금까지 위에서 정책에 대해 여러 학자가 제시한 개념 규정을 요약하면 다음과 같다. 즉, 첫째 집단은 정책을 정부가 추구하고자 하는 목적 내지 선택된 행동 노선으로 보았으며, 둘째 집단은 정부가 어떤 목적을 달성하기 위해 수행하는 어떤 것, 즉 수단으로 보고 있다. 셋째 집단에 속한 학자들은 정부가 추구하는 목적과 이를 달성해 줄 수 있으리라고 생각되는 수단 또는 행동계획을 내포하고 있는 가설로 보았다. 그리고 마지막으로 넷째 집단은 셋째 집단이 포함시킨 목적과 수단에 추가해 그러한 수단이 현실적으로 시행된 것, 즉 사업까지를 정책 개념에 내포시키고 있다.

정책에 대한 이와 같은 개념 규정은 근본적으로 그것을 구성한 사람이 자신의 이론 전개상 편의를 위해 제시한 것들로 받아들여야 한다. 그러므로 우리는 위와 같이 상이한 개념 규정들을 절대적 진리처럼 받아들일 것이 아니라, 그들이 정책에 대한 개념을 제시할 때 특히 강조점을 두었던 것이 무엇인지를 이해하는 것이 정책의 개념화에 관한 올바른 접근이 될 것이다. 즉, 위에 제시된 다양한 개념들은 상호 보완적인 것으로 받아들여야 한다.

이와 같은 입장에서, 위에 제시된 여러 학자의 정책에 관한 개념 규정을 참고할 때 정책이란 개념은 다음과 같이 이해될 수 있을 것이다. 즉, 정책이란 사회환경 내에 존재하는 특정한 공공 문제를 해결하거나 특정한 목적을 달성하기 위해 정책 형성 과정에서 개발된 수단으로서 권위 있는 기관에 의해 승인된 것이다. 이를 좀 더 구체적으로 살펴보면 다음과 같다.

첫째, 정책은 어떤 특정한 공공 문제에 대한 대응책으로서 개발된 것이다. 이때의 정책은 사회환경의 변화에 대응하려는 노력의 결과로 나타난다. 이러한 정책을 우리는 대응정책(adaptive policy)이라고 부를 수 있다. 이러한 대응정책은 그것을 유발시킨 어떤 특정한 공공 문제에 의해 위협을 받게 되는 어떤 가치를 보호하거나 증진시키려는 목적을 추구하는 것이 보통이다. 이 경우 특정한 정책 목적은 어떠한 수단을 통해 특정한 공공 문제가 해소될 때 달성될 것으로 기대된다.

둘째, 정책은 어떤 특정한 목적을 달성하기 위해 개발될 수 있다. 이 경우의 목적은 사회환경 내에 존재하는 어떤 특정한 공공 문제를 해결함으로써 달성하고자 하는 목적과는 다른 것으로서, 사회환경의 변화에 적응하는 것이 아니라 이를 통제해서 좀 더 바람직한 방향으로 변화시키기 위한 노력을 유도하기 위한 더 높은 차원의 목적이다. 이러한 목적은 드로가 대정책(大政策, megapolicy)의 한 측면으로 보고 있는 포괄적인 목적(overall goals)과 유사한 것이다. 드로에 의하면, 이러한 포괄적인 목적은 많은 구체적인 정책을 위한 지침이 된다고 이야기하고 있다(Dror, 1971: 63-64). 이러한 목적을 달성하기 위한 수단으로 개발되는 정책을 우리는 통제정책(control policy)이라고 부를 수 있다. 이러한 정책이 추구하는 목적의 달성은 이제까지 해 온 방식과는 다른 새로운 정책들을 통해 시도될 때 그 가능성이 높아질 것이다.

셋째, 정책은 정책형성 과정의 산물이다. 즉, 정책은 진공 상태에서 탄생하는 것이 아니고 공공 문제의 해결이나 고차원적인 목적을 달성하기 위해 발동된 정책 형성 과정에서 산출된다. 이러한 입장은 정책을 정치체제의 산출물로 보는 체제이론(systems theory)의 입장과 기본적으로 같다(Easton, 1965: 108-115).

넷째, 정책은 수단이다. 앞에서도 언급한 바와 같이 정책은 공공 문제의 해결을 통한 어떤 목적이나 사회에 내재해 있는 고차원적인 목적을 달성하기 위해 시도한다는 의미에서 특정한 목적을 내포하고 있다. 그뿐만 아니라 그것은 또한 그러한 목적을 달성하는 데 필요한 수단으로서 개발된 것이다. 이러한 수단은 앞으로 시행될 예정으로 개발된 것이다. 이와 같은 의미에서 정책은 계획(plans)과 유사한 성격을 가지고 있다(Dimock & Dimock, 1964: 127).[2] 따라서 정책은 아직 실시되지 않은 상태에 머물러 있는 것이다. 그것은 정부가 실시할 것을 전제로 그 의도(intentions) 혹은 행동 노선을 표현한 것이라 할 수 있다. 이러한 의미에서 정책은 앞으로 설명할 계획사업 혹은 사업(programs)과는 구별된다.

다섯째, 정책은 대의기관이나 행정수반 등 권위 있는 기관이 공식적으로 승인한 것이다. 공식적으로 승인되지 않은 것은 아직 정책이라고 부를 수 없다. 그것은 단순히 정책제안(policy proposals) 혹은 정책대안(policy alternatives)에 불과하다. 그러므로 위에서 설명한 바와 같은 속성을 지닌 것으로서 국회를 통과한 법률, 대통령이 재가한 중 · 장기계획은 정책이라고 할 수 있다.

제 2 절 사업의 개념화

정책 · 사업평가의 대상의 하나인 정책은 앞에서 살펴본 바와 같이 개념 정의가 매우 다양하게 이뤄지고 있는 반면 사업(programs or projects)에 대해서는 비교적 쉽게 의견의 일치를 보고 있는 것 같다. 그러나 사업의 실체를 좀 더 정확히 파악하기 위해 정책에 대해서와 마찬가지로 여러 학자가 제시한 개념 정의를 정리해 보면 다음과 같다.

① 해트리(Harry Hatry) 등: 사업이란 정부가 일반 국민에게 서비스를 제공하기 위해 취하는 일단의 활동이다(Hatry, Winnie, & Fisk, 1973: 8).

② 헤이븐스(Harry Havens): 사업이란 공통의 목표를 달성하기 위해 취해지는 일단의 활동이다(Havens, 1981: 480).

③ 메이어(Robert Mayer) 등: 사업은 어떤 목표를 달성하기 위해 계획이나 정책이 실시하고자 하는 특정한 순서의 활동이다(Mayer & Greenwood, 1980:

2) 디목(Marshall Dimock)과 디목(Gladys Dimock)은 공공정책을 장기계획과 가치로 규정했다.

6-7).

사업에 대한 위와 같은 정의에서 우리는 다음과 같은 공통적인 속성을 추출해 낼 수 있다.

첫째, 사업은 하나의 활동이거나 일단의 활동이라는 점이다. 여기에서 강조되는 것은 실제로 이뤄진 활동이라는 점이다. 이러한 점에서 그것은 앞으로의 활동계획인 사업계획(program plan)과는 다른 의미를 갖는다. 그렇지만 사업(programs or projects)과 사업계획(program plan)은 불가분의 관계는 아니라 해도 아주 긴밀한 관계에 있다. 우리가 합리적 행정 운영을 전제로 한다면, 사업은 사업계획에 따라 그 테두리 안에서 시행될 것이기 때문이다. 그러나 계획과 실제는 다를 가능성이 있기 때문에 사업계획의 내용과 사업의 내용은 항상 동일하지만은 않다는 점에 유의할 필요가 있다.

둘째, 사업은 어떤 특정한 목표를 지향한다는 점이다. 사업은 정부에 의해 계획적으로 실시되는 것이기 때문에 거기에 목표가 없다는 것은 생각하기 어려울 것이다.

사업을 논할 때 한 가지 덧붙여야 할 것은 영어의 programs와 projects의 관계이다. 이곳에서는 양자를 동일하게 사업을 뜻하는 것으로 보았다.[3] 그러나 두 용어의 용도는 약간씩의 차이를 보인다. 예컨대 program은 사회 분야의 사업을, 그리고 project는 경제 분야의 사업을 지칭할 때 사용하는 것이 일반적인 관례이다. 실제로 우리는 교육사업을 educational programs, 보건사업을 health programs로 표현하는 반면, 영농사업을 agricultural projects라고 표현하곤 한다.

한편 홀리 등은 특정 활동의 수행을 통해 특정한 목적을 달성하기 위해 연방정부가 자금을 제공하고 행정지침을 제공하는 것을 연방사업(federal program)으로 규정하는 반면, 그러한 연방사업이 주나 도시정부를 통해 연방사업의 목표 달성과 직결되는 최종 산물을 생산하기 위해 자원이 사용되는 수준, 즉 연방사업의 집행수준을 project라고 규정하고 있다(Wholey, Scanlon, Duffy, Fukumoto, & Vogty, 1973: 24). 이러한 사업들은 다음과 같은 여러 요인에 따라 상이한 모양으로 나타난

3) 이와는 달리 project를 program의 하위 개념으로 파악, program을 세분화한 것으로 보는 견해도 있다. 권영찬, 『기획론』, 서울: 법문사, 1978; 윤정길, 『발전기획능력론』, 서울: 범론사, 1984 참조.

다(Weiss, 1972: 4-5; Bernstein & O'Hara, 1979: 430-431).

1 범위

사업은 그것이 실시되는 범위에서 상이할 수 있다. 전국을 대상으로 해서 실시되는 사업이 있는가 하면, 경우에 따라서는 어느 특정 지역에만 국한해서 실시되는 사업이 있고, 또 특수한 경우에는 어느 특정 장소에서만 실시되는 사업도 있다. 2009년 7월부터 2010년 1월까지 서울 서초를 비롯해 부산 해운대 등 전국 6개 지역에서 시범 실시되었던 장기요양제도가 사업인 것과 마찬가지로, 2009년 10월 서울특별시 강서구 소재 내발산초등학교에 시범사업으로 설치된 '학교 천연잔디 운동장'도 하나의 사업인 것이다.

2 규모

사업은 직접적인 수혜 대상자의 수에서도 상이할 수 있다. 단지 몇 사람에게 혜택을 주고자 하는 사업이 있는가 하면, 아주 많은 사람에게 영향을 미치는 사업도 있다. 과천에 건설된 서울대공원은 전 국민을 대상으로 서비스를 제공하는 사업인 반면, 서울 효제초등학교의 교통공원은 그 학교에 다니는 초등학교 학생에게만 혜택을 준다.

3 존속 기간

사업은 그것이 존속하는 기간에 따라서도 상이할 수 있다. 단지 몇 시간, 며칠, 몇 달간만 존속하는 사업이 있는가 하면, 몇 년간 계속되는 사업도 있고, 경우에 따라서는 무한정 계속되는 사업도 있다. 30분 동안 실시되는 민방위훈련도 하나의 사업이며 영세민구호사업은 끊임없이 계속되고 있는 사업이다.

4 사업 투입물의 명확성의 정도

사업 투입물(program input)이란 사업의 구성 요소를 말한다. 사업은 계획적인 요소를 함축하고 있기 때문에 사업의 내용이 무엇인가는 분명한 것이 일반적이지만, 항상 그런 것은 아니다. 사업이란 이뤄지는 활동뿐만 아니라 투입되는 자원, 그것을 운영할 직원 및 그것이 추구하는 목적 등 다양한 요소로 구성되어 있기 때문이다(Bernstein & O'Hara, 1979: 431). 예컨대 사업을 운영할 직원의 자질과 그들의 행정기술 및 행정 스타일에서는 사람마다 많은 차이를 보일 수 있는데, 이러한 요소들의 차원에서 어느 특정 사업에 요구되는 것은 어느 것 어느 수준인가를 분명히 규정하는 정도에서 많은 차이가 날 가능성이 있다.

5 사업 목적의 복잡성

어떤 사업은 아주 단순한(측정하기 쉬운) 목적을 추구하는가 하면, 또 다른 어떤 사업은 아주 복잡한(측정하기 어려운) 목적을 추구하기도 한다. 학력 수준을 향상시킨다든지 취업시키는 것을 목적으로 하는 사업은 전자에 속한다. 반면에 국민보건을 향상시킨다든지 더 나은 민주시민을 만들 것을 목적으로 하는 사업은 후자에 속한다. 복잡한 목적들은 그 자체 속에 많은 하위 목적을 내포하고 있을 뿐만 아니라 개념화도 어렵고 또 측정하기도 어려운 모호한 하위 목적을 내포하고 있기도 해서 평가에 많은 어려움이 따른다(Ripley & Franklin, 1982: 6).

6 사업 효과의 발생에 필요한 기간

사업들은 그것의 효과가 나타나는 데 필요한 기간에 따라서도 상이하다. 어떤 사업은 그의 효과가 바로 나타나지만, 경우에 따라서는 오랜 기간이 지난 다음에야 효과가 나타나기 시작하는 사업도 있다. 평가자의 입장에서는 전자가 훨씬 쉬운 상황임에 틀림없다.

7 사업의 쇄신성

사업들은 그것이 새로운 것인가, 아니면 오랫동안 지속되어 온 것인가 하는 면에서도 차이가 있다. 새로운 사업이라 하더라도 그 이전에는 전혀 존재하지 않았던 사업이 완전하게 새롭게 실시된 경우가 있는가 하면, 이미 존재했던 사업이 변화된 상황에 부합하도록 새롭게 만들어진 사업도 있다.

제 3 절 정책과 사업의 개념적 관계

앞에서 서술한 바와 같이 공공 부문에서의 정책은 기본적으로 정부가 수행하고자 하는 어떤 것이다. 국회를 통과한 법률이 그렇고, 국무회의의 심의를 거쳐 확정된 계획이 그렇다. 그러나 이러한 법률이나 정부의 중·장기계획은 반드시 자동적으로 실시되는 것은 아니다(Ripley & Franklin, 1982: 6). 거기에는 집행기관의 실시의지가 불가결한 요소로 작용되기 때문이다.

만일 어느 특정한 행정기관이 소관 정책을 집행하고자 할 때, 그들이 무슨 일을 어떻게 할 것인가를 라이플리(Randall B. Ripley)와 프랭클린(Grace A. Franklin)이 제시한 활동들을 중심으로 살펴보면 다음과 같다(Ripley & Franklin, 1982: 4-5).

첫째, 그들은 필요한 자원을 획득해야 한다. 자원이란 개념에는 직원·설비·토지·원료 및 자금 등이 모두 포함된다.

둘째, 그들은 정책에 대한 해석을 내려야 할 것이다. 여기에서는 법률이나 중·장기계획에 담긴 내용을 구체적인 지침과 규정으로 전환시키는 작업이 이뤄진다. 시행령이나 부령의 제정 등은 이와 같은 해석 과정에 속하는 활동에 해당한다.

셋째, 사업기획(program planning)이 이뤄져야 한다. 이 과정에서는 정책의 테두리 안에서 정책 실시를 위한 구체적인 사업계획이 수립된다. 구체적인 사업계획의 수립은 결국 정책의 목적을 달성하기 위한 수단으로 정책에 내포되어 있으나, 아직은 구체화되지 않은 사업계획에 실체를 부여하는 과정이 될 것이다. 그리하여 여기에서는 사업의 구성 요소를 확정하는 일이 가장 중요한 과업이 될 것이다.

넷째로 수행되어야 할 활동을 조직화하는 일이다. 기존의 조직에 의해서 사업계획들을 수행할 수 있게 된다면 조직화 작업은 필요없을 것이다. 그러나 사정이 항상 그렇지만은 않기 때문에 이러한 경우에 특정한 사업계획을 수행할 부서를 새로이 창설하는 일은 정책집행에서 빼놓을 수 없는 과업이 될 것이다.

다섯째로 수행되어야 할 활동은 운영기획(operational planning)이다. 여기에서는 사업기획의 결과로 구체화된 사업계획을 어떠한 방법으로 수행할 것인가 하는 문제를 다루게 된다. 그리하여 사업계획에 포함되어 있는 어떤 활동 혹은 업무를 어느 부서의 누가 수행할 것이며, 어떤 절차와 순서에 따라 그것들을 수행할 것인가 하는 방법론을 결정한다.

마지막으로 집행 과정에서 이뤄지는 활동은 적용(application)이다. 적용이란 사업계획에 내포된 편익이나 규제를 대상집단에 제공하거나 강제 실시하는 것을 의미한다(Ripley & Franklin, 1982: 4; Jones, 1977: 139).

이러한 정책집행 과정에 포함된 모든 활동은 결국 사업을 낳게 된다. 이것을 라이플리와 프랭클린은 구체적 정책(concrete policy)이라고 한다(Ripley & Franklin, 1982: 4-6). 즉, 정책을 구체화시킨 사업계획이 실시된 경우, 우리는 사업이라는 실체를 가지게 된다. 그러므로 정책은 정책 → 사업계획 → 사업의 방향으로 점차적으로 구체화된다고 볼 수 있다.

"특정의 사업은 정책을 구체화시킨 것이다"라고 한 맥래와 와일드(MacRae & Wilde, 1979: 12)의 견해나 "정책은 공공사업으로 구성된다"고 한 힐(P. Hill) 등의 견해(Hill, 1979: 85), 그리고 "정책은 정부 당국의 조치에 의해 원초 조건(initial conditions)이 시행될 때 사업이 된다"고 한 프레스맨과 윌다브스키(Pressman & Wildavsky, 1973 참조)의 견해 모두 기본적으로는 동일하게 위와 같은 세 개념 간의 관계를 설명하는 것으로 볼 수 있다.

특히 쿡(Thomas Cook)과 치올리(Frank P. Scioli)는, 특정 정책은 여러 사업을 통해 집행된다고 지적하고, 그 예로서 존슨(L. B. Johnson) 행정부의 빈곤퇴치정책의 초석이라고 할 수 있는 1964년의 경제기회법(Economic Opportunity Act of 1964)

이 각종 지역사회 행동사업(community action programs), 청소년사업(youth programs), 농촌지역 빈곤퇴치사업, 일의 경험사업 및 소기업에 대한 대부사업(small business loan programs)을 포괄하고 있었던 점을 들고 있다(Cook & Scioli, 1975: 96-97). 이러한 입장은 분명히 사업을 정책의 하위 개념으로 파악하고 있는 견해를 대표한다.

그러나 이러한 견해가 모든 사람에 의해 지지되는 것은 아니다. 앞에서도 언급한 바와 같이 그럼은 사업계획과 사업까지도 넓은 의미에서 정책의 개념 내에 포함시키고 있으며, 라이플리와 프랭클린도 사업을 구체적인 정책이라고 함으로써 정책을 사업까지 포함하는 개념으로 보고 있다. 이러한 입장을 취하게 되면 정책과 사업을 구분할 아무런 이유가 없게 된다.

제 4 절 평가 대상으로서의 정책과 사업

여기에서 문제되는 것은 다음의 두 가지 경우이다. 즉, ① 평가의 대상은 정책인가 혹은 사업인가 혹은 양자 모두인가, ② 정책평가와 사업평가는 같은 것인가 아니면 다른 것인가이다.

첫째, 평가의 대상은 무엇인가? 여기에 대한 해답은 정책과 사업의 관계를 어떻게 이해하느냐에 따라 약간 다를 수 있다. 정책이 사업의 개념을 내포하고 있는 것으로 이해하고 있는 사람들에게는 정책·사업평가의 대상은 당연히 정책이 된다. 그러나 엄밀하게 따져본다면, 실제로 평가되는 것은 집행기관이 정책을 구체화시켜 수행한 사업인 것이다. '사업=정책'이기 때문에 평가의 대상이 정책이냐, 사업이냐, 아니면 양자 모두를 포함하느냐 하는 문제는 이들에게는 의미 없는 질문에 불과한 것이다.

반면, 사업을 정책의 하위 개념이라고 이해하는 집단에게 정책·사업평가의 대상은 분명히 정책과 사업 양자이다. 이 경우에도 극히 예외적인 경우를 제외한다면,[4] 실제로 평가되는 것은 사업이며, 결국 특정한 정책을 구성하고 있는 여러 사

4) 예외적인 경우란 어떤 정책이 단일 활동으로 구성되어 있는 경우를 말한다. 이러한 경우는 아마도 이론상으로만 존재할지 모른다.

업에 대한 개별적인 평가를 통해 특정한 정책이 평가된다고 볼 수 있다. 쿡과 치올리가 정책 영향(효과)평가의 기초적인 분석 단위는 사업이라고 하면서, 어떤 주어진 정책의 전반적인 성공 여부는 그것을 구성하고 있는 사업들의 성공 여부의 함수라고 한 이야기는 바로 사업의 평가를 통해 정책이 평가됨을 잘 나타내주고 있다고 하겠다(Cook & Scioli, 1975: 97).

둘째, 정책평가와 사업평가는 서로 다른 것인가? 평가에 관심을 두고 있는 학계에서는 정책평가(policy evaluation)라는 용어와 사업평가(program evaluation)라는 두 용어가 혼용되고 있다. 그러므로 어떤 사람들은 두 가지 개념 사이에 어떤 차이가 있으리라고 기대할지 모른다. 그러나 사실 이들 두 용어 사이에는 아무런 차이가 없다. 다만, 정책이 사업을 포함하고 있다고 보는 사람들은 정책평가라는 용어를 쓰고 있고, 정책과 사업을 구분하는 사람들은 사업평가라는 용어를 주로 사용하고 있는 것으로 보인다. 같은 실체를 놓고 다른 이름으로 부를 뿐이기 때문에 평가의 내면에 들어가 보아도 차이가 있을 리 없다.

특정한 정책을 구성하고 있는 사업들에 대한 개별적 평가를 통해 특정한 정책을 평가하는 경우에 개별적인 평가 결과를 어떻게 종합해서 정책에 대한 판단을 내릴 것인가 하는 것이 문제가 될 수 있다. 그러나 지금까지의 경향을 보면, 특정한 사업에 대한 여러 평가의 결과를 종합하는 문제는 뒤에 설명할 상위평가(특히 평가의 종합([evaluation synthesis])에서 다뤄지고 있으나, 여러 사업에 대한 평가를 종합해 어떤 정책의 성공 여부를 판단하는 방법에 관해서는 아직까지 논의된 바가 없는 것 같다. 앞으로의 과제라 하겠다.

제 3 장 정책평가의 역사와 발전 배경

현재 논의되고 있는 모든 것은 과거에 그 뿌리를 두고 있다. 정책평가도 사실 그 수행된 양태가 각기 다르다 하더라도 분명 오늘의 현상만은 아니며 오랜 역사를 가지고 있다. 그리고 그러한 역사 뒤에는 그것을 있게 한 어떤 요인들(factors)이 있기 마련이다.

이곳에서는 어느 정도 체계적인 평가가 등장했다고 보이는 1930년대부터 평가 활동이 이뤄진 발자취를 살펴보고자 한다. 그리고 오늘날과 같이 활발하고 체계적인 평가 활동을 가능하게 한 여러 요인을 고찰하고자 한다.

제 1 절 정책평가의 역사

현재 우리가 논의하고 있는 평가 작업이 이뤄진 것은 1930년대까지 거슬러 올라가지만, 그것이 활성화되어 본격적으로 수행된 것은 1960년대에 들어와서라고 볼 수 있다(Rutman, 1980: 20; 노화준, 1986: 23). 그러나 이것은 어디까지나 미국과 같은 나라의 경우이고, 우리나라의 경우에는 이보다 훨씬 늦다고 보아야 한다. 우리나라 학계에서 정책·사업평가가 논의된 것은 1970년대 중반 이후라고 보이며,

정부 내에서는 1960년대 초 심사분석제도의 도입과 더불어 평가 개념이 도입되었지만, 1970년대 말까지는 평가다운 평가가 이뤄졌다고 보기는 어렵다.

아래에서는 1930년대부터 공공 부문 및 사적 부문의 정책에 대해 평가가 전개되어 온 과정을 살펴보기로 하겠다.[1)]

1 1930년대

이 기간 중에는 정책·사업의 평가에 엄격한 사회조사 연구 방법을 적용해 특정 사업의 효과를 측정한 경우가 있었는데, 그중 대표적인 것으로는 우리에게도 익숙한 미국 서부전기(Western Electric) 회사의 호손(Hawthorne) 공장에서의 실험을 들 수 있다. 호손 공장에서의 실험은 1927년부터 1933년 사이에 걸쳐 진행되었다. 그 목적은 물리적 작업환경의 변화가 생산성에 어떠한 변화를 가져오는가를 알아보고자 하는 것이었다. 이 실험조사사업의 결과로 연구자들은 생산성에 더 많은 영향을 미치는 것은 조명이나 환기와 같은 물리적 변수보다는 작업집단의 사회적 관계라는 결론을 도출할 수 있었다(Hicks & Gullett, 1975: 195-196). 여기에서 작업환경에 변화를 가져오는 활동을 하나의 사업으로 볼 수 있다.

2 1940년대

1940년대에는 미국에서 도시 개발과 주택에 대한 수요, 직업훈련, 예방보건 등에 대한 수요를 충족시키기 위해 대규모의 사업이 펼쳐졌으며, 국제적으로도 가족계획, 보건 및 영양, 농촌지역 사회 개발을 위한 사업들이 많이 진행되었다. 따라서 거기에 소요되는 예산의 막대한 지출과 관련해서 그러한 사업들이 이룩한 "성과에 대한 지식"을 요구하게 되었다(Rossi & Freeman, 1982: 22). 사업의 성과에 대한 지식이 바로 평가에 의해서 제공될 수 있었다.

1) 여기에서는 공공 부문에서의 정책평가에 관심이 있으나, 평가이론의 발달에는 사적 부문의 공헌이 컸다고 보이기 때문에 사적 부문에서의 평가 노력을 포함시키기로 했다.

3 1950년대

1950년대에는 범죄예방사업, 중죄인재활사업, 공공주택사업들에 대한 평가가 자주 수행된 바 있다(Rossi & Freeman, 1982: 22). 이러한 사업평가들은 주로 사회과학자들에 의해 수행되었다. 이와 같은 사회 개발 부문 사업들에 대한 평가연구는 미국이나 유럽 및 기타 산업국가뿐만 아니라 개발도상국가들에서도 점차 이뤄지기 시작했는데, 아시아 국가들에서는 가족계획사업, 남미 국가들에서는 영양 및 보건진료사업, 아프리카에서는 농업 및 지역개발사업에 대한 평가가 자주 이뤄졌었다.

4 1960년대

1960년대는 평가 조사연구에 관한 이론적 저술이 출간되기 시작했다. 그뿐만 아니라 정책·사업평가 자체도 아주 활발하게 이뤄졌던 시기라고 할 수 있다. 1960년대라고 하지만, 좀 더 정확히 말하자면 그것은 1960년대 후반기에 해당하는 이야기이다.

이론적인 저술의 대표적인 것으로는 평가의 개념과 유형 및 방법론 등에 관해 광범위하게 논의하고 있는 서치맨(Edward A. Suchman)의 『평가연구(*Evaluative Research*)』를 들 수 있다(Suchman, 1967 참조). 사회실험(social experimentation)을 주창한 캠벨(John P. Campbell)의 "실험으로서의 개혁(Reforms as Experiments)"이 사업의 효과성 평가와 능률성 평가의 구체적 방법을 제시한 데니스턴(O. Lynn Deniston) 등의 논문들은 정책·사업평가의 발전에 많은 기여를 한 것들이라고 하겠다(Campbell, 1969: 409-429; Deniston, Rosenstock, & Getting, 1968: 323-335; Deniston, Rosenstock, Welch, & Getting, 1968 참조). 이 시기에는 미국에서뿐만 아니라 다른 나라들에서도 정책·사업평가가 대대적으로 이뤄졌었다. 그리하여 1960년대 말까지는 평가조사연구가 이미 성장산업이 되었다고 이야기되고 있다(Rossi & Freeman, 1982: 22).

이러한 발전의 배경에는 사회개혁사업을 지원하던 미국 국립과학재단(National Science Foundation)과 같은 단체와 미국 의회의 노력이 있었음을 간과해서는 안 된다. 1957년 소련이 인공위성 스푸트니크(Sputnik)를 발사하는 데 성공하자, 이에 자극을 받은 미국 국립과학재단은 수학과 과학에 대해 새로운 교과목 개발사업을 지원한 바 있는데, 그 재단은 얼마 되지 않아 그러한 사업에 대한 공식적인 평가를 요청했던 것이다(Cronbach, Ambron, Dornbusch, Hess, Hornik, Phillips, Walker, & Weiner, 1980: 31). 그리고 미국 의회는 1965년 가정 형편이 어려운 학생에 대한 추가적 서비스 제공을 지원하기 위해 초·중등교육법(The Elementary and Secondary Education Act of 1965)을 통과시킨 바 있는데, 이 법에 따라 지원되는 자금을 공급받기를 원하는 지방교육기관은 이 법의 목적을 달성하기 위해 실시되는 특정 사업의 효과성을 평가하기 위한 계획을 제출해야 할 뿐만 아니라 주기관은 종합평가보고서를 제출하겠다는 약속을 해야 했다(Cronbach et al., 1980: 31).

5 1970년대

1970년대는 평가이론이 하나의 뚜렷한 학문 분야로 정착된 시기라고 할 수 있다. 훌륭한 교과서들과 많은 논문이 발표되었을 뿐만 아니라 이 분야의 전문학술지들이 창간된 시기이기도 하다. 또 한 가지 특기할 것은 미국의 행정학자인 폴랜드(Orville F. Poland) 교수가 『미국행정학회보(*Public Administration Review*)』 1971년 3·4월호의 객원 논설에서 '평가(evaluation)'를 행정 과정의 중요한 요소로 인식하고 이를 행성학에서 본격적으로 취급할 것을 주창한 일이다(Poland, 1971: 201-202). 그 이후 1974년 『미국행정학회보』에는 사업평가라는 주제로 많은 심포지엄 논문들이 실린 바 있다. 이러한 평가 분야의 발전은 1970년대 중반 이후에 출간되는 행정학 교과서에서 정책평가를 빼놓을 수 없는 한 부분으로 만들었다. 그리고 우리나라의 정치·행정학계에서 공개적으로 정책·사업평가에 대한 논의가 시작된 것도 바로 이 시기인 것으로 보인다(김명수, 1978 참조; 백완기, 1979 참조; 안병준, 1979 참조).

6 1980년대

우리나라 학계에서 정책·사업평가에 대해 공개적 논의가 시작된 이후 정책평가 역사에서 1980년대는 아주 중요한 의미를 가진다. 이 분야의 중요한 저술들이 이 시기에 발간되었기 때문이다. 노화준의 『정책평가론』이 1983년 12월, 김명수의 『공공정책평가론』이 1987년 3월, 정정길 등의 『정책평가』가 1987년 7월에 발간됨으로써 정책학 연구에서 평가론이 차지하는 위치가 아주 중요하다는 점을 과시했던 시기가 되었다.

정책평가의 실제에서도 1980년대는 한국 정부에서의 정책평가 역사에서 중요한 시기였다고 할 수 있다. 1981년 정책평가 기능이 국무총리 기획조정관리실에서 경제기획원으로 이관되면서 경제기획원에 심사분석국이 신설되고, 여기에서 1983년 『심사분석편람』[2)]을 발간했기 때문이다. 이 편람은 발간 즉시 모든 중앙행정기관에 배포되었다. 이 편람의 특징은 종래 심사분석이 정부의 업무 수행과 예산 집행의 진도 파악에 초점을 맞추고 있던 관행을 변화시켜, 선택적으로일지라도 정책과 사업의 성과, 즉 효과성과 능률성의 측정에 많은 관심을 기울이도록 한 점이라고 할 것이다.

그러나 정부 내에서의 평가 활동이 이러한 편람의 취지에 따라 이뤄졌는가 하는 것은 별개의 문제이다. 정책평가, 즉 심사분석의 실제에서 심사분석의 편람에 순응해서 평가가 이뤄진 예는 거의 없었던 것으로 관찰되었기 때문이다. 이러한 사실은 그 당시에 발간되었던 심사분석보고서를 검토해 보면 쉽게 증명될 수 있을 것으로 사료된다.

7 1990년대

1990년대는 '평가의 연대'라고 특징지을 수 있을 정도로 평가의 이론 면에서뿐

2) 이 편람은 1982년 경제기획원 심사분석국의 용역연구 의뢰에 따라 한국산업경제연구원이 수행한 "심사분석기법 개발 및 편람 작성을 위한 연구"에 기초하고 있다.

만 아니라 그 실제로도 많은 발전과 활성화가 이뤄졌던 시기라고 하겠다. 먼저, 이론 면에서 보면, 평가에 관한 연구들이 각종 학술지에 다수 실리고 있을 뿐만 아니라 평가이론의 심화와 그 전파를 위해 많은 대학이 학부와 대학원 수준에서 '정책평가론' 강의를 개설한 시기였다. 또한 이 분야를 연구하고 실무에 종사하는 사람들에 의해 한국정책분석평가학회가 1991년에 창설되었으며, 1992년 중반기에는 평가이론뿐만 아니라 정책학 전반에 관심을 가진 학자와 실무자들에 의해 한국정책학회가 창설된 바 있다. 이러한 학술단체의 등장은 평가에 관심을 가지고 있는 학자와 실무자들의 교호작용을 활성화시킴과 동시에 그 이론의 개발과 활용에 자극제가 된 것이 분명하다.

평가의 실제 면에서는 이 연대의 초기에 정부 내에 평가 업무를 관장하는 기구가 국무총리실과 경제기획원 내에 존재해, 상호 경쟁적으로 평가 업무를 수행했다. 이후 중반에 들어서는 정부 내에 평가 업무에 관한 사항이 국무총리실로 일원화되는 변화를 겪었다. 또한 이 연대의 후기에는 공공 부문에 확산되기 시작한 기관평가제도가 정부에도 도입되어 새로운 평가의 지평이 열렸다고 할 수 있다. 국무총리실에 민간인으로 구성된 정책평가위원회를 둔 것과 중앙행정기관에 자체평가위원회가 설치되어 부처 내의 평가 업무를 주도적으로 담당한 것도 획기적인 변화의 하나라고 하겠다.

8 2000년대

1998년 2월 외환위기 속에서 출범한 정부가 도입·실시한 정부기관평가제도는 대통령령인 「정부업무의 심사평가 및 조정에 관한 규정」에 근거를 두고 실시되어 오다가 2001년 5월에 이르러서는 평가에 관한 근거 법률인 「정부업무 등의 평가에 관한 기본법」(법률 제6347호)의 제정·시행으로 평가기본법에 따라 수행하게 되었다. 대통령령에 따라 행정부만의 관심 속에서 실시되어 온 정부업무평가가 국민적 요구가 반영되어 국회의 일반법 제정으로 제도화되어 실시되었다는 것은 비로소 평가제도의 실효성 기반이 마련되었다는 점에서 매우 의미 있는 일이라 하겠다.

이후 5년여 동안 정부 내에서 실시되어 온 정부업무평가는 평가 업무의 과중,

자체평가제도의 형식적 운영, 평가 결과의 활용 미흡, 그리고 평가와 성과관리의 연계 미흡 등의 문제점이 학계와 정부 현실에서 꾸준하게 제기되었다. 그에 따라 이를 해결하기 위해 종전의 평가기본법에 대한 대체입법으로 「정부업무평가기본법」(법률 제7928호, 2006.4.1)이 제정 · 시행되어 지금에 이르고 있다.

현행 평가기본법은 정부 내에 성과관리 도입을 위한 법률 조항을 처음으로 명시했다. 그럼으로써 정부업무평가가 성과관리를 기반으로 실시되어야 함은 물론 성과관리의 주요 수단으로 정부업무평가가 이뤄져야 함을 인식하게 하는 데 기여했다.

제 2 절 정책 · 사업평가(이론)의 발전 배경

앞에서 본 바와 같은 정책 · 사업평가 분야의 발전은 진공 상태에서 이뤄진 것은 아니다. 그것은 정부 역할의 증대에 따른 사업의 증가 및 확대와 또 이들 사업을 좀 더 효율적으로 수행하고자 하는 집행기관 내부의 노력과 그것을 요구하는 외부의 압력, 합리적인 정책 결정을 가능케 하는 방법론의 발달 등과 같은 여러 요인이 복합적으로 작용함으로써 가능해졌다고 볼 수 있다. 아래에서는 정책평가이론 및 실제의 발전에 기여한 여러 요인에 대해 살펴보기로 하겠다.

1 정부의 역할과 정책 · 사업의 증대

현대 국가들에서 볼 수 있는 특징의 하나라고 한다면, 그것은 민간 부문에 비해 정부의 역할이 상대적으로 엄청나게 확대되었다는 사실일 것이다. 정부의 역할이 확대된 것은 급격한 사회환경의 변화에 직면해 민간 부문이 독자적이고 자율적으로 그리고 효율적으로 그것에 대처하지 못하게 된 데서 그 원인을 찾아볼 수 있다. 환경 변화에 효율적으로 적응하지 못하는 주체는 그것이 개인이건, 단체이건, 정부이건, 국가이건, 그 존립 자체가 위기에 봉착하지 않을 수 없다. 여기에 부분적으로 민간 부문의 약점을 보완하면서 국가 전체의 건전한 발전을 유도할 필요성이 제기되며, 이에 따라 정부 기능의 확대 경향이 나타났다고 볼 수 있다. 이러한 과정에서 정부가 담당하는 역할을 우리는 다음과 같은 두 가지 유형으로 구별해 볼 수 있다.

첫째는 정부가 직접적인 활동을 전개하는 것을 피하고 장기적 관점에서 국가 발전에 필요하리라고 생각되는 조치나 사업을 민간 부문이 취하거나 추진하도록 고무하는 경우이다. 정부가 어떤 특정 사업을 어느 민간기업에서 추진한다면 금융상의 지원을 해주겠다고 약속하고, 후에 실제로 지원해 주는 경우가 여기에 해당한다. 수출 증대를 위하 수출산업체에 대해 세제상·금융상의 특혜를 부여하는 것도 이러한 유형의 좋은 예이다.

둘째는 정부가 필요하다고 생각되는 조치나 사업을 직접 취하거나 추진하는 경우이다. 정부 재원으로 다목적댐을 건설한다든지, 대규모 토지구획정리사업을 추진하는 것 등은 이러한 유형의 좋은 예이다. 이렇듯 정부 역할의 증대는 국민 생활의 각 부문에 대해 각종의 정책 내지 사업을 입안·실시하는 형태로 나타났던 것이다.

현대 정부는 그가 당면하는 각종의 사회 문제를 해결하고 나아가 그가 몸담고 있는 사회를 원하는 방향으로 이끌어가기 위해 그가 조작할 수 있는 정책과 사업이라는 수단을 지렛대로 이용하고 있다(Brownstein, 1976: 22-23). 이러한 경향은 정도의 차이는 있으나 현재 어느 나라 정부에서나 볼 수 있다. 이와 같은 일은 정부가 의욕적으로 국가 발전을 이끌어가고 있는 개발도상국들에서 두드러지게 나타나고 있다고 하겠다.

2 예산상의 압박과 예산의 효율적 사용을 위한 노력의 증대

정책·사업평가가 많이 이뤄지고 또 이론상의 발전을 보이게 된 배경에는 한편으로는 정부가 수행하는 수많은 사업에 투입되는 엄청난 예산의 규모와 다른 한편으로는 특히 1970년대 초와 중반에 걸쳐 아랍권이 단행한 두 차례의 석유 금수 조치에 직면한 자원의 한정성 절감에도 기인한다. 이러한 상황에 직면해서 국민들은 정부에 대해 각종 사업에 투입되는 비용을 더 이상 늘리지 말 것과, 그러한 사업을 벌일 수밖에 없는 이유를 제시하도록 요구하기에 이르렀다. 결국 정부로서도 한정된 예산을 좀 더 효율적으로 사용할 수 있는 방안을 모색하지 않을 수 없게 된 것이다. 우리나라의 경우에도 지난 1990년대 말 외환위기 극복 당시의 상황에서 그리고 2010년을 전후로 나타난 미국 및 유럽발 경제 금융위기에 따른 최근의 상황에서 줄곧 정부 예산의 좀 더 효율적인 사용 요구가 그 어느 때보다 강조되고 있음은 이를 잘 설명해 주고 있다.

이와 같이 예산상의 압박과 예산의 효율적 사용을 위한 목적을 달성할 수 있는 좋은 수단으로서 정책·사업평가가 인식되는 이유는 대체로 다음과 같다. 정책·사업평가의 결과로 어느 정책·사업이 효율적이고 비효율적인지를 판단할 수 있게 되는데, 이러한 정보는 정책·사업들에 대한 자원의 적정한 배분에 도움을 준다. 즉, 비효율적인 정책·사업에 대해서는 자원의 배분을 축소한다든지, 혹은 아예 자원 배정을 하지 않음으로써 여기에서 절감되는 자원을 좀 더 효율적인 정책·사업에 투입할 수 있으며, 결국 같은 양의 자원으로 더 좋은 산출 혹은 더 많은 산출을 얻을 수 있기 때문이다.

3 책무성의 요구

국민이 낸 세금으로 정책·사업을 시행하고 있는 정부는 마땅히 그 결과에 대해 국민에게 책임을 져야 한다. 그러나 많은 재원을 투입하면서 해결을 모색한 사회 문제들이 그대로 남아 있는 상황에 직면해 국민들은 정부에 대해 정부 활동의 정당성 및 효과에 대한 증거를 요구하기에 이른 것이다. 이러한 요구는 필연적으로 정부 활동에 대한 평가를 불가피하게 만든다.

책무성(accountability)이란 어떤 일을 수행하는 주체가 그 일의 결과에 대해 책임을 물을 권능을 가진 사람에게 설명할 수 있는 능력을 말한다. 그러므로 책무성의 본질은 어떤 일을 행하는 주체가 그 일을 잘 수행하는 것과 그것의 공과에 대해 권능을 가진 사람에게 책임을 지우는 데 있다. 이러한 의미에서 책무성은 어떤 직무를 잘 수행했는가의 여부에만 관심을 두는 책임성(responsibility)과는 다소간의 차이가 있다.

그렇다면 어떤 일(여기에서는 정책 또는 사업)을 잘 수행했는지의 여부를 어떻게 알 수 있는가? 그것은 바로 평가라는 수단을 통해 가능하다. 성과관리의 주요한 수단인 평가가 국민에 대해 책무성을 확보하고자 함에 있음은 바로 책무성 요구가 평가이론 및 평가의 실제를 발전하게 하는 요인이 되고 있다.

4 방법론의 발달

정책·사업평가에는 고도의 방법론이 적용되어야 한다. 그러므로 방법론 면에서의 발달이 없다면 정책·사업평가 분야의 발전은 기대할 수가 없다. 정책·사업평가방법론의 발달은 특히 사회심리학·사회학 및 경제학을 중심으로 이뤄졌다. 사회심리학자나 사회학자들은 실험설계(experimental designs)를 이용해서 어느 사업이나 활동이 그의 목표를 달성하는 데 효과적이었는지의 여부를 결정했으며, 다른 한편으로 경제학자들은 정책대안들에 대한 사전분석 방법인 비용·편익분석법(cost-benefit analysis)과 비용·효과성분석법(cost-effectiveness analysis)을 사후평가에 적용함으로써 사업이나 활동의 능률성을 측정했다(Poland, 1974: 333-334). 이렇게 볼 때, 정책·사업에 대한 평가는 종합학문적(multidisciplinary)인 성격을 띠지 않을 수 없게 되었다.

제 4 장 정책체계에서 정책평가의 위치

이제까지는 정책평가란 무엇인가? 그것이 추구하는 목적은 무엇인가? 정책평가의 대상은 무엇인가? 등에 관해 서술했다. 이곳에서는 정책평가가 전반적인 정책체계(policy system)에서 차지하는 위치를 분명히 하고자 한다. 이것은 정책체계를 구성하고 있는 요소 중 하나인 정책평가와 다른 중요한 요소들과의 상호 관계를 분명히 하는 것을 의미한다.

제 1 절 정책체계와 그 구성 요소

정책체계란 정책과 관련된 여러 요소의 집합을 의미하는 것으로 정책연구(policy studies)의 핵심이 된다. 정책체계에 대해 이해를 하는 것이 정책연구의 목적이기 때문이다. 정책체계를 이해하기 위해서는 그것을 구성하고 있는 각 요소들을 파악하고 그들 각각에 대한 깊은 이해가 필요하다.

그러면 정책체계는 어떠한 요소들로 구성되어 있는가? 정책체계를 알기 쉽게 나타낸 것이 [그림 4-1]이다. 이 그림은 네 개의 정책 과정(① 정책형성, ② 정책집행, ③ 정책평가, ④ 환류)과 과정 중에 나타나는 산물들(① 정책 원인, ② 정책, ③

그림 4-1 정책체계

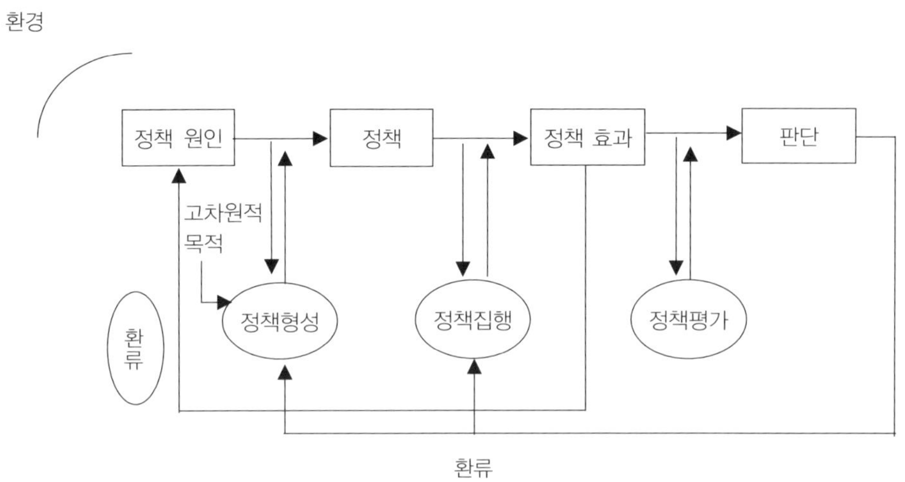

③ 정책 효과, ④ 판단)이 서로 유기적으로 관련되어 있다는 것을 보여주고 있다.

정책체계를 구성하는 요소들로 이뤄진 이 그림은 이념형적인 모습을 띠고 있는 것으로 반드시 정책 현실에서 모든 요소가 나타나지는 않는다. 실제로 정책 운용 현실과는 괴리가 있을 수 있기 때문이다. 그렇더라도 정책 현실을 파악하고 이를 설명하기 위해 필요한 정책체계 내의 각 구성 요소와 그중 하나인 정책평가 간의 상호 관계를 보여주는 이념모형(ideal type)에 대해 알아보고자 한다.

첫째, 정책체계를 구성하고 있는 네 개의 과정과 네 개의 산물은 정책체계의 환경 내에서 서로 별개의 형태로 존재하는 것이 아니므로 각각의 과정과 산물을 명확하게 분리하기는 어렵다. 그럼에도 불구하고 각각의 구성 요소가 분리되어 나타나고 있는 것은 기존 연구들을 포용하면서 과정과 산물들 사이의 이론적 관계를 부각시키기 위해서이다.

둘째, 그림에서 정책 과정은 형성 → 집행 → 평가 → 환류와 같이 순차적으로 이뤄지는 것으로 나타나 있다. 그러나 현실적으로는 이러한 과정들이 중첩되어 있는 경우가 많다. 즉, 정책집행이 이뤄지면서 다시 정책이 형성되는 경우도 있을 수 있고, 정책평가와 동시에 정책형성이 이뤄지는 경우도 있을 수 있다.

셋째, 그림에 나타난 4개의 과정과 4개의 산물이 개별 정책과 관련해서 언제나 나타나는 것은 아니다. 즉, 정책의 효과가 언제나 평가되고, 그 결과에 따라 언제나 정책형성 과정과 집행 과정이 영향을 받는 것은 아니기 때문이다. 다만 이 그림은 정책이 합리적으로 운용됨을 전제로 하고 있다.

아래에서는 이러한 정책체계를 구성하고 있는 각 구성 요소에 관해 알아보기로 한다.

1 정책 원인

정책 원인(policy causes)이란 용어가 암시하듯이 정책을 유발시키는 원인을 일컫는다. 이것은 [그림 4-1]에서 볼 수 있는 바와 같이 정책형성의 앞 단계에서 시발점이 되는 요소이다. 이러한 정책 원인에 대해서는 현재 대체로 두 가지 시각에서 파악하는 경향이 있다. 하나는 이를 환경 내에 존재하는 각종 문제로 파악하는 입장이고, 다른 하나는 사회경제적 혹은 정치적 조건(혹은 상태)으로 파악하는 입장이다.

전자는 환경 내에 존재하는 각종 정치·경제·사회·기술적 문제가 어떠한 과정을 거쳐 정치 체계 내에서 정책 문제(또는 정책의제)로 채택되는가 하는 측면을 주로 연구하는가 하면(Jones, 1977: 15-20; Eyestone, 1978 참조), 후자는 개인 소득이라든지 도시화율 혹은 교육 수준과 같은 사회·경제적 조건이나 투표 참여율, 정당 간의 경쟁률과 같은 정치적 조건이 정책에 어떠한 영향을 미치는가를 연구의 대상으로 삼고 있다(Dye, 1979: 652-662).

2 정책형성

정책형성 과정은 정책 원인이 되는 공공의 문제에 대처할 수 있는 정책을 만들어 내는 과정이다. 의회에서의 입법 과정이나 행정부에서의 중·장기계획 수립 과정은 여기에 속한다.

정책형성 과정은 그 하위 과정으로 ① 정책의제 설정 과정,[3] ② 정책대안 형성 과정 및 ③ 정책합법화 과정을 포함한다. 각각의 과정은 다음과 같다.

정책의제 설정 과정은 환경 내에 객관적으로 존재하는 문제가 정책 결정과 관련이 있는 사람이나 집단에 의해 정책적 대응을 요하는 문제로 받아들여지는 과정을 말한다. 정책 결정과 관련이 있는 사람이나 집단에는 대통령, 국회의원, 정당, 사법기관, 행정관료, 이익집단, 시민단체, 일반 국민 등을 들 수 있다.

정책대안 형성 과정은 정책의제 설정 과정에서 파악된 정책 문제들에 대한 대응책으로서 정책대안을 개발·분석해 최종 대안을 선정하는 과정을 말한다. 정책기획이나 좁은 의미의 정책분석은 이 과정에서 이뤄지는 활동이다. 정책형성 과정 중에서는 여기에서 이야기되는 정책대안 형성 과정이 가장 많은 논의를 불러일으킨 분야라 할 수 있다. 이 과정에서 연구되는 것은 대체로 두 가지로 볼 수 있다. 하나는 이 과정에서 중요한 역할을 담당하고 있는 사람이 누구인가 하는 문제이고, 다른 하나는 대안 개발에서의 분석적 모형에 관한 것이다. 전자는 정책형성 과정에서 참여자 내지 주역(participants or actors)에 관한 문제이고, 후자는 합리모형·점증모형·혼합모형 등과 같은 정책형성모형에 관한 문제이다.

정책합법화 과정은 정책대안 형성 과정을 통해 얻은 최종적인 정책대안을 승인하는 과정이다. 법률안의 국회 통과라든지, 정부의 중·장기계획안에 대한 대통령의 최종적인 재가는 여기에 속한다. 합법화 과정을 거친 정책대안은 더 이상 대안이 아니고 정책의 지위를 갖게 된다. 즉, 각종 법률이나 정부에서 수립된 중·장기계획은 모두 정책이라 부를 수 있다.

3 정책

앞서 이야기된 바와 같이 정책은 고차원적인 목적을 달성하거나 사회환경 내에 존재하는 공공의 문제를 해결하기 위해 정책형성 과정에서 개발된 수단으로서 권

3) 여기에 관한 논의는 정정길, 「정책과정과 정책문제 채택」, 정산김운태박사화갑기념논문집 편찬위원회, 『한국정치행정의 체계』, 서울: 박영사, 1982, pp.243-271 참조. 존스(Charles O. Jones)는 이 과정을 정책형성 과정의 전단계로 보아 정책형성 과정에서 분리시키고 있다(Jones, 1977: 26-43).

위 있는 기관에 의해 승인된 것을 의미한다. 따라서 입법부를 통해 나온 법률이라든지, 행정부에서 만들어진 중·장기계획 등은 모두 정책에 해당한다.

정책에 대한 연구는 대체로 두 가지 측면에서 행해지는 것으로 이해된다. 하나는 정책의 유형화에 관한 노력이고, 다른 하나는 실제 정책에 대한 기술적 연구이다. 정책의 유형에 대해서는 로위(Theodore Lowi) 교수가 1964년 분배정책(distributive policies), 규제정책(regulatory policies), 재분배정책(redistributive policies) 등 세 가지로 분류한 이래(Lowi, 1964: 677-715), 많은 학자가 그것을 보완하는 노력을 보여왔다. 예컨대 프로혹(Fred Frohock) 교수는 로위의 세 가지 유형에 생산적 분배정책(capitalization policies)과 윤리정책(ethical policies)을 추가했으며(Frohock, 1979: 11-14), 로위 자신도 1972년에 구성정책(constituent policies)을 추가했다(Lowi, 1972: 298-310).

실질적인 정책 내용(policy content)에 관해서는 1968년 래니 교수가 그것에 대한 연구의 중요성을 강조한 이래(Ranney, 1968 참조)로 많은 연구가 축적되어 왔다. 경제규제정책과 소비자보호정책, 환경정책, 도시정책 등을 다룬 로위와 스톤(A. Stone) 교수의 편저(Lowi & Stone, 1978 참조)는 좋은 척도가 된다.

4 정책집행

정책집행 과정은 정책형성 과정의 산물인 정책을 실시하는 데 포함된 모든 활동이라고 할 수 있다(Van Horn & Van Meter, 1976: 45; Jones, 1978: 138-139). 정책집행 과정에 내포된 활동으로서는 ① 자원의 획득, ② 해석, ③ 사업기획, ④ 운영기획, ⑤ 조직화, ⑥ 적용 등을 들 수 있다(Ripley & Franklin, 1982: 4-5).

정책집행의 책임을 지고 있는 기관들이 가장 먼저 해야 할 일은 필요한 자원을 획득하는 일이다. 이러한 자원에는 인력, 장비, 토지, 원료, 자금 등이 포함된다.

해석(interpretation)이란 정책을 구체적인 지침과 규정으로 변환하는 것을 말한다(Ripley & Franklin, 1982: 4-5). 시행령, 총리령 그리고 부령을 제정하는 것과 모법에서 위임된 사항과 그 시행에 필요한 사항을 규정하는 행위와 훈령, 예규, 지시 등의 행정규칙을 작성하는 행위가 여기에 속한다.

사업기획은 정책의 테두리 안에서 그것의 구현을 위해 구체적인 사업계획을 작성하는 과정이다. 이 과정에서 사업의 내적 구조라고 할 수 있는 사업설계가 완성된다. 운영기획은 사업계획을 실시하기 위해 구체적으로 시행공정표(schedule)를 작성한다든지, 세부적인 과업에 대해 담당자를 지정하는 등의 사업계획의 실시 방법을 고안해 내는 과정이다.

조직화(organizing)란 정책의 집행에 필요한 조직을 구성하는 활동을 말한다. 기존 조직으로 정책집행을 담당할 수 있는 경우에는 내적인 기구 조정으로 충분하겠지만, 적절한 기구가 없는 경우에는 새로운 기구를 만들어 정책집행을 준비해야 할 것이다.

적용이란 정책이나 사업계획에 내포된 편익이나 규제를 대상집단에게 제공하거나 강제적으로 실시하는 행위를 말한다. 규제정책의 경우에는 대상집단에 대한 규제가 주요한 내용이 되며, 분배정책이나 재분배정책의 경우에는 편익을 제공하는 것이 적용의 중요한 내용이 될 것이다.

이러한 정책집행 과정에 관한 연구는 대체로 두 가지 방향으로 진행되고 있는 것으로 이해된다. 하나는 전통적 행정학이 그랬듯이 정치 과정, 즉 정책형성 과정을 통해 수립된 정책을 어떻게 효율성과 절약을 제고시키면서 실행할 수 있느냐 하는 측면을 다루는 것이고, 다른 하나는 순응(compliance)과 불응(noncompliance)에 관한 연구이다. 쿰스(Fred Coombs)의 연구는 후자의 좋은 예이다. 순응의 문제란 정책 실시 과정에서 정책에 내포된 내용이 그대로 실시되느냐의 문제이다.

5 정책 효과

정책 효과란 어떤 특정한 정책이 실시된 결과로 야기되는 변화의 총체를 의미한다. 이에 관해서는 제7장과 제8장에서 다뤄지기 때문에 여기에서는 구체적인 언급을 피하기로 한다.

6 정책평가

정책평가는 정책 실시 과정을 통해 얻은 정책 효과를 정책이 원래 의도했던 목표와 대비시켜 검토하는 것을 말한다. 그러나 이것을 넓게 규정할 때에는 정책의 효과뿐만 아니라 정책의 능률성을 측정하고, 나아가 정책의 성패에 대한 그 원인까지를 검토하는 것으로 이해된다.

정책평가 과정에 관한 연구는 정치학이나 행정학계에서보다는 사회학이나 의학, 교육학, 심리학, 경제학계 등에서 먼저 이뤄져 왔다고 할 수 있다. 정치학계와 행정학계에서 이를 본격적으로 연구하기 시작한 것은 1970년대 중반 이후부터라고 하겠다.

정책평가 연구에서 논의의 초점은 방법론에 집중되고 있다. 그것은 정책평가의 주요 과업이 바로 다른 것이 아닌 정책이 어떤 효과를 가져왔느냐 하는 문제를 다뤄야 하기 때문이다. 이것은 인과 관계를 확립하는 것과 같은 이야기로서, 현실적으로는 너무나 많은 문제점이 가로놓여 있다. 그리하여 정책평가에 동원되고 있는 방법은 아주 다양화했다. 실험적 설계뿐만 아니라 준실험적 설계, 비용·편익평가법, 비용효과성 평가법, 여론조사, 전문가 의견조사 등이 그것이다. 자세한 내용은 제9장과 제10장에서 다룰 것이다.

7 판단

정책평가 과정을 거치면 우리는 평가의 대상이 되었던 특정한 정책의 성패에 대한 판단뿐만 아니라 그 성패의 원인에 대해서도 어떠한 결론을 얻을 수가 있다. 물론 이러한 포괄적인 판단을 내리기 위해서는 포괄적인 정책평가가 이뤄져야 한다. 여기에서의 성패는 완전한 성공과 실패 사이에 다양하고도 많은 중간적 성격의 판단이 존재할 수 있다.

8 환류

정책체계의 마지막 요소는 두 가지 유형의 환류(feedback)라고 하겠다. 하나는 정책 효과가 환경 내의 정책 원인에 미치는 영향이고, 다른 하나는 정책에 대한 판단의 결과가 정책형성 과정과 정책 실시 과정에 미치는 영향이다. 전자는 자동적으로 일어나는 과정인 반면, 후자는 현상 개선을 목표로 이뤄진 인위적인 과정이라 하겠다. 전자의 경우는 정책의 실시 결과로 얻은 효과가 바로 그것을 유발했던 정책 원인에 어떠한 형태의 변화를 야기한 것을 의미하기 때문이며, 후자의 경우에는 정책의 성패에 대한 어떠한 판단이 내려졌다고 하더라도 현상 개선을 위한 노력이 전제되지 않는다면 정책형성 과정이나 정책 실시 과정에서 그러한 정보가 이용될 여지가 없기 때문이다. 후자의 경우를 시정 조치라고 부르기도 한다.

두 번째의 환류 과정에서는 판단 내용에 따라 다음과 같은 여러 가지 조치가 취해질 수 있을 것이다.

- 정책의 종결: 정책이 완전한 실패로 판단된 경우
- 정책의 계속 실시 혹은 확대 실시: 정책이 성공적인 것으로 판단된 경우
- 정책의 축소 실시: 정책의 유효성이 어느 정도는 인정되지만 크게 기대할 수 없는 경우
- 정책의 수정: 정책의 구조가 잘못 고안된 경우 또는 정책 구성 요소 사이의 비중을 변경할 필요성이 있는 것으로 판단되는 경우
- 정책 실시 과정의 수정: 정책의 실시가 제대로 이뤄지지 않고 있다고 판단된 경우
- 무조치: 정책평가의 결과를 신뢰하지 않거나 신뢰하더라도 당분간은 아무런 조치를 취하지 않는 경우

물론 이상의 경우에 나타나고 있는 여러 가지 조치는 앞서 언급한 바 있는 바람직한 목적에서 평가가 이뤄지고 그에 따라 합리적인 의사 결정이 이뤄짐을 전제로 하게 된다. 그리고 현실에서는 반드시 위의 경우만이 존재하지는 않는다.

제 2 절 정책체계와 정책평가

위에서는 정책체계를 구성하고 있는 여러 요소의 상호 관계 양태, 이들 요소 하나하나가 가지고 있는 의미, 그리고 이들에 관한 지금까지의 연구 경향 등을 개략적으로 살펴보았다. 이러한 논의를 통해 정책연구의 대상인 정책체계, 그 내에서 정책평가가 차지하고 있는 위치, 특히 정책평가가 수행될 시간적 순서와 그것의 초점이 정책 효과라는 것을 어렵지 않게 짐작할 수 있었다. 이곳에서는 정책체계 내의 다른 과정들인 정책형성, 정책집행 및 환류 과정과 정책평가 사이의 관계를 살펴봄으로써 정책평가의 위치를 더욱 분명히 하고자 한다.

1 정책형성과 정책평가

정책형성과 정책평가의 관계는 두 가지 방향에서 살펴볼 수 있다. 하나는 정책형성이 정책평가에 미치는 혹은 미칠 수 있는 영향이고, 다른 하나는 그와 반대로 정책평가가 정책형성에 미치는 혹은 미칠 수 있는 영향이다.

정책형성이 정책평가에 미칠 수 있는 영향은 정책형성 과정에서 정책의제를 설정하고, 그것에 대한 여러 해결 대안을 개발·분석해 최종적으로 어떤 선택을 하는 과정에서 나타날 수 있다. 이 과정에서는 좀 더 체계적이고 분석적인 접근을 시도할 수도 있고, 점증주의모형(incremental model)에 입각해 과거에 시행했던 것을 기준으로 약간의 변형을 가해 새로운 정책을 형성할 수도 있다.

사실 이 과정이 어떻게 운용되는가 하는 것은 정책평가에 중요한 영향을 미칠 수 있다. 만일 정책형성 과정이 점증주의모형에 의해 주도되고 있다면, 정책형성 과정이 정책평가에 기여할 수 있는 여지는 거의 없다고 보인다. 이 경우에는 정책형성 과정이 정책평가에서 필요로 하는 정보를 제공해 주지 못하기 때문이다. 그러나 만일 정책형성 과정이 합리주의모형(rationality model)에 입각해 운용되는 경우라면 정책평가에의 기여도는 크다고 보인다. 이 경우에는 특히 효율성(효과성과 능률성) 평가의 기초가 되는 정책의 목적(또는 목표)이 명확히 규정될 뿐만 아니라 미래의 효과와 비용에 대한 예측이 이뤄지기 때문이다. 만일 이러한 자료가 사전에 준비되어 있고 이용 가능하다면 정책평가는 그만큼 용이해질 것이 분명하다.

한편 정책평가는 정책형성 과정에 대해 중요한 정보를 제공할 수 있다. 왜냐하면 여러 유형의 정책평가의 결과로 얻은 정보는 현재 혹은 다음 단계의 정책형성 과정에서의 논의에서 적어도 평가 대상이 된 정책·사업에 대해 확고한 증거를 제시해 줄 수 있기 때문이다.

2 정책집행과 정책평가

정책집행과 정책평가는 매우 밀접한 관계를 가지고 있다. 나카무라(Robert T. Nakamura)와 스몰우드(Frank Smallwood)는 정책평가를 정책집행 과정에 포함시키고 있다(Nakamura & Smallwood, 1980 참조). 정책을 집행하는 과정에서 정책·사업관리자 또는 업무 담당자가 대상 정책·사업의 성과를 측정하고 그에 따라 집행과정을 조절 혹은 수정·관리하는 경우에 평가를 집행 과정에서 분리하는 것은 무리라 할 수 있다. 이러한 상황의 경우에도 분명히 구별될 수 있는 활동인 집행과 평가가 상호 반복적으로 교호작용을 하고 있는 것으로 이해하는 것이 좋을 것이다.

그리고 정책집행과 정책평가의 관계에서 관심을 기울여야 할 점은 정책이 집행되지 않는다면 정책평가는 수행될 여지가 없다는 사실이다. 대부분의 정책은 실시할 것을 전제로 해서 입안된다. 그러나 공표된 정책이 시행령이라든지 세부지침 등이 마련되지 않아 사장되는 사례가 적지 않다. 정책이 제대로 집행되어야 그것이 원래 의도했던 효과를 기대할 수 있으며, 그 효과가 진실로 특정 정책의 실시 결과에 의한 것인지, 그리고 그것이 어느 정도나 능률적으로 수행된 것인지 등을 평가해 보는 것이 의미 있는 작업이 된다.

한편 정책평가는 정책집행 과정에 대해 정책형성 과정에 대해서와 마찬가지로 중요한 정보를 제공할 수 있다. 정책평가가 정책집행 과정에 유의미한 정보를 제공하기 위해서는 특정한 유형의 평가(예컨대 집행평가)가 수행되어야 하기 때문이다. 정책평가의 유형에 관해서는 제7장에서 자세히 살펴볼 것이다.

3 정책평가와 환류

정책평가와 환류는 전자의 후자에 대한 일방적 관계로 이해할 수 있다. 평가는 환류의 기초를 제공하기 때문이다. 그러나 이러한 관계가 성립되기 위해서는 어떤 의지가 개입되지 않으면 안 된다. 왜냐하면 평가 결과는 그것의 잠재적 이용자 측의 어떤 의지(예컨대 정책을 합리적으로 운용하겠다는 의지)가 개입되지 않고는 자동적으로 정책형성 과정이나 집행 과정에 환류되는 것이 불가능하기 때문이다. 정책평가 결과의 환류에 대해서는 제2편 제12장 "평가의 활용"에서 자세히 다룰 것이다.

제 5 장 평가와 성과관리

정부 부문을 포함한 공공 부문에서의 개혁 노력은 이미 1980년대 신공공관리(New Public Management: NPM)[1]라는 이론적 토대 위에서 주요 선진국들에서 나타났다. 1990년대 들어서는 정부가 하고 있는 일(정책 또는 사업)에 대한 성과를 개선하려는 많은 노력이 범세계적으로 다양한 분야에서 추진되었다. 특히 성과 및 결과 지향적 정부 개혁 노력을 추진해 왔던 서구 선진국에서는 성과관리에 관한 다양한 개념을 포함하는 정의들과 함께 폭발적인 성과관리 체계 구축 노력이 나타났다(Behn, 2002 참조). 정부의 기업화, 고객 지향적 정부, 성과중심주의적 정부 등과 같은 성과 및 결과 지향 개혁에 관한 많은 용어가 언급되었음은 이를 잘 설명해 준다.

특히 다양한 정부 분야에서의 평가는 성과 지향적 정부를 구현하기 위한 주요 노력에 해당한다. 정부가 이미 수행했거나 현재 진행 중에 있거나, 또는 앞으로 추진하게 될 정책이나 사업을 대상으로 이뤄지는 예산, 인력, 조직 수준에서의 적정성 검토를 포함해 당초 의도했던 목표와 대비한 체계적 분석이 이뤄지는 평가는 오늘날 정부 성과관리의 주요 내용을 이루고 있다.

이와 같은 노력이 현재 우리나라에서는 정부의 비효율성 제거 및 대국민 책무

1) 신공공관리론은 '시장주의'와 '신관리주의(new managerialism)'를 결합해 전통적인 관료제 패러다임의 한계를 극복하고 작은 정부를 구현하기 위해 1980년대 이후 영미 국가들을 중심으로 등장한 정부 운영 및 개혁에 관한 이론을 말한다. 신공공관리의 주요 정책 수단으로는 인력 감축, 민영화, 재정지출 억제, 책임운영기관, 규제 완화 등이 있다(이종수, 『행정학사전』, 2009, p.302 참조).

성 제고를 위한 자율적 성과관리 추진 기반 마련을 위해 제정·시행된 「정부업무평가기본법」(2006.4)과 재정의 효율성·건전성 및 투명성 제고를 위한 「국가재정법」(2007.1)의 제정·시행에 따라 정부 내 성과관리를 위한 평가 노력으로 나타나고 있다.

이 장에서는 성과관리를 위한 평가, 즉 성과관리의 주요 수단인 평가를 올바르게 이해하고자 성과관리의 개념과 목적을 살펴보고자 한다. 그 다음으로 체계적인 성과관리를 위해 필요한 요소는 무엇인지, 그리고 성과관리를 위한 주요 수단에는 어떤 것이 있는지에 대해 알아보고자 한다.

제 1 절 성과관리의 의의

1 성과관리의 개념

성과관리는 다양한 이름과 방식으로 정의되는 일련의 개념들을 포함하고 있다. 결과 지향적 정부(results-driven government), 성과에 기초한 관리(performance-based management), 결과를 위한 통치(governing for results), 성과에 기초한 예산(performance-based budgeting), 결과 지향적 관리(outcome-oriented management), 정부재창조(reinventing government), 신공공관리(new public management), 신관리주의(new managerialism), 시장화(marketization) 등이 성과관리와 관련해 함께 사용되는 용어들이다(Aucoin, 1995 참조; Kettle, 1997: 446-462; Peters, 2001: 1-2).

평가와 성과관리 사이의 관계를 통해 성과측정을 언급한 번스타인(Ilene Nagel Bernstein)에 따르면, 성과측정은 프로그램의 결과를 보고하기 위해 필요한 것으로 관리자가 조직관리 측면에서 사용하는 도구라는 것이다. 즉, 그것은 평가자의 도구가 아니라는 것이다(Bernstein, 1999). 반면에 맥데이비드(J. C. McDavid)와 호손(L. R. Hawthorn)은 결과 중심의 관리인 성과관리는 조직관리 접근 방식으로, 평가와 마찬가지로 성과측정을 통해서도 의사 결정에 필요한 정보를 제공하는 것이므로,

성과관리의 하나인 성과측정은 평가와 무관하지 않다고 언급하고 있다(McDavid & Hawthorn, 2006: 3-5). 해트리(Harry Hatry)도 성과를 측정하려는 것과 성과를 평가하려는 것은 각각 다른 목적을 가지고 수행되는 것으로 이해한다. 다만, 특별히 구분하자면, 성과를 평가한다고 할 때의 평가는 성과관리 내의 성과측정 과정에서 이뤄지는 심층적 평가(in-depth evaluation)로 이해할 수 있다고 한다.[2)]

한편, 벤(Robert D. Behn)은 성과관리를 성과측정, 성과주의예산, 성과계약, 성과급 보수 등 다양한 개념을 포함하는 것으로 이해하며, 성과측정(performance measurement) 측면에서만 보더라도 성과측정 기준이나 성과정보의 도출 및 활용 등에 따라 성과관리 내용을 다르게 이해할 수 있다고 한다. 이 밖에도 인적 자원 전문가들은 성과관리를 개인의 성과계획, 성과평가, 당근과 채찍을 통한 개인의 성과 향상 노력을 의미하는 것으로 정의하기도 한다(Grote, 2000: 1-20).

이처럼 학자마다 성과관리 자체에 대한 논의는 물론 평가와의 관계에 관해서도 서로 다른 입장에서 이해하고 있음을 알 수 있다. 그러나 학자들 사이의 다양한 이해 속에서도 어느 정도의 공통점은 존재한다. 그것은 다름이 아니라 본질적 개념상, 성과관리와 평가는 모두 관리자에게 그들의 의사 결정에 필요한 유의미한 가치 있는 정보를 제공함으로써 결과 중심의 조직관리가 가능토록 할 수 있다는 점이다.

성과관리라는 용어가 실제에서는 다양하게 정의되고 해석될 수 있는 다의적 개념이라 하더라도, 성과관리라는 용어에서 관리의 대상인 성과가 무엇인지, 왜 성과를 관리하려 하는지를 분명하게 이해한다면, 성과관리를 위한 평가가 무엇인지를 잘 이해할 수 있다.

성과란 무엇인가? 성과는 정부가 수립하고 추진한 정책 또는 사업이 즉각적으로 나타낸 단순 결과적 측면에서의 산출(outputs)만을 의미하지는 않는다. 어떤 일을 통해 얻은 직접적이며 1차적인 결과만이 아니라 조직이나 개인들이 수립한 계획과 그에 따른 모든 활동을 포함하기 때문이다. 성과에는 인력, 재원 등 조직이 가지고 있는 각종 보유 요소를 업무 수행에 직·간접적으로 투입하고 이를 통해 이뤄진 다양한 활동(정책 또는 사업 등)들이 포함된다. 그뿐만 아니라 집행 과정을 거쳐 생산해 낸 직접적인 산출물만이 아닌, 직·간접적으로 사회 및 수혜자에 미치는 효과 내지는 각종 사업 활동이 의도한 효과 및 궁극적인 목적의 실현 정도인 영

2) 감사원 평가연구원 주관 워크숍 강연 자료, Performance Measurement/Management(2007.9).

향까지도 포함하는 개념이다(공병천, 2009: 300).

정부에서 해당 정책이나 사업을 관리하기 위해 성과의 정도나 수준을 측정하고 평가하는 데 사용되고 있는 성과지표를 통해 성과의 개념을 좀 더 분명히 이해할 수 있다. 성과지표는 정책의 추진 단계에 따라 투입지표, 과정·활동지표, 산출지표, 효과지표, 영향지표로 유형화될 수 있다. 가령 사회적으로는 유용하지만 수익성이 낮아 민간기업이 사실상 참여하지 않는 사업을 정부가 추진하고 있는 '사회적 일자리 추진사업'의 성과를 예로 들어보자. 이 사업의 경우에 사업 성과를 관리하기 위해 사용되는 지표 중에서 '사업 지원 예산과 시설·장비에 대한 설비 투자 등'은 투입지표(input indicators)에 해당한다. 만일 이 사업이 1년 단위 사업의 경우라면, '반기별 또는 분기별로 수립한 사업 계획 대비 추진 정도'는 과정·활동지표(process/activity indicators)에 해당한다. 사업 종료 후 사업 결과를 측정하기 위한 지표 중에서 산출지표(output indicators)에 해당하는 것으로는 사회적 일자리 사업 시행에 따른 결과물로 '저소득 근로자 및 맞벌이 부부의 자녀 방과 후 교실 보조원 수', '장애인 교육보조원 수', '저소득층 독거노인·장애인·소년소녀가장 등을 위한 가사·간병도우미 수' 등을 들 수 있다. 효과지표(outcome indicators)로는 사업 수혜자인 '저소득 근로자 및 맞벌이 부부, 저소득층 독거노인·장애인·소년소녀가장 등의 기본생활 만족도 수준'을 들 수 있다. 끝으로, 영향지표(impact indicators)로는 이 사업의 궁극적 효과에 해당하는 '사업 수혜자들의 삶의 질적 수준 향상도'를 생각할 수 있다.

여기에서 투입지표와 과정지표, 그리고 산출지표는 사업 기간의 성과를 단기적으로 측정·평가하기 위한 지표로는 적합한 반면에, 효과지표와 영향지표는 사업의 종료 후 중·장기적으로 나타난 효과를 측정한다. 따라서 1년 단위로 사업 성과를 관리하는 정부 현실에서는 효과지표와 영향지표를 적용해 해당 사업의 성과를 측정·관리하기가 쉽지 않음은 물론 사실상 불가능한 일이다.

다만, 해당 사업의 성과를 측정·관리하기 위한 노력의 일환으로 투입, 과정, 산출 측면의 성과지표를 설정·적용하는 경우라도, 정부가 하는 일은 반드시 사업의 효과와 영향을 염두에 두고 그 성과는 관리가 되어야 한다. 즉, 투입-과정-산출지표는 효과 및 영향지표와 논리적으로 관계가 있도록 설정되어야 한다. 왜냐하면 성과는 바람직해야 한다는 가치지향성을 전제로 측정되고 관리되기 때문이다.

만일 긍정적인 효과와 궁극적으로 바람직한 영향 변화와 무관하거나 관계가 적은 투입, 과정, 산출지표를 설정해 사업의 성과를 관리하게 되는 경우에는 사업담당자로 하여금 옳지 않은 방향으로 일을 추진하게 하거나 사업 목적과 괴리된 결과를 유도해 중·장기적으로는 왜곡된 사업의 효과 및 영향이 초래될 수 있다.

2 성과관리의 목적

성과관리는 '성과'와 '관리'라는 두 개념의 합성어이다. 성과는 관리의 대상으로서, 전술한 바와 같이, 바람직해야 한다는 가치지향성을 내포하고 있다. 즉, 그것은 개인, 조직 및 기관이 이뤄낸 투입, 과정, 결과(산출을 비롯해 효과 및 영향까지를 포함) 측면에서의 결실을 의미한다. 행정 현실에서 정부 업무의 성과를 관리해야 하는 이유는 바로 대국민 책무성(accountability)을 제고하기 위한 것이다. 다시 말해서 정부가 '하고 있는 일'은 물론 지금까지 '해 온 일'과 '하고자 하는 일' 모두가 국민의 세금을 재원으로 이뤄지고 있고, 그렇기에 그 일은 반드시 '가치 있는 일이어야 함(value for money)'을 의미한다. 따라서 세금을 재원으로 한 공적인 정책 또는 사업의 성과는 사업 담당자만의 (단순)실적에 국한되지 않고, 결과적으로는 국민을 위한 성과로 이어질 수 있어야 한다. 이를 위해 정부 성과는 체계적으로 관리되어야 한다. 이는 성과관리의 본질이며 목적이다.

제 2 절 성과관리의 과정

체계적으로 성과를 관리하기 위한 노력은 [그림 5-1]에서 보는 바와 같이, 기관의 임무 설정으로부터 전략 목표와 성과 목표의 설정·관리, 성과의 측정 및 측정 결과를 포함한 성과정보의 공개·활용 등의 과정을 통해 실현된다. 그림의 왼쪽에 표시된 전략기획(strategic planning), 성과기획(performance planning), 성과측정(performance measurement), 성과정보 공개 및 활용(reporting)은 체계적인 성과

그림 5-1 체계적인 성과관리 과정

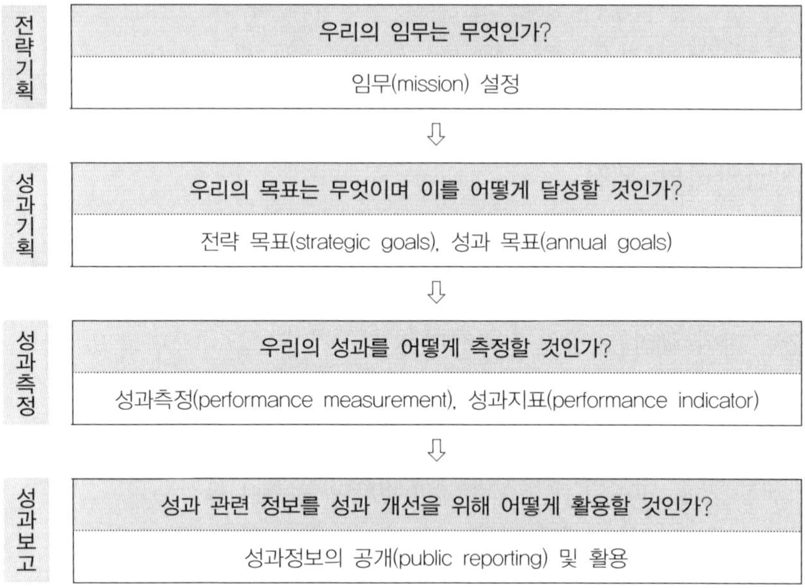

관리를 위한 주요 단계에 해당한다([그림 5-1] 참조).

체계적인 성과관리를 위한 첫 번째 단계는 전략기획 단계이다. 여기에서는 기관의 존재 의의에 해당하는 임무 설정(mission setting)과 함께 이를 달성하기 위한 최소 3년에서 5년의 중·장기적 목표가 설정(goal setting)되어 제시된다.

두 번째 단계인 성과기획 단계에서는 기관의 중·장기 목표에 해당하는 전략 목표를 실현하기 위해 연 단위(1회계연도)의 사업 활동 목표인 성과 목표(annual goals)의 설정이 이뤄진다. 이때의 성과 목표는 사업 추진 담당자는 물론 사업 관리자 및 사업의 이해관계자 등이 쉽게 사업의 성과를 파악하고 이해할 수 있도록 구체적이고 객관적이며 측정 가능한 형태로 제시되어야 한다.

세 번째 단계에서는 전략기획과 성과기획 단계에 따라 성과관리 대상 사업이 실시되었는지를 평가하기 위한 성과지표(performance indicators)의 설정과 이를 적용한 성과측정(performance measurement)이 이뤄지게 된다. 성과측정 단계에서는 연 단위의 성과 목표를 달성하기 위한 구체적인 성과목표치(performance targets)와 구체적인 사업의 성과를 대비 평가하게 된다.

마지막으로 네 번째 단계에서는 성과정보의 공개 및 활용이 이뤄진다. 연도별 시행계획의 대상 연도(회계연도)가 종료된 이후, 성과지표를 적용한 측정 결과를 포함한 성과 관련 정보를 포함해 해당 사업의 성과를 평가한 의견(성과 목표 계획 대비 달성·미달성 사유, 성과 목표치의 현실적합성 여부 등)이 보고서로 공개·활용되어야 함을 의미한다(GAO, 1996 참조; 박중훈, 2005 참조; 공병천, 2006 참조).

아래에서는 성과관리를 위한 주요 수단 요소라 할 수 있는 성과측정, 성과점검, 성과평가에 관해 살펴보고자 한다.

제 3 절 성과관리의 주요 수단

성과관리의 주요 수단으로는 성과측정, 성과점검, 성과평가를 들 수 있다. 이하에서는 이들 각각에 대해 개념적으로 살펴본다. 그리고 나서 성과점검과 성과평가의 관계를 파악하고자 한다.

1 성과측정

성과측정은 성과관리의 대상이 되는 정책·사업이 당초 기대했던 목표를 실제로 달성했는지 여부를 알아보고자 하는 성과관리의 주요 수단의 하나로 오늘날 정부 현안 가운데에서도 가장 뜨거운 감자와 같은 이슈이다(Blodgett & Newfarmer, 1996: 6). 성과측정을 통해 공공관리자들은 조직을 책임있는 조직으로 만들고자 한다. 성과측정 결과로 시민과 공공 서비스 소비자들은 정부 성과의 가치를 판단하게 되며, 시민과 소비자들의 심판은 공공관리자들에게 성과 개선에 필요한 정보를 주게 된다(Osborne & Plastrik, 2000 참조).

공공 부문에서는 왜 성과를 측정하려는 것일까? 성과측정은 바람직한 것이기 때문이다. 일반 기업체들이 그들의 성과를 측정하기 때문에 민간 부문이 공공 부문보다 능률적으로 더 잘 운영된다는 사실은 성과측정의 이유가 무엇인지를 알게 해준다. 민간 부문에서와 같이 공공 부문에서도 정기 또는 수시로 성과측정이 이뤄지게 되면 투입과 과정 중심의 행정 운영은 결과 지향(results-oriented)적 관리를 통해 책무성 제고에 도움을 줄 것이다. 홀리(Joseph S. Wholey)와 뉴커머(Kathryn E. Newcomer)는 공공 부문에서 정기적으로 매년 실시되는 성과측정은 공공책임성과 정책결정력을 높일 수 있게 되며, 좀 더 수시로 실시되고 관리된다면 프로그램의 효과성은 더욱 증진된다고 언급한 바 있다(Wholey & Newcommer, 1997: 98).

성과측정이 이뤄지기 위해서는 해당 정책·사업에 대한 성과를 측정하는 성과지표의 설정 및 관리가 전제되어야 한다. 성과지표는 정책·사업이 이루고자 한 목표 값에 해당하는 성과목표치의 달성 정도를 양적 또는 질적으로 파악하기 위한 지표를 의미한다. 그리고 성과지표는 성과 목표의 달성 수준을 어떻게 측정하고 측정된 결과 값을 어떻게 관리할 것인가에 대한 구체적인 방법까지도 알 수 있게 해준다.

성과측정(performance measurement)은 조직에 대한 전반적 관리전략의 한 부분으로서, 이는 다양한 목적을 달성하는 데 도움을 주는 수단이지 그 자체가 목적이 되지는 않는다. 벤에 의하면, 성과측정은 조직의 업무를 평가해, 평가 결과를 예산에 반영시키며, 조직구성원들을 동기 부여하거나 통제한다. 또한 조직을 홍보할 수 있는 기회로 삼으며, 목표 달성에 대해 정신적·경제적 보상으로 구성원을 치하하고 학습시키게 됨으로써 결국에는 업무 성과 제고에 도움을 주는 것이다(Behn, 2003: 586-606).

만일 성과관리의 현실에서 의도적 또는 비의도적으로 왜곡된 성과정보를 국민에게 제공하는 경우가 있다면, 이에 대해서는 해당 정책·사업의 집행자는 물론 관리자에 대해 그 잘못된 행위에 대한 책임을 반드시 물어야 한다. 성과정보의 왜곡은 잘못된 성과 데이터의 사용, 부적절한 성과지표의 사용, 비합리적인 성과목표치 설정 등에 기인해 발생하게 된다.

특히 잘못된 성과 데이터는 바람직한 성과가 무엇인지, 성과 개선이 요구되는 곳이 무엇인지를 파악하기 어렵게 한다. 부적절한 성과지표는 성과 책임이 어디에 있는지를 명확히 보여주지 못하며 자칫 의도하지 않거나 불필요한 행동을 조장하게 된다. 비합리적인 성과목표치의 설정은 성과 데이터에 문제가 없고 성과지표가 적절한 경우에도 종종 나타날 수 있는 것으로 성과목표치의 과소 설정으로 인한 성과정보 왜곡이 대표적인 예가 된다. 따라서 공공관리자들은 항상 어떠한 성과측정이 관리 목적에 부합하는가와 그 목적에 맞게 측정하는 방법을 어떻게 전략적으로 채택할 것인지에 대해 심각하게 고려해야만 한다(Behn, 2003: 586-606).

2 성과점검

성과점검(performance monitoring)은 정책 · 사업의 투입과 활동뿐만 아니라 사업의 성과를 측정하고 이를 과거의 실적이나 기대했던 실적과 비교하는 것이다. 이것은 점검 대상 사업의 투입과 활동을 측정하고 이를 과거의 측정치나 기대했던 측정치와 비교하는 행정점검(administrative monitoring)과 구분되는 개념이다(Wholey, 1979: 117; Poister, 1982: 602-603). 성과점검의 초점은 사업의 성과, 즉 사업의 산출과 효과 및 능률성에 맞춰진다. 따라서 성과점검은 행정점검에 추가해서 사업의 성과를 측정한다는 점에서 행정점검을 포괄하는 개념이라 할 수 있다.

성과점검과 행정점검이라는 용어에서 사용되는 점검은 평가와 분명하게 구분되는 개념이다. 점검은 산출을 서술하고 효과 및 투입과 산출의 비율 혹은 투입과 효과의 비율을 개략적으로 측정하되, 그 효과가 점검 대상 특정 정책에 기인한 것인지를 측정하지 않기 때문이다. 바로 이 점이 점검과 뒤에서 논의할 평가를 구분 짓는 중요한 차이가 된다. 그렇지만 그것은 평가의 유형상 집행평가 혹은 과정평가의 일종인 정확성 평가와 매우 유사한 의미를 갖는다(Rossi, Lipsey, & Freeman, 2004: 56). 다만 점검은 정확성 평가와는 달리 비교적 빠른 주기로 계속 진행 중인 활동이라는 점을 함축하고 있다. 그리고 이러한 점검 활동에서는 점검 대상 정책이나 사업의 상태를 나타내주는 사회지표(social indicators)나 경제지표(economic indicators)를 사용한다. 지표를 적용한 값이 과거 혹은 기대했던 값과 대비해 바람직한 방향으로 변화하고 있는지의 여부에 따라 점검의 결론이 도출된다.

성과점검으로 얻을 수 있는 정보로는 첫째로, 점검 대상 정책의 추진 과정상의 진도를 들 수 있다. 이러한 정보는 특히 이미 설정한 목표치나 작업 공정을 완수하는 것이 정책 성패의 관건이 되는 경우에 매우 중요한 의미를 갖는다. 둘째로, 점검은 점검 대상 정책의 투입, 활동, 산출, 결과(효과 및 영향을 포함)를 측정하기 때문에 정책이 경제적이며 능률적이고 효과적으로 운영되고 있는지에 관한 정보를 제공해 줄 수 있다. 셋째로, 점검은 정책 활동에 관한 정보를 수집하기 때문에 정책이 관련 지침에 따라 운영되고 있는지를 알 수 있게 해준다. 마지막으로, 점검은 투입에 관한 정보의 수집을 통해 정책이 유능한 인력에 의해 시행되고 있는지를 알 수 있게 해준다. 이러한 정보들은 모두 성과 중심의 정부 운영에 필수적 요소들이다. 이러한 정보 없이는 정부 운영의 성과를 알 수 없을 것이며, 성과를 알지 못하면 그에 따른 대응책 마련이 어려워 성과 지향적인 행정관리가 불가능하게 된다(김명수, 2005: 4-5).

3 성과평가

성과점검이 집행평가 혹은 과정평가의 일종인 정확성 평가와 매우 유사한 의미를 가지는 것에 비해, 성과평가는 효과평가와 능률성 평가를 포괄하는 개념으로 사용된다. 각각에 대해 살펴보면 다음과 같다(김명수, 2005: 5-7).

효과평가는 집행 중이거나 집행이 완료된 정책의 효과를 체계적으로 측정함은 물론 효과의 유무에 대한 이유의 증거를 제공한다. 다시 말하면, 효과평가에서는 평가 대상이 된 특정 정책·사업으로 말미암아 야기된 효과의 측정, 즉 정책을 독립변수로, 효과를 종속변수로 설정하고, 이들 양자 사이의 인과 관계를 측정하는 데 초점을 맞춘다. 사실, 이러한 유형의 평가를 실시하는 데에는 많은 어려움이 따르기 마련이다. 고도의 전문적 평가 지식을 필요로 할 뿐만 아니라 많은 시간과 자원을 필요로 하기 때문이다. 따라서 이러한 효과평가는 특별히 중요하고 효과평가를 할 수 있는 조건을 갖춘 정책[3]에 아주 제한적으로 적용되어야 할 것이다.

능률성 평가에서는 산출과 투입의 비율 혹은 투입과 효과의 비율을 측정해서 과거의 실적 혹은 기대했던 실적과 비교가 이뤄진다. 능률성 평가에서는 비율 그

3) 이러한 조건을 갖춘 정책은 평가성 사정(evaluability assessment) 과정에서 평가할 만하다고 판정된 정책을 들 수 있다.

자체보다는 과거의 값이나 기대치와 비교했을 때 어떠한 상태인가가 더 중요할 수 있다. 즉, 능률성 지수가 얼마라고 말하는 것보다는 비교 대상과의 관계에서 어느 정도나 더 능률적인가 하는 것이 더 많은 의미를 전달해 주기 때문이다.

성과평가를 통해 제공되는 정보는 성과 중심의 정부 운영에 바로 활용 가능하다. 예컨대, 평가 결과에서 성과가 별로 없는 것으로 판단된 정책인 경우에는 이를 폐기하거나 규모를 축소·운영하고, 나머지 자원을 다른 정책에 투입함으로써 정부의 성과를 더 높일 수 있다. 평가 결과 정책이 성공적으로 판단된 경우에는 같은 정책을 계속 실시한다든지 예산 규모를 확대·투입함으로써 정책의 성과를 지속적으로 높여 나갈 수 있다.

4 성과점검과 성과평가의 관계

앞에서 언급한 바와 같이 성과점검은 여러 관련 지표를 사용해서 정책의 투입, 활동, 산출, 결과(효과 및 영향 포함)에 관한 정보를 수집하고, 이들을 과거 혹은 기대했던 상태와 비교한다. 특히 정책 산출과 결과에 관한 정보의 수집이 중요하게 취급된다. 이에 비해 성과평가는 효과평가와 능률성 평가를 포괄하는 개념으로 평가 대상 정책으로 말미암아 국민에게 의도했던 편익 혹은 효과가 나타났는가가 중요하게 취급된다. 이렇게 보면, 성과점검에서 획득된 정보는 적어도 부분적으로는 성과평가에서 유익하게 활용될 수 있기 마련이다. 그리고 앞서 언급한 바와 같이, 성과점검을 통해 성과평가의 결과에 관한 원인 규명이 가능할 수도 있다. 이러한 의미에서 성과점검은 성과평가의 보조적 기능을 수행한다고 할 수 있다(Rossi, Lipsey, & Freeman, 2004: 58).

반면 쿠섹(Jody Zall Kusek)과 리스트(Ray C. Rist)와 같이 성과점검과 성과평가를 상호 보완적인 것으로 이해하는 경우도 있다(Kusek & Rist, 2004: 13-14). 점검을 통해 정책이 제대로 운영되고 있지 않다는 것을 파악하면, 점검에서 확인된 집행상의 결함들이 왜 나타났는지를 평가를 통해 분명하게 할 수 있는 것으로 이해하기 때문이다. 이는 점검과 평가를 연속된 과정에서 단계적으로 수행할 것을 제안하고 있기에 가능한 주장이라 할 수 있다.

제 2 편

평가 과정

정책을 평가하는 과정은 정책평가이론의 핵심을 이루는 내용이다. 여기에서는 먼저 평가환경상의 문제에 대해 포괄적인 해답을 제공해 줄 수 있다고 판단되는 평가 준비 과정에서 평가기획 단계들에 대해 알아보고자 한다. 평가환경상의 문제란 평가 작업 자체에 내재한 문제(즉 평가기술상의 문제) 이외의 모든 문제를 가리킨다. 그러므로 유익한 평가를 저해하는 모든 문제가 여기에 해당한다고 하겠다. 다음으로는 평가 활동을 저해하는 요인들을 살펴보고자 한다. 그 다음으로 평가성 사정을 다루고자 한다. 대부분의 저서에서는 평가기획보다는 평가성 사정만을 별도로 취급하는 경향이 있으나, 평가성 사정은 분명 평가기획 과정의 한 요소에 불과하다. 그리고 제2편의 마지막에서는 평가에 대한 평가, 즉 상위평가(meta-evaluation)와 상위평가의 한 국면이라고 할 수 있는 평가의 활용을 다루고자 한다. 여기에서는 평가 활용의 개념, 평가 활용에의 영향 요인 등을 알아볼 것이다.

제 6 장 평가의 기획

제 1 절 평가기획 5단계

평가작업을 기획할 때는 대체로 ① 해당 관련자의 파악, ② 의사결정자의 결정사항(혹은 정보 요구) 파악, ③ 평가성 사정, ④ 평가 유형의 결정, ⑤ 평가의 설계와 같은 다섯 단계의 과정을 밟을 것이 요구된다. 아래에서는 각 단계를 순서대로 살펴보기로 한다.

1 제1단계: 해당 관련자의 파악

평가기획의 제1단계는 정책 · 사업과 관련된 의사결정자들을 파악하는 일이다. 정책 · 사업과 관련된 의사결정자들이란 당해 정책이나 사업에 깊은 관심을 가지고 있으며, 그것에 의해 영향을 받거나 잠재적으로 평가 결과를 이용하게 될 사람들을 가리킨다. 이들 의사결정자를 파악해야 되는 이유는 이들이 평가에서 얻고자 하는 정보의 내용이 모두 같지 않을 것이라고 전제하기 때문이다. 즉, 서로 다른 의사결정자는 그들의 결정을 위해 서로 다른 정보를 원할 것이기 때문이다.

바이스(Carol Weiss)는 정책이나 사업과 관련된 잠재적 의사결정자로서 ① 고위 정책결정자(대통령 · 장관 · 국회의원 등), ② 사업 관리자, ③ 사업 시행자, ④ 정책평가자금 제공자(재단 · 정부기관 · 국회 등), ⑤ 정책이나 사업의 수혜자, ⑥ 일반 국민 등을 들고 있다(Weiss, 1972: 11-12). 물론 실제로 평가를 수행할 때에는 이들 중 구체적으로 누가 혹은 어느 집단이 진정으로 평가 결과에 관심을 가지고 있거나 그것을 이용하고자 하는가를 파악해야 한다.

이곳에서는 일반론적 견지에서 다음과 같은 이유로 정책결정자와 특정 사업의 관리와 운영에 책임을 지고 있는 사업 관리자 두 집단의 파악에 중점을 두기로 한다.

① 평가와 관련이 있는 해당 관련자, 즉 이해관계자들 중에서 평가 결과를 가장 많이 이용할 가능성이 있는 집단은 바로 정책결정자와 사업 관리자이다.

② 이들 두 집단이 의사 결정을 내릴 때 필요한 정보의 내용이 다른 집단의 것과 중첩되는 일이 많을 것이다.

2 제2단계: 의사결정자의 결정 사항 파악

평가 결과를 이용할 사람이 누구인가를 알아낸 후에도 평가자는 그 의사결정자(들)가 어떠한 결정 문제에 당면하고 있는지, 어떤 정보를 필요로 하는지를 알아내야 한다. 이를 위해서는 물론 그들과 직접 이야기해 보는 방식이 가장 적절할 것이다. 그렇지 않으면 해당 의사결정자의 정보 요구와는 동떨어진 문제, 즉 잘못된 문제 또는 문제도 아닌 문제에 해답을 제공하는 결과를 가져올 수 있게 된다. 이런 경우는 일어나서는 안 되겠지만, 실제로는 상당히 자주 일어나고 있다고 한다(Patton, 1978: 77-80).

그러면 의사결정자의 결정 사항 파악을 위해 고찰의 대상으로 삼고 있는 정책결정자들과 사업 관리자들이 해답을 구하고 있는 문제들은 무엇인가? 이러한 문제들은 경험적 조사의 문제라 할 수 있다. 그러나 이곳에서는 논리적 추론에 의해 그러한 문제의 가능한 경우들을 추출해 보고자 한다(Weiss, 1972: 14-23).

1) 정책결정자의 결정 사항

고위 정책결정자들은 대체로 아래와 같은 광범위한 정책적 문제에 관심을 가질 것으로 보인다.

① 문제가 되고 있는 정책이나 사업이 원래 의도했던 제1차적인 목표를 달성했는가?

② 전체적으로 보아 현재 평가 대상이 되고 있는 정책이나 사업은 성공적이라고 할 수 있는가?

③ 같은 정도의 목표를 달성하는 데 더 적은 비용으로 사업을 추진할 수 있지는 않았는가?

④ 현재의 정책이나 사업은 중단되어야 할 것인가, 아니면 계속되어야 할 것인가? 계속 실시되어야 한다면 그 실시 범위를 다른 지역에도 확대해야 할 것인가, 아니면 축소해야 할 것인가? 혹은 실시 범위를 그대로 하더라도 정책이나 사업의 일부 내용이 수정되어야 할 것인가?

⑤ 현 정책이나 사업에 더 많은 재원이 투입되어야 할 것인가, 혹은 다른 정책이나 사업으로 전환해야 할 것인가? 등등

2) 사업 관리자의 결정 사항

사업 관리자들은 그 운영의 책임을 지고 있는 특정 사업을 주어진 것으로 받아들이고 그 운영의 개선에 좀 더 관심을 가지고 있다. 따라서 그들은 아래와 같은 정책집행 과정 및 정책의 구조 자체와 관련된 문제에 더 많은 관심을 가질 것이다.

① 평가의 대상이 되고 있는 정책이나 사업은 원래 설계되었던 대로 집행되고 있는가?

② 정책이나 사업은 자격을 갖춘 대상자들에게 적용되고 있는가?

③ 정책이나 사업의 각 구성 요소들은 그것이 야기한 효과에 각각 어느 정도나 기여했는가?

④ 같은 비용으로 더 많은 산출을 얻을 수 없었는가?

⑤ 정책구조 자체에 어떤 결함은 없었는가?

물론 위에 열거한 결정 사항들이 정책이나 계획사업의 운명을 좌우하는 정책결

정자나 사업 관리자들이 당면하는 문제들(혹은 그들이 해답을 구하고자 하는 문제들)을 모두 망라했다고는 볼 수 없다. 그러나 계획사업과 관련해서 내려야 할 중요한 결정들을 대체로 대표한다 할 수 있다. 그리고 이러한 결정 사항들은 논리적으로 추출된 것들이기 때문에 실제로는 괴리가 있을 것으로 생각된다. 이러한 괴리는 실증적 연구에 의해 좁혀질 수 있을 것이다.

3 제3단계: 평가성 사정

평가기획의 세 번째 단계는 평가 대상 정책이나 사업의 평가성을 사정하는 일이다. 평가성 사정(evaluability assessment)이란 특정한 상황에서 평가가 가능한가 하는 점과 평가의 효용성을 검토해 보는 것이다(Wholey, 1978: 53). 평가성 사정이 관심을 끌게 된 것은 평가 결과가 잘 활용되지 못하는 이유가 적절하지 않은 평가여건 하에서 유익한 평가가 이뤄지지 못한 채 무작정 평가가 이뤄져 왔기 때문이라는 지적이 자주 등장했기 때문이다(Horst, Nay, Scanlon, & Wholey, 1974: 300-308).

평가성 사정에 관해서는 제2절에서 좀 더 자세히 다루고자 한다.

4 제4단계: 평가 실시를 위한 평가 유형의 결정

의사결정자들이 평가를 통해 해답을 구하고자 하는 결정 사항 혹은 결정 문제들이 파악되고, 평가성 사정이 이뤄지고 나면, 그 다음 단계에서는 평가이론적 맥락에서 어떠한 유형의 평가가 수행되어야 할 것인가를 결정해야 한다. 이 단계에서 분명히 해야 할 것은 결정 사항에 대한 해답을 제공하기 위해서는 단일 유형의 평가만으로 충분한지, 아니면 여러 유형의 평가를 동시에 혹은 순차적으로 수행해야 하는지를 결정하는 일이다. 단일 유형의 평가만 요청될 때 포괄적인 평가를 수행할 필요는 없을 것이며, 그 반대의 경우도 마찬가지이다.

또한 이러한 평가 유형에 관해서는 해당 의사결정자와 평가자 사이에 합의를 하는 것이 매우 중요하다. 왜냐하면 이러한 유형에 따라 평가에 소요되는 시간, 자원 및 평가 방법 등이 결정될 수 있기 때문이다. 평가 실시와 관련된 평가 유형은 제7장에서 자세한 논의가 이뤄진다.

5 제5단계: 평가의 설계

일단 평가의 유형이 결정되면 그 다음으로는 이러한 유형의 평가를 어떻게 수행할 것인가를 구상해야 한다. 이러한 평가의 설계에서 고려해야 될 사항은 다음과 같다.

① 평가 방법의 선정(제10장 평가 유형별 평가 방법 참조)
예컨대 효과성 평가에서 진실험설계를 채택할 것인가, 아니면 준실험설계를 채택할 것인가, 아니면 서베이 조사설계를 채택할 것인가 등을 결정하는 것이다.

② 전수조사를 할 것인지 아니면 표본조사를 할 것인지에 대한 결정

③ 자료 수집전략의 결정

④ 적당한 통계의 선정

⑤ 최종보고서 체제의 윤곽 결정

이러한 평가설계에 관한 내용은 대부분의 표준 조사방법론 교재에서 다루고 있으므로 이곳에서는 그 논의를 생략하기로 한다.

제 2 절 평가성 사정

이곳에서는 특정한 정책·사업을 평가하기에 앞서 평가의 가능성과 평가의 효용성을 검토하는 평가성 사정에 대해 알아보고자 한다. 이를 위해 평가성 사정의 의의를 살펴보고, 평가성 사정의 저해 요인, 평가성 사정의 기준과 절차에 대해 순서대로 논의한다.

1 평가성 사정의 의의

평가성 사정(assessment of evaluability)이란 특정한 정책·사업을 본격적으로 평가하기에 앞서 수행하는 사전분석 활동(pre-assessment)을 말한다. 이는 평가에서 추구하는 목적을 달성하기 위해 어느 정도나 적실하고 기술적으로 가능한 평가가 이뤄질 수 있는가 하는 점을 결정하는 것이다(Rutman, 1980: 16-17). 이 개념을 좀 더 자세히 살펴보면 다음과 같은 점을 지적할 수 있다.

첫째, 평가성 사정은 평가 수행 전, 즉 평가기획 단계에서 이뤄지는 활동으로 정책·사업평가 자체는 아니다. 평가성 사정의 결과는 본격적인 평가 노력이 필요한가의 여부를 알려주는 것(Horst et al., 1974: 307)으로, 홀리는 평가성 사정의 결과에 따라 아래와 같은 네 가지의 주요한 평가대안(evaluation alternatives)이 있을 수 있다고 한다(Wholey, 1979: 117).

① 집중적 평가(intensive evaluation): 실제의 사업 실적을 통제집단(control group)이나 비교집단(comparison group)의 실적과 비교하고, 관찰된 성과를 산출하는 데 사업 활동들이 어느 정도나 효과적이었는가 하는 점을 평가한다.

② 성과(실적)점검(performance monitoring): 사업에 대한 투입, 활동 및 결과를 측정하고, 실제의 사업 성과를 종전의 실적이나 기대했던 실적과 비교한다.

③ 행정점검(administrative monitoring): 사업에 대한 투입이나 사업 활동을 측정하고 이들을 종전의 규모 혹은 내용과 비교하거나 기대했던 규모 혹은 내용과 비교한다.

④ 더 이상의 평가 작업 중단

둘째, 평가성 사정은 정책 또는 사업에 대한 평가 활동이 지향하는 목적을 달성하는 데 문제가 있다고 판단되는 경우에 이를 개선하기 위한 도구로서 개발되었다. 앞서 논의한 바와 같이 정책·사업평가의 가장 중요한 목적은 정책 결정 과정에 유용한 정보를 제공하는 것이다. 따라서 평가 활동이 그러한 목적을 달성하는 데 문제가 있다는 이야기는 평가가 유용한 정보를 제공하지 못했거나 어떠한 정보가 제공되었다 하더라도 그것이 정책결정자나 사업관리자 등 특정 정책·사업과 관련된 의사결정자들에 의해 이용되는 경우가 별로 없었다는 이야기가 된다. 그렇기 때문에 평가성 사정은 이러한 상황을 개선시키기 위해 수행되어야 한다.

셋째, 평가성 사정에서는 ① 평가 결과를 이용할 의사결정자의 요구를 만족시킬 수 있는 평가가 가능한가 하는 점, ② 이러한 평가를 수행하는 데 방법론상의 문제는 없는가 하는 점, ③ 요청되는 방법론을 적용할 때 문제점은 무엇인가 하는 점을 다룬다. 이와 같은 평가성 사정은 정책 · 사업평가의 여러 가지 유형 중에서도 특히 효과평가를 기획할 때 적용되는 것이 일반적이다(Rutman, 1980: 16). 그러나 능률성 평가에 이것을 적용하더라도 유익한 결과를 얻을 수 있을 것으로 생각된다.

본격적인 정책 · 사업평가를 수행하기에 앞서 평가성을 사정하는 이유는 어디에 있는가? 그것은 한마디로 말하면, 유용한 평가(useful evaluation)가 가능하도록 하기 위함에 있다. 반대로 이야기하면 무용한 평가를 사전에 예방하기 위한 것이다. 그렇다면 유용한 평가란 무엇을 의미하는가? 그것은 대체로 두 가지 측면에서 접근해 볼 수 있다.

하나는 정책결정자나 사업 관리자와 같은 정책 · 사업과 관련된 의사결정자가 요구하는 정보를 제공해 줄 수 있는 평가여야 한다. 그리고 또 다른 하나는 평가 결과가 그러한 의사결정자에 의해 활용되는 평가가 되어야 한다(Wholey, 1977: 43). 이렇게 되기 위해서는 뒤에서 논의하게 될 유용한 평가를 저해하는 요인들이 극복되어야 한다.

이와 같은 평가성 사정이 중요시되고 있는 이유는 다음과 같은 인식에 기초를 두고 있는 것으로 이해된다. 첫째, 이제까지 많은 평가 활동이 실제에서는 정책이나 사업계획 자체가 무엇인지도 제대로 정의되어 있지 않은 채 이뤄져 왔다. 둘째, 정책 또는 사업계획의 설계 자체가 너무나 복잡해 평가에 많은 어려움이 있음에도 무리하게 평가를 진행함으로써 유익하지 못한 평가 활동이 되곤 했다.

다음에서는 좀 더 구체적으로 유용한 평가를 저해하는 요인들이 무엇인가를 살펴보고자 한다. 이러한 문제들을 다루는 것이 바로 평가성 사정이기 때문이다(Schmidt, Beyna, & Haar, 1982: 200-201).

2 평가성 사정의 대상: 유용한 평가의 저해 요인

평가성 사정의 문제는 특정한 정책 또는 사업이 어느 정도나 평가에서 일반적으로 당면하게 되는 중대한 문제들을 내포하고 있는가 하는 점을 결정하는 것에 관한 문제이다. 그러므로 평가성 사정이 이뤄지기 위해서는 먼저 유용한 평가를 저해하는 문제들에 대한 이해가 필요하다. 이곳에서는 호스트(Pamela Horst) 등의 견해를 중심으로 살펴보고자 한다(Horst et al., 1974: 301-308).

1) 정책 · 사업의 불명확성의 문제

특정한 정책이나 사업을 평가하기 위해서는 사업 자체가 분명하게 정의되어 있어야 한다. 그러나 현실에서는 그렇지 못한 경우가 많기 때문에 이것이 유용한 평가를 저해하는 중대한 문제가 되고 있다. 정책이나 사업이 명확하게 정의되어 있다는 것은 무엇을 의미하는가? 그것은 다음과 같은 요소들이 측정될 수 있을 정도로 잘 정의되어 있음을 뜻한다.

① 특정한 정책이나 사업의 내용

② 특정한 정책이나 사업이 해결하고자 하는 문제

③ 정책이나 사업의 직접적인 효과

④ 정책이나 사업계획이 실시될 때 그것이 해결하고자 하는 문제 또는 사회 전반에 미치게 될 영향

2) 정책 · 사업의 가정들에 대한 분명한 천명의 결여 문제

앞서 언급한 바와 같이 정책은 사업계획들을 통해서 구체화되며, 이러한 사업계획들이 현실적으로 이뤄질 때는 그것이 추구하는 목적을 달성할 수 있으리라는 논리를 함축하고 있다. 그러나 현실적으로 보면, 위에서 말한 바와 같은 정책이나 사업의 내용, 해결하고자 하는 문제, 사업의 직접적 · 간접적 효과가 측정 가능하도록 정의되어 있다고 하더라도 이들 사이의 논리적 관계를 분명히 밝히지 않는 경우가 있다. 그렇기 때문에 이들 사이에 존재하는 가정적 관계를 검증하기란 쉽지 않다.

사실 여러 가지 정책·사업평가 중에서도 효과평가는 특정한 사업과 그것의 결과로 나타난 효과 사이의 인과 관계를 결정하는 것이 가장 중요한 과제이다. 따라서 사업과 그것이 가져다줄 효과 사이의 관계에 관한 가정들을 분명히 밝혀야만 한다. 그렇지 않을 경우에는 사업관리자는 물론 평가자에게도 많은 문제를 야기하게 될 것이다. 만일, 이러한 가정들이 분명하게 밝혀지지 않을 경우에 사업관리자들은 사업관리 방향을 설정하기 어려울 것이며, 다른 한편으로는 평가자들이 정책결정자나 사업 관리자의 견해와는 별도로 나름대로의 가정들을 설정함으로써 그러한 가정들의 검증 결과가 이들의 요구와는 전혀 상관이 없는 것이 되어 평가연구 결과가 쓸모없게 될 가능성이 높다.

3) 사업 관리자가 가지고 있는 문제

경우에 따라서는 사업을 관장하고 있는 사람들(즉 사업관리자들)이 평가 작업의 결과로 얻은 정보를 이용하고자 하는 의욕도 없고, 또는 의욕이 있다고 하더라도 그것을 이용하는 방법을 모르거나 또는 그것에 따라 어떠한 조치를 취할 권한을 가지고 있지 않다. 이러한 경우에는 아무리 훌륭한 질의 평가가 이뤄진다 하더라도 그것이 잘 이용될 가능성은 거의 없게 된다. 이와 같이 사업관리자 자신들이 가지고 있는 문제가 유용한 평가를 저해하는 요인이 되기도 한다.

3 평가성 사정의 기준

평가성 사정을 위해서는 가장 먼저 무엇에 의해 평가성을 판단할 것인가를 결정해야 한다. 이것은 바로 평가성 사정의 기준에 관한 문제이다. 정책·사업의 평가성은 어떠한 기준에 의해 판단할 수 있을까? 여기에 대한 해답은 바로 앞서 논의한 세 가지의 평가 저해 요인을 전환시킴으로써 그 답을 얻을 수 있다. 그러한 요인들이 유용한 평가를 저해하고 있는 것들이기 때문이다. 그러므로 평가성 여부는 특정한 평가 후보 정책이나 사업들이 이들 세 가지의 평가 저해 요인을 내포하고 있지 않은 정도에 따라 결정될 수 있다. 평가를 저해하는 요인과 관련시켜 평가성 사정 기준을 제시하면 다음과 같다(Horst et al., 1974: 301-308; Schmidt et al., 1982:

201).

① 해결하고자 하는 문제, 사업의 내용, 사업 실시에 따라 예견되는 결과, 기대되는 영향들이 측정할 수 있도록 잘 정의되어 있는지의 여부
② 위의 ①에서 정의된 내용에 대해 정책결정자와 사업 관리자들이 동의하고 있는지의 여부
③ 자원의 사용, 사업의 실시, 예견되는 결과, 해결하고자 하는 문제에 대한 영향을 연결하는 제반 가정에서 논리성이 분명하며 검증될 수 있는지의 여부
④ 사업으로부터 기대하는 것은 적정한지의 여부
⑤ 평가 요구자가 원하는 증거는 신빙성 있게 얻을 수 있는지의 여부
⑥ 사업을 관장하고 있는 사람이 분명히 있는지의 여부와 만일 있다면 그가 평가 결과를 이용하고자 하는 의욕과 이용 방법을 알고 있는지의 여부

4 평가성 사정의 절차

홀리는 평가성 사정을 수행하는 데 필요한 여덟 단계를 제시하고 있다(Wholey, 1979: 49-74).

① 평가 대상사업의 선정
② 의도된 사업에 관한 정보의 수집
③ 평가 대상사업에 대한 논리모형 개발
④ 논리모형의 각 요소들에 대해 평가성 사정 활용자가 규정한 척도 파악
⑤ 사업의 집행 현실에 관한 정보의 수집
⑥ 사업의 집행 현실에 관한 정보를 종합해 측정이 가능한 사업 실적과 실제로 이뤄지고 있는 사업 활동에 비춰 추구 가능한 사업 목적의 명확화
⑦ 평가 및 관리대안(evaluation/management options)의 파악
⑧ 평가성 사정 결과의 제시 및 여기에 대한 사업 관리자의 응답

여기에서는 평가성 사정을 네 단계로 나눠 제시해 보고자 한다.

1) 제1단계: 평가 대상정책 · 사업의 논리에 관한 이해

평가성 사정이 이뤄지는 과정에서 가장 먼저 수행되어야 할 과제는 평가 대상이 되는 정책 · 사업의 논리를 파악하는 일이다. 일반적으로 사업의 논리적 구조는 [그림 6-1]로 대표될 수 있다. 그림의 각 구성 요소들을 간단히 살펴보면 다음과 같다.

먼저 정책이란 앞서 논의한 바와 같이 사회환경 내에 존재하는 특정한 공공의 문제를 해결하거나 특정한 고차원적 목적을 달성하기 위해 정책형성 과정에서 개발된 수단으로서 권위 있는 기관(예컨대 국회나 정부)에 의해 승인된 것이다. 가장 전형적인 정책 수단으로는 국회가 통과시키는 법률과 행정부에서 확정되는 제반 명령, 규정 및 중 · 장기계획 등을 들 수 있다.

그림 6-1 정책 · 사업의 논리적 구조

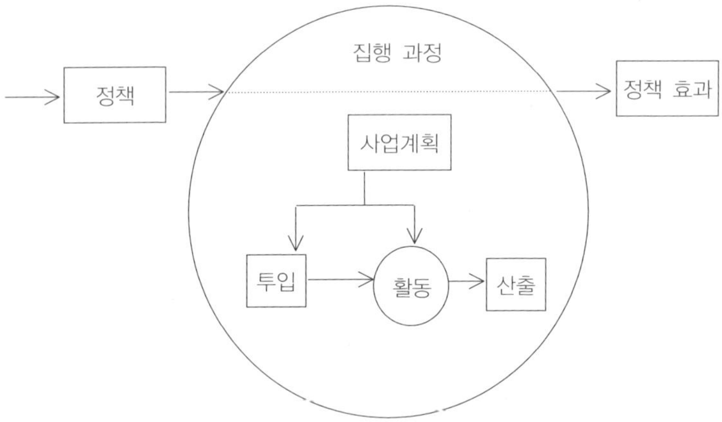

* 여기에서는 단순화를 위해 정책이나 사업계획의 형성 과정 및 정책 효과의 환류에 대해서는 생략한다.

사업계획(program plan)은 특정한 정책을 집행하기 위한 수단으로 개발된 것이다. 그러므로 사업계획들은 정책의 틀 속에서 개발되어야 하며, 정책과 논리적인 연관성이 유지되어야 한다. 사업계획의 추상적인 표현은 정책 수단에서 찾을 수 있는 것이 일반적이지만, 이것의 구체화는 집행부서에 의해 이뤄져야 한다. 사업계획에는 대체로 투입된 인적 · 물적 자원에 관한 내용, 수행하고자 하는 활동의 내용,

계획의 집행 절차와 방법, 집행 시기 등에 관한 내용이 포함된다.

투입(inputs)이란 사업계획을 수행하는 데 할당된 인적·물적 자원을 가리키는 것으로, 예를 들면 인력·예산·장비 및 소모품 등이 여기에 속한다.

집행 활동이란 사업계획에 따라 투입을 산출로 전환하는 여러 활동을 일컫는다. 인력을 투입한다든지, 자금을 지출한다든지, 어떤 특정 활동을 수행한다든지 하는 것은 모두 집행 활동에 해당한다. 경찰 업무를 예로 들면, 순찰을 실시한다든지, 사건을 수사한다든지, 보고서를 작성하는 것 등이 여기에 속한다(Ostrom, Parks, Whitaker, & Percy, 1979 참조; Baker & Meyer, Jr., 1979 참조). 이러한 투입된 자원과 집행 활동의 총체가 결국 정책과 사업계획에 기초를 둔 사업의 실체가 될 것이다. 다시 말하면 이것들은 바로 정책의 실질적 내용이 되는 것이다.

산출(outputs)이란 정부가 투입을 이용한 집행 활동을 통해 생산해 낸 재화나 용역을 말한다. 이러한 산출은 보통 관찰 가능한 자료(observable indicators)로 나타내질 수 있다. 수집된 쓰레기의 양이라든지, 무상교육 기회를 제공받은 사람들의 수, 건설된 교량, 범인 검거 등은 모두 여기에 속한다.

정책 효과란 어떤 정책이나 사업계획이 산출을 통해 그 상태를 개선시키고자 의도했던 대상 상황이나 집단 및 그 이외의 상황이나 국민에게 미친 긍정적·부정적 영향의 총체라고 할 수 있다.

2) 제2단계: 사업의 집행 현실에 관한 이해

평가 대상 정책·사업의 논리적 구조가 파악되면, 그 다음으로는 그러한 구조적 요소들이 실제로 어떻게 나타나고 있는지를 알아야 한다. 즉, 어떠한 양과 질의 자원이 투입되고 있는가? 어떠한 활동들이 실제로 추진되고 있는가? 어떠한 목적과 목표들이 추구되고 있는가? 타당성 있고 신뢰성 있는 자료의 수집이 가능하겠는가 등의 문제를 검토하는 일이 중요하다. 이러한 질문들에 대한 대답은 바로 다음 단계에서 알아보고자 하는 평가성 기준의 충족도를 결정하기 위한 기초가 된다.

3) 제3단계: 평가성 사정 기준이 충족되는 정도의 결정 및 이에 따른 평가성 판정

평가 대상 정책·사업의 논리적 구조가 파악되고, 실제의 정책·사업 집행 과정에서 그러한 논리적 구조의 각 요소들이 어떻게 나타나고 있는가가 파악되면, 그 다음에는 그러한 진단에 기초해서 앞서 논의했던 평가성 사정을 위한 여섯 가지의 기준이 어느 정도나 충족되고 있는지를 결정해야 한다.

일단 평가 후보 정책 · 사업들에 대해 평가성 사정 기준을 만족시키는 정도가 결정되고 나면, 다음으로는 만족시키는 정도에 따라서 이들을 분류한다. 분류 작업은 대체로 다음과 같은 세 가지로 정책 · 사업을 나누는 일로 구성된다.

① 앞서 논의했던 평가성 사정 기준에서 제시한 여섯 가지의 기준을 모두 만족시키는 것

② 거의 모든 기준을 만족시키는 것

③ 거의 어느 기준도 만족시키지 못하는 것

평가성 사정에서 다음으로 해야 할 일은 평가 후보 정책 · 사업들에 대해 유용한 평가를 할 수 있는지의 여부를 판정하는 것이다. 이러한 작업은 평가성 사정 기준을 만족시키는 정도에 따라 정책 · 사업을 분류하는 작업과 밀접한 관련이 있다. 그리하여 그러한 분류 결과에 기초해 ① 평가 가능한(evaluable) 사업, ② 잠재적으로 평가 가능한(potentially evaluable) 사업, ③ 평가가 불가능한(not evaluable) 사업과 같은 세 가지 형태로 평가성을 판정한다.

'평가 가능'으로 판정된 정책 · 사업은 물론 여섯 가지의 평가성 사정 기준을 모두 만족시킨 것들이다(Wholey, 1979: 71; 1983: 51). 홀리는 평가 가능 사업(evaluable program)이란 사업 책임자가 측정 가능한 사업 목적을 정의했고, 실적 자료를 수집할 수 있으며, 실적 자료를 어떻게 이용할 것인가가 분명히 밝혀진 사업 부분(the portion of thc program)을 지칭하고 있다. 이러한 견해는 앞서 제시한 여섯 가지 기준이 모두 만족되는 경우는 상정하기 곤란하다는 것을 전제로 해서, 하나의 정책 · 사업을 전체로서 평가하기보다는 평가가 가능하다고 판단되는 부분만 따로 떼어내어 평가할 것을 권고하고 있는 것으로 보인다.

그러나 평가성 사정에서 대부분의 기준을 만족시킬 뿐 모두를 만족시키지 못하는 정책 · 사업의 경우에는 만족시키지 못하는 기준이 앞으로의 노력에 의해 충족될 때 평가가 가능해진다. 그렇기 때문에 '잠재적으로 평가 가능'한 것으로 판정된 것이다. 그리고 '평가 불가'로 판정된 정책 · 사업은 평가성 사정 기준 중 어느 것도 만족시키지 못하기 때문에 평가를 시도한다는 것 자체가 무모한 것으로 판단되는

것들이다.

4) 제4단계: 정보 · 관리 대안의 제시

평가성 사정의 마지막 단계는 평가자가 그의 고객이 취할 수 있는 행동 노선의 대안을 제시해 주는 것이다. 이러한 대안들은 ① 필요한 정보를 제공해 줄 수 있는 정보대안(information options), ② 사업 자체에 대해 사업 관리자가 취해야 할 관리대안(management options)으로 분류할 수 있다(Schmidt et al., 1982: 205-206).

정보대안은 앞서 언급한 바 있는 홀리의 평가대안과 같은 것이다. 즉, 평가성 사정의 결과 평가자는 고객에게 사업에 관련한 정보(예: 사업의 효과에 관한 정보나 사업 집행에 관한 정보 등)를 얻게 하기 위해 여러 평가 유형 중에서 필요한 평가를 수행하도록 권고할 수도 있고, 또는 당시의 상태에서 어떤 종류의 평가도 의미 있게 이뤄질 수 없다고 판단되는 경우에는 앞으로의 평가계획을 취소하도록 권고할 수도 있을 것이다.

관리대안은 사업의 성공 가능성을 제고하기 위해 관리자가 취해야 될 제반 조치나 결정을 가리킨다. 그리하여 사업의 구조를 변경한다든지, 사업에의 투입자원을 증대시킬 필요성을 제시하는 것 등이 이 범주에 속한다고 하겠다. 이러한 관리대안은 '잠재적으로 평가가 가능한 사업'이나 '평가가 불가능한 사업'에 대해 관리자가 취할 수 있는 조치들이라고 볼 수 있다.

제 7 장 정책평가의 유형

정책평가는 분명 단일 활동만은 아니다. 달리 말하면 어떤 사람이 여러 편의 정책평가보고서를 읽을 때, 거기에서 항상 같은 유형의 정보만을 발견하지는 않는다는 이야기이다. 이것은 정책평가가 여러 가지 형태로 수행될 수 있음을 의미한다. 아래에서는 여러 학자가 제시한 견해를 포괄함과 동시에 정책평가가 지향하는 다양한 목적을 추구할 수 있는 정책평가의 유형을 제시하고자 한다. 물론 이러한 평가 유형은 평가 목적에 따른 분류라고 볼 수 있겠으나, 몇 가지 점에서 새로운 시도가 이뤄졌다. 네 가지 커다란 유형의 정책평가와 이로부터 세분화된 일곱 가지 유형의 평가에 관해 알아보기로 한다. 그 다음으로, 정책평가에 관한 이론 개발의 초기부터 평가의 유형화를 시도했던 학자들이 제시한 평가 유형을 소개한다.

제 1 절 종합적 정책평가 유형

1 효과평가

효과평가(evaluation of policy/program effects or impacts)는 정책이나 사업계획

의 실시 결과로 얻은 결과(1차적 결과물인 산출을 비롯해 효과 및 영향 등을 포함)가 국민 생활에 미친 모든 영향을 측정하게 된다. 그러므로 정책 효과를 평가하기 위해 정책 효과에 대한 체계적인 이해가 전제되어야 한다. 이러한 이해를 돕기 위해 몇 가지 기준에 따라 정책 효과를 유형화해 보고자 한다.

첫째, 정책 효과는 발생 시점에 따라 단기 효과와 장기 효과로 구분해 볼 수 있다. 어떤 정책이나 사업은 단기적으로는 기대했던 효과를 나타내지만 장기적으로는 아무런 효과도 나타내지 못하는 경우가 있다. 반면에 단기적으로는 아무런 효과가 나타나지 않더라도 장기적으로 훌륭한 효과를 나타내는 경우가 있을 수 있다. 물론 이와는 달리 단기적으로나 장기적으로 모두 긍정적 효과를 나타내거나 아니면 모두 부정적인 효과를 나타내는 경우도 있을 수 있다.

둘째, 정책 효과는 정책이 야기한 영향의 범위에 따라 직접 효과와 간접 효과로 구분할 수 있다. 직접 효과란 정책 또는 사업이 정책 대상 상황이나 집단에 직접적으로 미친 영향을 말하며, 간접 효과란 정책 대상 상황이나 집단 이외의 상황이 집단에 간접적으로 미친 영향을 말한다. 예를 들어 X라는 정책이 집단 A에게 어떤 변화를 야기하고자 실시된 것이라고 가정할 때, X 때문에 A가 경험하는 모든 변화는 직접 효과이며, 그 나머지 C・D・E… 등이 X 때문에 경험하는 모든 변화는 간접 효과이다.

셋째, 정책 효과는 그것이 처음부터 얻고자 의도했던 것인지의 여부에 따라 의도했던(intended) 효과와 의도하지 않았던(unintended) 효과로 구분할 수 있다. 의도했던 효과는 긍정적이어야 하지만, 의도하지 않았던 효과의 경우에는 그것이 긍정적일 수도 있고 부정적일 수도 있다. 유류 소비 절감을 목적으로(의도했던 효과) 실시됐던 고속도로에서의 속도 규제가 고속도로 상에서의 교통사고로 인한 사망률 감소를 가져온 것은(의도하지 않았던 긍정적 효과) 전자의 예라 하겠고, 학생들의 실력 향상을 도모하기 위해(의도했던 효과) 많은 과제물을 부과하기로 한 학교 시책이 학생들의 공부에 대한 흥미를 감소시켰다면(의도하지 않았던 부정적 효과) 그것은 의도하지 않은 부작용을 초래한 후자의 경우에 해당한다.

마지막으로 정책 효과는 관찰 가능성을 기준으로 해서 객관적 효과와 주관적 효과로 구분할 수 있다. 객관적 효과란 정책의 집행 결과로 얻은 산출이 일반 사회 상황에 미친 관찰 가능한 영향을 말한다(Ostrom et al., 1979: 66). 예컨대, 어느 지역사회에서의 범죄율 저하는 경찰의 범죄 소탕 활동과 범인 체포와 관련된 객관적 효과라고 할 수 있다. 물론 이 말은 경찰의 활동이나 활동 결과만이 범죄율의 저하, 즉 객관적 효과에 영향을 미친다는 이야기는 아니다. 실업률이라든지 소득 수준과 같은 사회경제적 상태도 범죄율에 영향을 미칠 수 있기 때문이다. 또한 경찰 이외의 다른 행정기관의 활동도 범죄율과 같은 객관적 사회 상황에 영향을 미칠 수 있다. 범죄발생률이나 실업률과 같이 어떤 일정한 사회 현상의 발생 빈도에 기초해서 작성되는 객관적 사회지표(objective social indicators)를 통해 객관적 정책 효과를 파악할 수 있다(Carley, 1981: 30-31).

그림 7-1 정책 효과의 여러 가지 조합

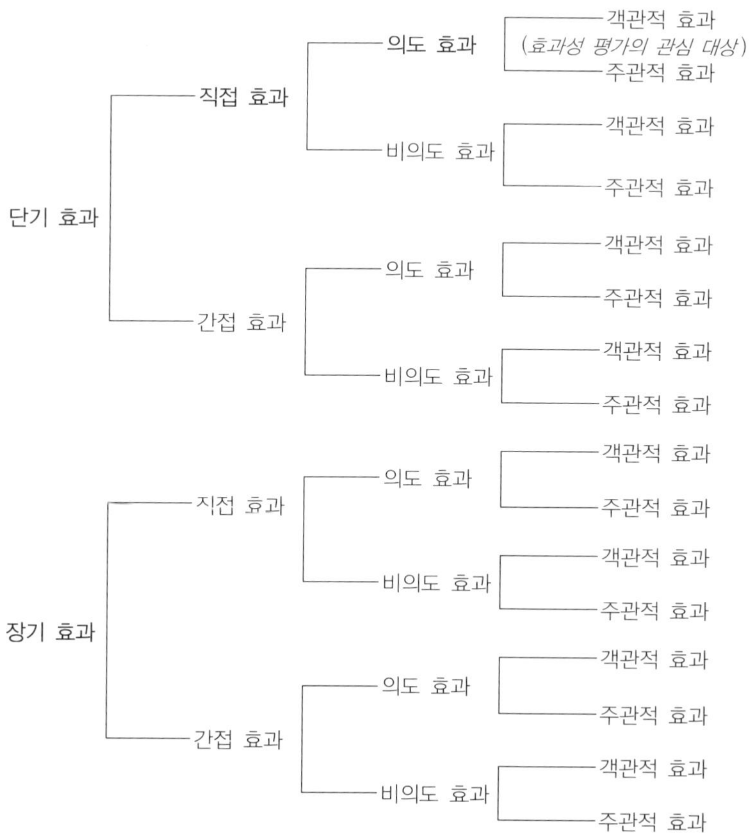

주관적 효과란 정책의 집행 결과로 얻은 산출과 객관적인 정책 효과가 일반 국민의 개인적 감정(personal feelings)에 미친 영향을 일컫는다. 예컨대, 범죄에 대처할 수 있는 경찰의 업무 활동 능력에 대한 시민들의 지각 상태라든지, 범죄에 대처할 수 있는 경찰의 치안 활동에 대한 시민들의 만족도 등은 모두 주관적 효과를 나타내 주는 지표들이다. 그러므로 객관적 정책 효과가 객관적 사회지표에 의해 나타내어지듯이 주관적 정책 효과는 주관적 사회지표(subjective social indicators)에 의해 파악될 수 있다. 주관적 사회지표의 값은 사회의 주요 측면, 즉 주거나 교육, 보건 또는 치안 등에 대해 개인들이 느끼는 감정이나 지각 등에 관해 보고한 것에 기초를 두고 작성된다.

정책 효과의 분류에 따라 앞의 [그림 7-1]과 같은 16가지 조합의 정책 효과를 제시해 볼 수 있다. 이와 같이 정책 효과는 대단히 복잡한 개념이다. 따라서 이것의 총체적인 파악은 매우 어려운 일임에 틀림없다. 이곳에서는 효과평가를 효과 전반에 대한 평가인 총합효과 평가와 부분적인 효과에 대한 평가인 효과성 평가로 나눠 고찰하고자 한다.

1) 효과성 평가

효과성 평가(evaluation of policy/program effectiveness)란 정책이나 사업이 원래 의도했던 직접적 목표(direct goals)의 달성 정도를 측정하는 것을 말한다(Dror, 1971: 2; 안해균, 1984: 558). 주로 단기적·직접적으로 의도했던 객관적·주관적 효과가 효과성 평가의 관심 대상이라 하겠다. 여기에서는 정책이나 사업이 산출을 통해 그 상태를 개선시키고자 의도했던 대상 상황이나 집단에 대한 영향을 측정하는 것에 초점을 맞춘다. 의도했던 효과이므로 주로 긍정적인 변화에 관심을 두어, 그러한 긍정적 변화의 발생 여부와 그 정도를 파악하고 측정한다. 여기에서 구체적으로 다뤄지는 문제는 다음과 같다.

① 의도했던 효과는 나타났는가?

② 나타난 효과는 평가 대상이 되고 있는 특정 정책이나 사업에 의해서만 기인한 것인가? 아니면 다른 요인들이 그러한 효과를 야기하는 데 복합적으로 작용했는가?

③ 나타난 효과의 크기는 어느 정도인가? 통계적으로 유의한(statistically significant) 만큼의 변화가 일어났는가?

정책평가에서 효과성 측정을 중요시하는 이유는 정책이란 어떤 특정의 목표를 달성하기 위한 하나의 수단으로 탄생된 것이라는 전제에 기초를 두고 있기 때문이다. 효과성 평가는 정책 또는 사업계획의 실시로부터 일정 기간이 경과된 후, 즉 정책이나 사업이 종료된 후나 그것이 실시된 후 그의 효과를 측정해도 좋을 만큼 상당한 기간이 경과된 후에 행해짐으로써 정책이나 사업의 운명에 결정적인 결정(예: 정책이나 사업의 종결 혹은 계속 실시)을 내리기 위해 실시되는 것이 일반적인 경향이었다.

그러나 최근 이러한 연구가 가지고 있는 제약점(예: ① 연구 수행의 어려움, ② 낮은 수준의 활용도 등)으로 말미암아 정책의 집행 과정에서 평가를 실시하는 방법들이 개발되고 있다(이러한 방법에 관해서는 제10장 참조).

효과성 평가에서는 한 가지 주의를 요하는 점이 있다. 그것은 "의도했던 직접적 목표의 달성 정도"라고 할 때, 바로 이 '목표'의 의미가 무엇인가 하는 점이다. 여기에서의 목표란 정책·사업의 목표(policy/program goals or objectives)로서 정책·사업을 통해 달성하기를 원하는 것을 말한다(Anthony, 1965: 16). 좀 더 구체적으로 말하면, 이것은 쿡과 치올리, 그리고 홀리가 말하는 효과 목표(outcome or impact objectives)를 가리킨다(Cook & Scioli, 1975: 97-99; Wholey, 1978: 55). 이러한 효과 목표는 다시 절차적 목표(procedural objectives)와 효과 목표로 구분된다. 정책·사업의 효과성 평가에서 목표 달성이라 함은 바로 효과 목표의 달성 정도를 측정함을 의미한다.

절차적 목표란 정책·사업의 내부적 운영과 관련된 목표로서 여기에서는 정책·사업의 집행에 책임을 지고 있는 행정부서의 직원이 수행하는 행정 기능의 (단순) 실적(산출물로서 outputs에 해당)에 역점을 두는 것을 의미한다. 이는 정책·사업의 결과(results) 중에서 1차적 결과의 하나인 실적으로서의 산출물(outputs)에 해당하는 것으로 효과(outcomes)나 영향(impacts)과는 구별되는 것이다. 예를 들어, 특별상담사업을 늘려 실시한다든지, 취약계층을 위해 더 많은 자금을 지원한다든지, 경찰관의 대응 시간(response time; 범죄 발생 신고로부터 경찰관이 현장에 도착할 때까지의 시간)을 줄인다든지 하는 것들은 모두 절차적 목표에 해당한다.

한편 효과 목표란 정책·사업 운영의 외부, 즉 정책의 효과에 초점을 맞춰 달성하고자 하는 바를 설정한 것으로서, 앞에서도 언급한 바와 같이 효과성 평가는 이것과 관련해서 수행되어야 한다. 특별상담사업의 혜택을 받은 학생의 교육적 성취 수준을 향상시킨다든지, 어느 특정 지역사회에서 범죄율을 저하시킨다든지 하는 것은 모두 효과 목표라고 하겠다.

우리나라 행정에서의 목표 설정은 주로 절차적 차원에 국한되어 산출물(outputs) 위주의 절차적 목표를 설정·관리하고 있는 경우가 대부분임을 어렵지 않게 파악할 수 있다. 고객 위주의 효과가 아닌 업무 담당자 위주의 산출을 중시하는 데는 많은 문제가 발생한다. 여기에서 고객 위주의 효과라 함은 업무 담당자의 실적과 직·간접적으로 관련이 있는 결과물로서의 산출물(outputs)이 아닌 산출 이후의 긍정적인 효과(outcomes)와 영향(impacts)을 의미한다. 따라서 절차적 목표보다 더 중요한 것은 이러한 절차적 목표의 달성이 초래할 효과 차원에 초점을 맞춘 효과 목표이며, 나아가 이러한 목표의 달성 여부 및 달성의 정도를 측정하는 일이 중시되어야 한다. 만일 그렇지 않은 경우에 해당 정책은 행정 서비스의 고객인 국민이 아닌 업무 담당자인 공무원을 위한 일이 되는 목표 전도 현상을 초래할 수도 있게 된다(공병천, 2009: 300-301).

2) 총합효과 평가

총합효과 평가(evaluation of overall impacts)란 정책·사업이 야기한 모든 효과의 소망스러움 여부를 결정하는 것이다. 총합효과 평가에서 구체적으로 다뤄지는 문제는 아래와 같다.

① 전체적으로 볼 때, 평가 대상정책·사업은 성공적이라고 볼 수 있는가?

② 정책·사업이 야기한 직접적·간접적인 효과는 무엇인가?
그것(들)은 바람직한 방향으로 나타났는가? 아니면, 바람직하지 못한 방향으로 나타났는가?

③ 정책·사업이 의도했던 효과는 모두 나타났는가?

④ 의도하지 않았던 효과도 나타났는가?
그것(들)은 바람직한 방향으로 나타났는가? 아니면, 바람직하지 않은 방향으로 나타났는가?

⑤ 정책 · 사업의 단기적 · 장기적 효과는 무엇인가?
장기적인 효과와 단기적인 효과는 비슷한가? 아니면 양자는 서로 다른 것인가?

이와 같은 종합효과 평가는 효과성 평가에서 다루지 못하는 여러 가지 측면에 대한 해답을 제공한다는 데에서 그 의의를 찾을 수 있다. 정책이나 사업의 성공 여부는 부득이한 경우에 효과성 평가의 결과에 의존할 수밖에 없겠으나, 이상적으로는 종합효과 평가의 결과에서 그 해답을 구해야 할 것이다. 효과성 평가에 의존할 수밖에 없는 경우로는 특히 정책 · 사업의 실시 기간이 얼마 되지 않아 그의 장기적 효과를 측정한다는 것이 불가능한 경우를 들 수 있다.

종합효과 평가는 효과성 평가와 마찬가지로 사업 종료 후뿐만 아니라 그것의 집행 과정에서도 수행할 수 있다. 특히 사업이 실시된 지 얼마 되지 않아 바람직하지 못한 부작용이 일어나는 경우는 효과성 평가보다 종합효과 평가가 정당화될 수 있다.

2 능률성 평가

효과평가의 결과 평가 대상 정책 · 사업이 성공적이라고 판단되면, 그 다음에는 그것의 운영 면에서 어느 정도 능률적인가 하는 문제를 검토해 보는 것이 바람직하다. 그러나 만일 효과평가에서 어떤 정책이나 사업이 성공적인 것이 되지 못한 것으로 판단되었다면, 더 이상 능률성 평가(evaluation of policy/program efficiency)를 수행한다는 것은 아무런 의미 없는 일이 될 것이다. 왜냐하면 정책이나 사업은 능률적이기 이전에 먼저 효과적이어야 하기 때문이다.

정책 혹은 사업의 능률성 평가는 두 가지로 나눠 생각할 수 있다. 하나는 내적(혹은 운영상의) 능률성 평가이며, 다른 하나는 외적(혹은 종합적) 능률성 평가이다. 전자는 산출과 투입의 비율(산출÷투입)을 측정하며, 후자는 정책 효과와 투입의 비율(효과÷투입)을 측정한다.

능률성을 이와 같이 내적 능률성과 외적 능률성으로 이분한 이유는 능률성이라는 개념을 명백히 하자는 데 있다. 즉, 능률성이라는 개념은 일반적으로 투입(inputs)과 산출(outputs)의 비율이라고 정의되고 있는데, 이때 산출이라는 개념이 다의적으로 사용되고 있다. 그렇기 때문에 개념 사용에 혼란이 야기될 수 있어 능률성 개념의 다양한 사용 사이에 어떤 선을 긋는 것이 필요하다. 세분화된 개념에 대해서는 아래에서 평가라는 개념과 연관시켜 논의하고자 한다.

1) 내적 능률성 평가

내적 능률성이란 다른 말로 하면 운영상의 능률성이라고 부를 수 있는 것으로서, 산출÷투입으로 나타내어지는 비율이다(Poister, 1978: 10-11).[1] '내적' 능률성이라고 부르는 이유는 그것이 투입을 산출로 전환시키는 집행 과정에 의해 좌우되기 때문이다. 내적 능률성 평가에서 다뤄지는 문제는 아래와 같다.

① 투입과 비교할 때 산출은 적정한가?

② 일정한 투입으로 더 많은 산출 혹은 더 좋은 산출을 얻을 수는 없었는가?

③ 일정한 양과 질의 산출을 얻는 데 투입을 줄일 수 있는 방법은 없었는가?

2) 외적 능률성 평가

외적 능률성이란 종합적 능률성이라고도 부를 수 있는 것으로서, 효과÷투입으로 나타내어지는 비율이다(Poister, 1978: 11).[2] '외적' 능률성이라는 명칭은 그것이 투입을 산출로 전환시키는 집행 과정에 의해 좌우되는 것이 아니라, 그 집행 과정의 산물인 산출이 대외적으로 (즉 국민에게) 미친 효과가 투입에 의해 결정되기 때문에 붙여진 것이다. 외적 능률성 평가에서 다뤄지는 문제는 다음과 같다.

① 투입과 비교할 때 전체적인 사업의 효과는 적정한가?

② 일정한 투입으로 더 많은 효과를 얻을 수는 없었는가?

③ 일정한 효과를 얻는 데 투입을 줄일 수 있는 방법은 없었는가?

이러한 능률성은 비율을 나타내는 수치로 표현된다. 그러나 이러한 절대적인

---

1) 포이스터(Theodore Poister)는 이를 기술적 능률성(technological efficiency) 또는 공학적 경제성(engineering economy)이라고 부른다.

2) 포이스터는 이를 경제적 능률성(economic efficiency)이라고 부른다.

수치는 우리에게 그다지 많은 정보를 주지는 못한다. 그리하여 그것이 의미 있는 수치가 되기 위해서는 다른 정책·사업의 그것과 비교된다든지, 아니면 같은 정책·사업을 운영했던 과거의 수치와 대비되어야 한다. 그렇게 되면 현 정책·사업이 다른 정책·사업에 비해 '좀 더 더 능률적'이라든지, 또는 과거에 비해 '좀 더 덜 능률적'이라는 등의 의미 있는 평가가 가능해지기 때문이다.

우리가 정책의 능률성에 관심을 보이는 이유는 아무리 정책이 성공적이라고 하더라도 정책에 소요되는 자원을 능률적으로 사용했는가의 여부는 또 다른 문제이기 때문이다. 즉, 정책에는 양의 차이는 있을지언정 많은 자원이 투입되기 마련이기에 같은 비용으로 더 많은 양의 산출이나 더 나은 질의 산출을 얻는다든지, 같은 비용으로 더 많고 더 나은 효과를 얻을 수 있는 방안을 모색하는 것은 언제나 건전한 행정의 주요 관심사가 아닐 수 없기 때문이다.

3 집행평가

집행평가(implementation evaluation)란 정책이나 사업계획의 집행 과정에 관한 평가를 말한다. 여기에서는 이것을 ① 정확성 평가(evaluation of correctness)와 ② 정책 구성 요소의 상대적 효과성 평가(evaluation of relative effects of policy/program components)로 나눠 검토해 보기로 한다.

1) 정확성 평가

정책결정자나 사업관리자들은 평가에서 주요한 과제인 정책·사업의 효과를 묻기에 앞서, 현재 평가 대상이 되고 있는 정책·사업이 원래 구상했던 바에 따라 정확하고 충실히 집행되고 있는지의 여부를 결정하는 일이 중요하다(Patton, 1978: 150). 그것은 정책 실시 과정에서 정확성의 문제에 해답을 제공하는 것이다. 정확성의 문제는 또한 순응(compliance)의 문제로도 다룰 수 있다.

이와 같이 정책 실시 과정의 정확성 내지 순응의 문제에 해답을 제공하기 위해 수행되는 정확성 평가는 여러 사람에 의해 다양하게 표현되고 있다. 예컨대, 나크미아스와 번스타인 등은 이를 과정평가(process evaluation)라고 부르고 있으며

(Nachmias, 1975: 18-19), 서치맨은 노력평가(effort evaluation)라 하고(Suchman, 1967: 61), 엡스타인과 트리풀은 사업점검(program monitoring)이라 했으며(Epstein & Tripool, 1977: 55), 그리고 윌리엄스(Walter Williams)는 집행사정(implementation assessment)이라 부르고 있다(Williams, 1975: 532-534).

앞에서 정책이란 원초 조건(initial conditions)과 예견되는 결과(predicted consequences)를 내포하고 있다고 언급한 바 있다. 정확성 평가는 바로 원초 조건이 일어난 정도를 검토하는 것이다(Thomas, 1981: 92). 좀 더 구체적으로 정확성 평가에서 다뤄지는 문제를 살펴보면 아래와 같다.

① 원래 사업계획(program plan)에 명시되었던 모든 활동이 이뤄졌는가?

② 자원(인적 · 물적 자원 모두 포함)이 기획된 대로 사용되었는가?

- 기획된 양과 질의 자원이 투입되었는가?
- 기획되었던 시기에 자원이 투입되었는가?

③ 세부 시행계획이 원래 계획했던 대로 진척되었는가?

④ 정책 · 사업이 원래 의도했던 집단(target group)을 대상으로 실시되었는가?

⑤ 정책 · 사업이 미리 정해진 법률이나 규정에 순응하고 있는가?

이러한 문제를 다루는 정확성 평가는 다음과 같은 중요한 세 가지 목적에 기여한다.

첫째, 평가 대상 정책 · 사업의 성패 원인을 규명하는 데 도움을 준다. 특히 정책이 실패한 것으로 판명된 경우에 그 원인을 규명하기 위해 가장 먼저 검토해 보아야 할 곳은 바로 그것의 집행 과정이 된다.

둘째, 정책평가의 가장 중요한 유형이라고 볼 수 있는 효과평가의 기초를 제공해 준다. 사업계획들이 여러 가지 이유로 말미암아 기획된 대로 실시되고 있지 않는 경우가 있다는 사실은 자주 지적된 바 있다. 어느 경우라도 사업계획이 기획된 대로 실시되지 않고 있거나 실시되지 않을 경우, 그러한 허구적 사업에 대한 효과평가를 시도한다는 것은 무의미하고 무모한 일이 아닐 수 없다(Rossi, Freeman, & Wright, 1979: 38; Patton, 1980: 69). 만일 사업계획이 정확하게 집행되지 않는 것으로 판명된다면, 그 괴리의 정도에 따라 그 사실을 감안한 후 효과평가를 수행하든지, 아니면 그 시점에서 효과평가를 아예 시도하지 않는 방법 등을 생각할 수 있다.

셋째, 사업계획의 실시 과정에 관한 검토를 통해 기획된 활동의 불합리성이나 절차상의 결함 및 집행상의 난점들을 찾아내어 그러한 것을 시정할 수 있는 계기를 마련해 준다. 정확성 평가는 정책 혹은 사업 개선에 적절한 것이 무엇인지를 알 수 있게 한다.

2) 정책 구성 요소의 상대적 효과성 평가

정책이나 사업은 여러 가지 요소, 즉 사업 활동으로 구성되어 있다. 예컨대, 미국의 고등교육 기회사업(higher education opportunity program)은 대학생에 대한 상담(counseling), 개인교습(tutoring), 재정적 지원 등을 포함하고 있다. 이러한 직접적인 활동 이외에도 정책·사업 실시자, 실시 장소의 특징, 정책·사업 전달 체계의 행정상·조직상의 특징 또한 빼놓을 수 없는 정책·사업의 요소들이라고 하겠다(Cook & Scioli, 1975: 99).

이 경우 우리가 평가에서 알아내고자 하는 것은 그러한 요소들 중에서 어느 것이 다른 것에 비해 상대적으로 전체적 효과 달성에 더 많은 기여를 했느냐 하는 것이다. 이것은 정책·사업 구성 요소의 상대적 효과성에 관한 문제로서, 이러한 문제에 해답을 제공하기 위해 행해지는 것이 정책 구성 요소의 상대적 효과성 평가이다. 서치맨과 바이스 등도 이러한 평가를 과정평가의 주요한 요소로 취급하고 있다(Suchman, 1967: 69-71; Weiss & Rein, 1970: 98-99).

이러한 유형의 평가는 주로 효과성 평가나 총합효과 평가를 통해 이미 성공적이라고 평가된 정책·사업에 대해 그 이유를 좀 더 구체적으로 규명해 앞으로의 정책·사업 운영을 향상시키기 위한 정보를 얻고자 할 때 행하는 것이 바람직하다. 즉, 만일 X_1이라는 요소가 X_2라는 요소보다 전체적인 정책·사업의 업적에 기여하는 바가 훨씬 큰 것으로 평가된 경우에는 X_2에 대한 투입 자원을 감소시키고 X_1 활동을 강화하는 방향으로 정책·사업 운영을 개선해 나갈 수 있을 것이다. 이러한 요소 효과성 평가의 결과는 사업 관리자(Program Managers/administrators)에게 가장 유익하게 이용될 수 있다.

4 정책구조 평가

정책 또는 사업구조란 정책 · 사업을 구성하고 있는 구체적 내용을 말한다. 다른 말로 표현하면, 그것은 정책 · 사업설계(policy/program design)라 할 수 있다. 정책이나 사업을 구성하고 있는 내용은 적어도 이론적으로는 해결하고자 하는 문제와 달성하고자 하는 목적에 대한 합리적인 수단일 것으로 기대된다. 이러한 정책 · 사업구조에 대한 결정은 정책결정자나 사업기획가 등 정책 실시와 직접적으로 관련을 맺고 있거나 그것에 대한 책임이 있는 고위 공직자에 의해 이뤄진다. 즉, 이것은 정치적 결정 과정의 산출물이다. 그러므로 정책평가에서 정책 · 사업구조를 문제로 삼는 것은 정책 결정 과정 자체를 문제로 삼는 것이기 때문에 상당한 주의를 요하게 된다. 그만큼 위험 부담 요소가 많이 내포되어 있기 때문이다.

그러나 정책이나 사업계획이 정확하게 실시되었는데도 불구하고 그것이 실패한 것으로 나타난 경우에는 그것 자체에 대한 평가가 그 실패의 원인을 규명해 줄 수 있는 유일한 방법이다.

정책구조 평가에서 다뤄지는 문제는 아래와 같다.

① 사업계획은 의도하는 목표를 달성할 수 있는 요소들로 구성되어 있는가?

② 기대되는 목적과 정책 · 사업 요소들을 연관시키는 가정들은 건전한 것인가? (Murphy, 1980: 28)

③ 이러한 사업계획이 주먹구구식으로 이뤄진 것인가, 아니면 어떤 논리적 바탕 위에서 이뤄진 것인가?

이러한 정책구조 평가를 통해 우리는 정책 · 사업 실패의 원인을 정책 · 사업 자체의 구성 요소들에서 찾을 수 있게 된다. 이러한 정보는 정책 · 사업 자체를 폐기하든지, 아니면 재편성하는 데 아주 중요한 몫을 차지하게 될 것이다.

제 2 절 기존 정책평가의 유형화 노력

정책평가는 그 분류 기준에 따라 여러 가지로 유형화되어 왔다. 그러한 기준으로 사용된 것들로는 ① 평가자의 소속, ② 평가의 시기, ③ 평가의 목적 등을 들 수 있다.

1 평가자의 소속에 따른 분류

평가자가 어디에 소속하고 있는지에 따라 평가는 자체평가, 내부평가, 외부평가로 나뉜다(Glaser & Backer, 1972: 56-60).

1) 자체평가

자체평가(self-evaluation)는 정책 · 사업의 집행을 담당하고 있는 사람들이 자신이 수행한 것에 대해 실시하는 평가이다. 예컨대, 시 · 군 · 구에 소재하는 어느 모자보건센터가 자신이 수행한 모자보건사업에 대해 자체적으로 그것의 운영 성과를 측정했다면, 그것은 자체평가에 해당한다.

2) 내부평가

내부평가(inside evaluation)는 평가자가 정책 · 사업을 집행하지는 않았지만 그것의 시행에 대해 책임을 지고 있는 해당 기관(또는 부서, 직원 등)이 수행하는 평가이다. 예컨대, 시 · 도의 보건사회국 보건과가 관할 지역의 모자보건센터가 효율적으로 운영되고 있는지를 평가한다면 이것은 내부평가에 해당한다.

3) 외부평가

외부평가(outside evaluation)는 평가자가 집행자 자신도 아니고 그렇다고 정책 · 사업의 시행에 책임을 지고 있는 기관에 소속되지도 않은 제3자적인 위치에 있는 외부 전문가가 수행하는 평가를 말한다. 예컨대, 보건 분야 전문가인 대학교

수나 연구자들이 모자보건센터(들)의 운영 성과를 평가하는 경우가 이 유형에 속한다.

2 평가의 시기에 따른 분류

평가의 시기에 따른 분류는 평가가 어느 시기에 이뤄지는지에 따라 형성평가와 총괄평가로 나뉜다.

1) 형성평가

형성평가(formative evaluation)는 사업계획을 개발하는 과정이나 그것의 개선 과정에서 수행된다. 그것은 사업관리자나 사업 담당자와 같이 사업과 직접적으로 관련이 있는 사람들을 위해 수행되며 내부적으로만 활용되는 것이 보통이다. 즉, 형성평가는 더 나은 사업계획을 구성하고, 이미 확정 실시되고 있는 사업의 경우에 사업 실시 개선에 목적을 두고 수행된다. 예컨대, 요리사가 국을 끓이면서 맛있는 국이 되어가고 있는지를 알아보기 위해 국의 맛을 본다면 이것이 형성평가에 해당한다. 이것은 뒤에 언급하게 될 총괄평가와 대칭이 되는 개념이다. 형성평가는 내부평가자나 외부평가자 누구에 의해서도 수행될 수 있다. 그러나 좀 더 바람직한 것은 양자가 합동으로 형성평가를 실시하는 방식이다(Scriven, 1981: 63).

2) 총괄평가

총괄평가(summative evaluation)는 정책이나 사업의 종료 후에 실시되며, 주로 고위정책결정자 혹은 정책·사업자금 제공자와 같은 외부 고객의 요구를 충족시키기 위해 수행된다. 이러한 총괄평가는 효과평가와는 구분되어야 한다. 효과평가는 정책이나 사업의 효과에 초점을 맞춘 평가를 말하는 것으로 집행 과정에 초점을 맞추는 집행평가와 구별되는 개념이다. 효과평가는 그것의 수행 시기에 따라 형성평가가 될 수도 있고 총괄평가가 될 수도 있다(Scriven, 1981: 150).

앞에서 형성평가를 요리사가 국의 맛을 보는 것과 비유한 것과 달리, 총괄평가는 국이 완전히 끓여져 손님 앞에 놓인 후 손님이 국의 맛을 보는 경우에 비유할 수 있다. 총괄평가도 형성평가와 마찬가지로 내부 평가자나 외부 평가자 혹은 합동으로도 그 수행이 가능하다.

3 평가의 목적에 따른 분류

평가가 수행하고자 하는 목적에 따라 많은 사람이 평가 유형을 제시했는데, 이곳에서는 중요하다고 판단되는 세 가지를 소개하고자 한다. 이들을 소개하는 이유는 여러 가지의 평가 유형화 노력이 시도되어 왔음을 보여주고 나아가 새로운 유형화의 기초를 제공함에 있다.

1) 서치맨의 평가 유형

서치맨은 평가의 목적에 따라 노력평가, 성과(혹은 효과)평가, 성과의 충분성평가, 능률성 평가 그리고 과정평가로 나눴다(Suchman, 1967: 61-71).

(1) 노력평가

노력평가(evaluation of effort)에서는 수행되는 활동의 양과 질에 따라 해당 정책 · 사업이 성공했는지 아니면 실패했는지를 판단하게 된다. 노력평가의 전제는 특정한 활동을 수행하는 것 자체가 더 높은 목적을 달성할 수 있을 것이라는 데에 있다. 그러므로 그러한 활동의 양과 질이 정책 · 사업의 성패를 결정할 수 있는 기준이 될 수 있다. 이러한 평가는 다음과 같은 질문에 해답을 제공하기 위해 수행된다.

① 수행한 활동은 무엇인가?

② 그러한 활동은 얼마나 잘 수행되었는가?

(2) 성과(혹은 효과)평가

성과평가 혹은 효과평가(evaluation of performance or effects)는 노력평가와는 달리 노력 그 자체(즉, 수행 활동의 양과 질)를 측정하는 것이 아니라, 노력의 결과에 관심을 두고 이를 측정하는 것이다. 정부가 수행하는 모든 정책 · 사업의 궁극적인 정당화는 바로 그것이 해결하고자 의도했던 문제를 해소했는가에 있다. 따라서 정책 · 사업 시행에 따른 문제 해결은 정책 · 사업의 효과성 여부에 의해 결정된다는 점에서 성과평가는 중요한 의미를 갖는다. 이러한 평가는 다음과 같은 질문에 해답을 제공하기 위해 수행된다고 한다.

① 즉각적인 목표는 어느 정도나 달성되었는가?

② 어떤 변화가 야기되었는가?

③ 그러한 변화는 의도한 것이었는가?

(3) 성과의 충분성 평가

성과의 충분성 평가(evaluation of adequacy of performance)에서는 정책 · 사업의 성과가 전체 문제(total amount of need)를 해결한 정도를 측정한다(Suchman, 1967: 63). 어느 특정 정책이나 사업을 통해 해결하고자 하는 문제의 전체적인 규모를 파악한다는 것은 그리 쉬운 일이 아니다. 따라서 충분성 평가는 매우 어려운 것이 사실이다.

(4) 능률성 평가

능률성 평가(evaluation of efficiency)에서는 앞에서 논의한 노력과 성과의 비율을 측정한다(Suchman, 1967: 64). 이러한 능률성 평가는 성과평가에 따른 결과가 긍정적인 해답으로 나타난 경우에 이뤄지는 것으로서 동일한 성과를 얻는 데 더 좋은 방법이 있는지에 대한 해답을 제공할 것을 목적으로 수행된다.

(5) 과정평가

과정평가(evaluation of process)에서는 어떤 정책이나 사업이 어떻게 그리고 왜 어떠한 성과를 시현했는가 하는 점에 관심을 두고 분석이 이뤄진다. 따라서 과정평가의 결과로 정책 · 사업의 성패 원인을 찾아낼 수가 있다. 서치맨은 이러한 과정평가는 평가연구의 본래 영역은 아니라고 하면서, 앞에서 제시한 네 가지의 평가를 통해 정책 · 사업의 성패를 결정할 수 있다고 이야기한다. 그러나 이러한 과정평가는 특히 어떤 정책 · 사업이 기대된 대로 효과를 나타내지 못할 때 행정적 · 과학적 중요성을 지닌다고 주장한다(Suchman, 1967: 66).

2) 나크미아스의 평가 유형

나크미아스는 평가의 목적에 따라 과정평가와 영향평가로 나눴다(Nachmias, 1979: 5-6).

(1) 과정평가

과정평가(process evaluation)란 어느 특정 정책이나 사업이 정해진 지침에 따라 집행된 정도를 검토하는 것이다. 나크미아스가 이야기하는 과정평가와 서치맨이 제시한 과정평가는 동일한 것이 아니라는 사실에 유의해야 한다. 후자는 전자를 포괄하면서, 그보다 훨씬 더 많은 측면에 대한 검토를 요구하고 있기 때문이다.

(2) 영향평가

영향평가(impact evaluation)란 어떤 정책이 의도한 방향으로 변화를 야기한 정도를 검토하는 것이다. 이것은 서치맨의 성과(혹은 효과)평가와 동일한 것이라고 할 수 있다. 나크미아스는 정책평가 연구에서는 이러한 두 가지 평가 유형을 함께 다루는 것이 이상적이라고 주장하면서, 그러한 평가를 프리먼(Howard E. Freeman)이 제안한 바에 따라 '포괄적 평가(comprehensive evaluation)'라고 부르고 있다. 이러한 포괄적 평가는 가능하기만 하다면 특정 정책과 관련된 의사결정자들의 요구를 가장 잘 만족시켜 줄 것이다(Nachmias, 1979: 6).

3) 홀리 등의 평가 유형

홀리 등은 미국 연방정부의 평가 활동을 반영해 아래와 같은 네 가지의 평가 유형을 제시한 바 있다(Wholey et al., 1973: 24-26).

(1) 연방사업의 영향평가

연방사업의 영향평가(program impact evaluation)에서는 어떤 하나의 연방사업이 그 목적을 달성하는 데 전반적인 효과성이 어느 정도인지가 측정되거나, 두 개 이상의 사업들이 공통의 목적을 달성하는 데 상대적인 효과성(relative effectiveness) 측정이 이뤄지게 된다. 이러한 평가는 주로 정책결정자들이 사업자금의 수준을 결정할 때나 사업의 방향 전환에 관한 가능성을 결정할 때 필요한 정보를 제공해 주기 위해 수행된다.

(2) 연방사업 전략평가

연방사업 전략평가(program strategy evaluation)에서는 한 연방사업 내에서 사용된 상이한 전략과 변수(또는 기술)들의 상대적인 효과성 측정이 이뤄진다. 이러한 평가의 목적은 사업 관리자에게 한 연방사업 내에서 사용한 서로 다른 전략이나 방법에 관한 상대적 효과성을 파악함에 있다.

(3) 개별 지방사업의 평가

개별 지방사업의 평가(project evaluation)에서는 지방에서 실시되는 개별 사업이 그것에 부여된 목적을 달성하는 데 따르는 효과성 측정이 이뤄진다. 미국 연방의회에서 요구하는 평가는 바로 이러한 유형의 평가인 것이다(Wholey et al., 1973: 25).

(4) 개별 지방사업의 상대적 효과성 평가

개별 지방사업의 상대적 효과성 평가(project rating)에서는 연방사업의 목적을 달성하는 데 서로 다른 지방사업들이 나타낸 상대적 효과성 측정이 이뤄진다. 이러한 유형의 평가는 사업 관리자에게 하나의 연방사업 내에서 운영되고 있는 여러 지방사업의 상대적 효과성에 관한 정보를 제공하기 위해 수행된다. 이러한 평가에서는 유사한 환경 속에서 운영되는 여러 지방사업을 서로 비교할 경우에만 의미 있는 평가 결과를 얻을 수 있다.

제 8 장 정책평가에 대한 순차적 접근

앞에서는 정책평가의 유형에 관한 여러 학자의 견해를 참고해 구성된 정책평가 유형을 제시했다. 여기에서는 실제의 평가에서 모든 유형의 평가가 항상 필요하지는 않다는 전제 하에 정책평가에서의 순차적 접근을 제시해 보고자 한다. 정책 또는 사업을 평가할 때 앞에서 제시한 일곱 가지의 평가가 언제나 요청되는 것인가? 대답은 물론 부정적이다. 그 이유는 다음과 같다.

첫째, 평가 결과의 이용자가 그것을 원하지 않기 때문이다. 평가는 평가자가 개인의 학문적 필요에 따라 수행하는 경우도 없지 않으나, 그것은 아주 예외적인 경우일 뿐이고 대부분은 평가 결과 이용자의 요청에 따라 이뤄진다. 그러므로 이용자가 평가에서 어떤 특정한 정보만을 원한다면, 평가자는 그러한 측면에만 국한시켜 평가를 수행하지 않을 수 없게 된다. 현재 효과성 평가와 총합효과 평가가 평가연구의 가장 중심적 위치를 차지하게 된 것도 바로 이러한 데서 그 원인을 찾아볼 수 있다.

둘째, 평가에는 여러 가지의 자원이 소요된다는 점을 지적할 수 있다. 평가를 통해 아무리 많은 정보를 얻고자 하더라도 한정된 자원으로는 정책·사업의 특정 측면에 대한 평가에 만족할 수밖에 없다. 이와 같이 현실적으로 어떠한 유형의 평가가 이뤄지느냐 하는 문제는 평가 결과 이용자가 요구하는 내용과 평가에 이용될 수 있는 자원의 함수로 볼 수 있다.

만일 어떤 정책이나 사업에 대한 평가에서 필요한 자원이 충분히 확보되어 있는 가장 이상적인 상황이라면, 정책·사업의 효과 유무뿐만 아니라 그 효과 유무에 대한 이유까지를 밝히는 포괄적 평가(comprehensive evaluation)가 요구될 수 있다. 이러한 경우에 어떠한 종류의 평가부터 시작해 평가 작업을 진행시킬 것인가 하는 문제와, 그 경우 각종의 평가는 어떠한 순서에 따라 이뤄질 것인가 하는 문제를 검토하면 다음과 같다.

이 문제를 해결하기 위한 접근 방법에는 앞에서 지적한 바와 같이 평가의 제1차적 관심사는 효과성이므로 효과성 평가에서 시작하는 방식을 생각해 볼 수 있다. 또 한편으로는 정책의 실시 과정에 관한 지식을 결여한 채 그것의 효과성부터 측정하려고 하는 데에는 많은 위험이 따른다는 점을 인정하고 정확성 평가부터 출발하는 방식을 생각해 볼 수 있다.

효과성 평가부터 시작하는 경우, 정책결정자나 사업 관리자가 제1차적으로 관심을 갖고 있는 정보를 가장 빨리 알 수 있다는 장점이 있다. 다만, 문제의 정책·사업이 제대로 실시되지 않은 경우에는 그 정책·사업의 가치를 잘못 판단할 가능성이 있다는 단점이 있다. 그러므로 정책·사업이 정확하게 실시되었다는 확신이 있을 때에만 효과성 평가에서부터 평가 작업을 진행시키는 전략을 채택해야 한다.

정확성 평가에서부터 평가 작업을 진행시키는 경우에는 효과성 평가에서부터 시작하는 경우에 갖게 되는 단점을 극복하고 포괄적 평가를 위한 기반을 제공해 주는 장점이 있다. 다만 평가 작업이 평가의 제1차적 관심사를 먼저 다루지 않고 있다는 비난을 받을 수 있다. 특히 정책·사업이 정확하게 실시된 경우에는 정확성 평가에 투입된 자원은 낭비가 될 수 있다. 앞에서도 지적한 바와 같이 정책·사업이 정확하게 실시되었다는 확신이 있을 때에는 바로 효과성 평가에서부터 평가 작업을 진행시키는 것이 바람직하다.

다음에는 위에 제시한 바와 같은 두 가지 전략에 따라 평가 작업을 진행시킬 경우, 각각의 전략에 따라 상이한 조합의 평가 작업이 어떠한 순서에 따라 이뤄질 것인지를 살펴보기로 한다.

제 1 절 효과성 평가에서 시작했을 경우의 평가 순서

효과성 평가에서부터 평가 작업을 진행시킬 경우, 그 다음에 행해질 각종 평가 사이에서 나타날 수 있는 논리적 순서는 [그림 8-1]과 같이 될 것이다. 이 도표에서 (+)는 평가 결과가 긍정적으로 나타난 경우를 말하며, (−)는 부정적 결과가 나타난 것을 가리킨다. 즉, 효과성 평가 결과가 (+)라 함은 정책·사업이 효과적인 것으로 나타난 경우이며, 총합효과 평가 결과 (−)라 함은 그것이 장기적으로 보아 효과적이 아니라든지 상대적으로 부작용이 많이 나타난 경우를 말한다.

그림 8-1 효과성 평가에서 시작했을 경우의 평가 순서

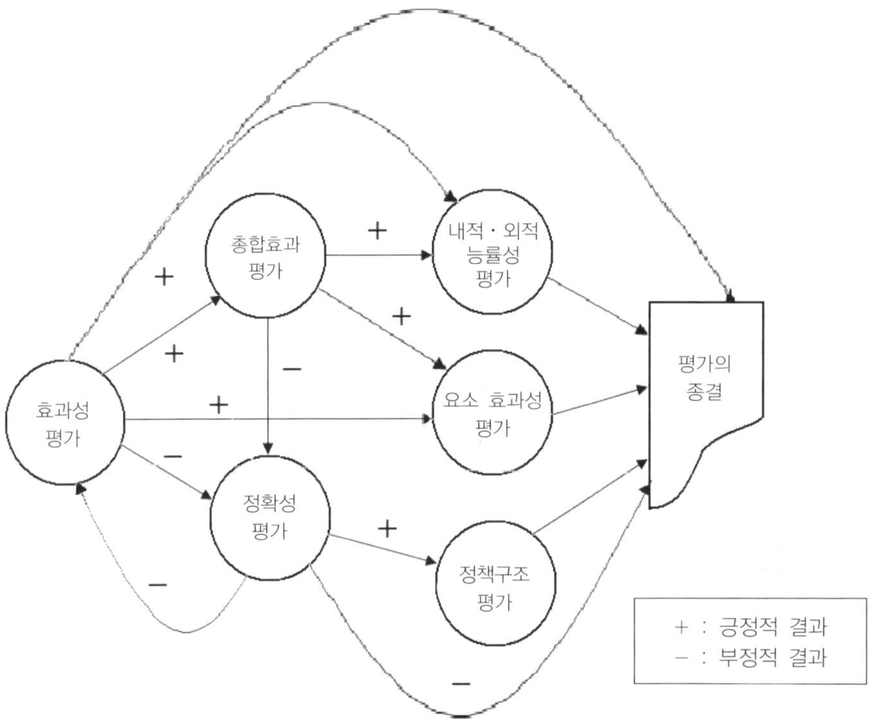

이하의 내용에서 나타나는 각 조합에서의 그림은 상이한 평가 작업이 각 조합 내에서 이뤄질 수 있음을 나타낸다.

1) 제1조합

효과성 평가 → 내적 · 외적 능률성 평가
↘
정책 요소 효과성 평가

이 경우는 효과성 평가 결과에서 평가 대상 정책이 효과가 있는 것으로 나타나 내적 · 외적 능률성 평가와 그 원인을 규명하기 위한 정책요소 효과성 평가가 이뤄지는 경우이다. 이 경우는 정책의 실시 기간이 얼마 경과되지 않아 장기적 효과를 측정하는 것이 아무런 의미가 없거나 실시 과정에서 아무런 부작용이 나타나지 않고 있는 경우에 시도될 수 있을 것이다.

2) 제2조합

효과성 평가 → 총합효과 평가 → 능률성 평가
↘
정책 요소 효과성 평가

이 경우는 정책의 실시 결과 직접적 · 단기적 효과뿐만 아니라 간접적 · 장기적 효과도 나타나 총합효과 평가를 수행하고, 그 결과 총합효과도 긍정적인 것으로 나타나 그 원인을 규명하기 위해 요소 효과성 평가를 수행함과 동시에 정책을 좀 더 능률적으로 시행할 수 있는 방법을 모색하기 위해 능률성 평가를 수행하는 경우이다.

3) 제3조합

효과성 평가 → 총합효과 평가 → 정확성 평가 → 정책구조 평가

이 경우는 효과성 평가 결과 정책 · 사업이 효과적인 것으로 나타났으나, 총합효과는 부정적인 것으로 나타나 그 이유를 규명하기 위해 정확성 평가를 수행하고,

그 결과 정책·사업 시행 과정에는 아무런 잘못이 없는 것으로 나타나 마지막으로 정책·사업구조 자체에서 그 원인을 찾고자 시도하는 경우이다.

4) 제4조합

효과성 평가 → 정확성 평가 → 정책구조 평가

이 경우는 정책·사업의 효과성 평가 결과 그것이 비효과적인 것으로 나타나 정확성 평가를 수행했으나, 시행 과정에는 아무런 잘못이 없어 정책·사업구조에 대한 검토를 시도해 보는 경우이다.

5) 제5조합

효과성 평가 → 정확성 평가 → 효과성 평가

이 경우는 효과성 평가 결과 정책이 비효과적인 것으로 나타나 그 원인을 찾기 위해 정확성 평가를 수행했는데, 바로 거기에서 정책집행 과정에 어떤 잘못된 점이 있음을 발견했으나 그 잘못의 정도가 그렇게 심한 것은 아닌 경우이다. 이런 때에는 그러한 잘못을 분명하게 밝혀내고 또 그러한 잘못이 정책의 효과에 미칠 영향을 감안하면서(예컨대 목표의 하향 조정 등) 효과성 평가의 결론을 도출해야 할 것이다(Hatry, Winnie, & Fisk, 1973: 57).

6) 제6조합

효과성 평가 → 정확성 평가

이 경우는 효과성 평가의 결과 평가 대상 정책이 비효과적인 것으로 나타나 그 원인을 규명해 본 결과 정책의 집행 과정에 심각한 잘못이 있어 더 이상 평가 작업을 진행시킨다는 것이 아무런 의미가 없는 경우이다.

제 2 절 정확성 평가에서 시작했을 경우의 평가 순서

정확성 평가에서부터 정책평가 작업을 진행시킬 경우, 그 다음에 행해질 각 유형의 평가 사이의 논리적 순서는 [그림 8-2]와 같이 될 것이다. 그림에 따라 상이한 조합의 평가 작업에서 이뤄질 각종 평가의 순서를 보면 다음과 같다.

그림 8-2 정확성 평가에서 시작했을 경우의 평가 순서

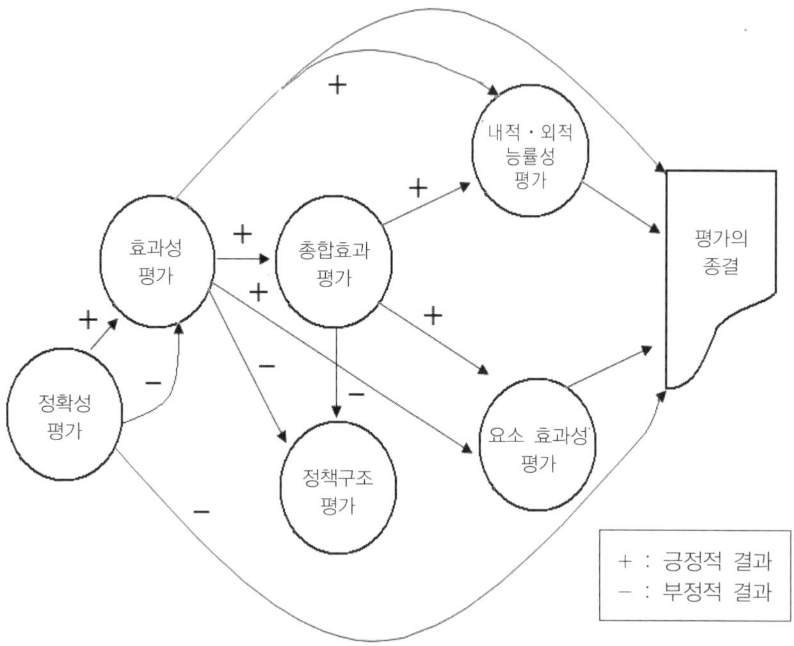

1) 제1조합

정확성 평가 → 효과성 평가 → 능률성 평가
↘
정책 요소 효과성 평가

이 경우는 정확성 평가 결과 정책의 집행 과정에는 아무런 잘못이 없는 것으로 나타나 그 후에 효과성을 평가한다. 그 결과 정책이 효과적인 것으로 나타났기 때문에 좀 더 능률적으로 정책을 운영하기 위한 방안을 모색하기 위해 능률성 평가를 수행함과 아울러 정책 성공의 원인을 규명하기 위한 정책 요소 효과성 평가를 수행하는 경우이다.

2) 제2조합

정확성 평가 → 효과성 평가 → 종합효과 평가 → 능률성 평가
↘
정책 요소 효과성 평가

이 경우는 정확성 평가 결과 정책·사업이 정확하게 시행되었음이 판명되었으므로 효과성을 평가하고, 거기에서 정책·사업이 효과적인 것으로 나타났기 때문에 다시 종합효과를 검토하며, 나아가 그 이유를 찾기 위해 요소 효과성을 평가하고 마지막으로 능률성을 측정해 보는 경우이다.

3) 제3조합

정확성 평가 → 효과성 평가 → 종합효과 평가 → 정책구조 평가

이 경우는 위의 제2조합과 비교해 종합효과를 측정하는 단계까지는 동일하다. 그러나 종합효과 평가 결과 전반적으로 볼 때 정책이 실패한 것으로 나타나 그 원인을 규명하기 위해 정책구조 평가를 수행하는 경우이다.

4) 제4조합

정확성 평가 → 효과성 평가 → 정책구조 평가

이 경우는 정확성 평가 결과 정책은 원래 기획되었던 대로 정확하게 실시되었으나, 비효과적인 것으로 판명되어 정책구조에서 그 원인을 찾고자 시도해 보는 경우이다.

5) 제5조합

정확성 평가 → 효과성 평가

이 경우는 정책의 집행 과정에 대해 정확성을 측정해 본 결과 심각하지는 않다고 해도 정확하게 집행되지 못한 부분이 있어 그 영향을 감안하면서 정책의 효과성을 평가하는 경우이다. 더 이상의 평가를 진행시킬 수도 있으나, 정책집행 과정상의 하자로 인해 평가에 더 이상의 자원을 투입하는 것이 바람직하지 않다고 보인다.

6) 제6조합

정확성 평가 → 평가 중지

이 경우는 정책집행 과정에 대한 정확성 평가 결과 집행 과정이 심각하게 왜곡되어 있는 것으로 판명되어 이 단계에서 평가 작업을 중지하는 경우이다.

제 9 장 평가방법론 일반

정책평가 이론에서 가장 중요한 부분의 하나는 평가 방법이다. 왜냐하면 평가의 본질이 평가 대상인 정책이나 사업의 관심 측면에 대한 어떤 확증적 판단을 내리는 것이고, 이를 위해서는 타당한 연구설계의 채택, 필요한 자료의 수집·분석 및 해석 등의 작업이 이뤄져야 하기 때문이다.

이 장에서는 정책평가에서 원용될 수 있는 방법들을 제시하기 이전에 먼저 평가방법론 일반을 개략적으로 살펴본 후, 질적 평가와 양적 평가에 대해 알아보고자 한다. 앞서 제시한 평가 유형별로 적당하다고 판단되는 평가 방법을 적용하기 위해서는 평가 대상 정책이나 사업을 어떻게 접근할 것인지를 염두에 두어야 하는데, 이를 위한 논의가 질적 평가 방법과 양적 평가 방법에 관한 것이다.

제 1 절 평가 방법의 개관

이제까지 정책평가에는 많은 방법이 적용되어 왔다. 그러나 이러한 방법들을 적용하는 경우에 평가자의 학문적 배경이 평가에서 얻고자 하는 정보의 유형보다 더 큰 역할을 수행한 것처럼 보인다. 예컨대 행태과학자들은 실험적 방법을 선호하는가 하면, 경제학자들은 비용·편익평가법 혹은 비용·효과평가법을 즐겨 사용하는 경향을 볼 수 있다. 그러나 공통적인 것은 이들 방법이 주로 양적인 시각(quantitative paradigm)의 전통을 따르고 있다는 점이다.

이러한 평가 관행에는 몇 가지 전제가 깔려 있다. 그 하나는 평가를 요청한 사람이 원하는 정보는 바로 평가자 자신들이 구하고자 하는 해답과 같을 것이라는 가정이다(Patton, 1979: 71-72). 이 경우에 평가자는 그의 고객인 평가 요구자나 평가 결과의 이용자에게 그들이 원하는 정보가 무엇인가를 파악하려는 노력 없이 평가자 자신들이 선호하는 연구설계에 따라 조사를 진행해 결론을 도출한다. 그러므로 이러한 결론과 평가 결과 이용자의 요구가 일치되리라는 보장이 없다.

다른 또 하나의 전제는 평가를 요청한 고객이 평가의 결과에 따라 평가 대상 정책이나 사업에 대해 어떤 중대한 결정(예컨대 사업의 중단·계속)을 내릴 것이라는 가정이다. 따라서 평가 대상에 대해 어떤 단정적인 판단을 가능케 해줄 수 있는 연구설계를 선호하게 되는 결과를 초래한다고 보인다. 그리하여 어떤 정책이나 사업의 효과 유무가 어떠한가? 그 정책은 성공인가, 아니면 실패인가를 비교적 잘 제시해 줄 수 있는 실험적 설계나 비용·편익평가법과 같은 양적 방법들(quantitative methods)이 많이 이용되었던 것이다.

그러나 이와 같은 전제들은 다음과 같은 이유에서 정당화되기 어렵다. 첫째, 평가 고객의 정보 요구와 평가자의 생각이 일치한다는 것은 후자가 전자의 생각이 어떠한지를 묻고 확인하지 않고는 전제할 수 없는 가정이다. 둘째, 평가 고객들의 요구는 단순히 그들이 관심을 가지고 있는 정책이나 사업의 성공 여부만을 알고자 하는 것은 아니며, 그것의 운영 과정이나 개선 가능성에 대해서도 정보를 얻고자 한다(Reichardt & Cook, 1979: 21). 따라서 평가 고객들의 이러한 다양한 정보 요구는 어떤 특정한 단일 시각이나 단일 평가 방법에 의해 충족될 수 있는 성질의 것은 아니다. 그렇기에 최근에는 양적 방법들과 질적 방법들의 혼용을 옹호하는 주장들이 많이 대두되고 있다(Smith, 1975: 271-292).[1] 물론 이러한 주장의 배경에서는 평가이론 초기부터 우세한 지위를 누려왔던 양적 접근 방법에 대한 반론으로서 질적 평가방법론의 적절성을 강조한 좋은 글과 책들이 중요한 구실을 했다고 보인다.[2]

---

1) 앞서 소개한 쿡과 라이하트가 편집한 책에 실린 대부분의 글들이 이러한 입장을 취하고 있다.
2) 대표적인 것으로 Robert S. Weiss & Martin Rein, "The Evaluation of Broad-Aim Programs:

질적 평가 방법을 옹호하는 연구자들이 양적 평가 방법의 부적절성으로 지적하는 것은 대체로 다음과 같다.

첫째, 양적 평가는 의사결정자의 기대를 충족시키지 못한다는 점이다. 필스테드(William J. Filstead)는 정책·사업평가에 대한 양적 접근 방법은 오직 ① 긍정적 효과, ② 불분명한 효과, ③ 부정적 효과와 같은 세 가지 유형의 효과(혹은 영향)만을 제시해 준다고 한다(Filstead, 1970: 40). 그러나 문제가 되고 있는 정책이나 사업과 관련이 있는 의사결정자들은 위에서 지적한 단정적 정보보다는(혹은 경우에 따라서는 그것들뿐만 아니라) 다음과 같은 사항에 대해 알고자 한다는 것이다(Filstead, 1970: 39-41).

① 성공적으로 작동하고 있는 것은 무엇인가?(예컨대 성공적으로 작동하고 있는 사업 활동은 무엇인가?)

② 정책 대상집단 중에서 여건이 더 나아지고 있는 사람들은 누구인가?

③ 변화를 요하는 영역은 무엇인가?

이러한 것들에 대한 정보를 얻기 위해서는 정책이나 사업의 운영에 관한 자세한 자료가 획득되어야 한다.

둘째, 많은 평가자는 표준적·양적 평가의 개념적 모형이라고 할 수 있는 과학적 방법의 인과 관계적 문제 해결 자세에 문제점이 있다고 생각한다(Filstead, 1970: 40). 그리하여 이들은 대안적 모형이나 복합적 방법을 포용하는 모형들을 탐색하게 된다. 이들은 기본적으로 인과 관계적 문제 해결 방식이 현실 전체를 단순화시키고 조그마한 구성 부분으로 구분하려 하기 때문에 현실을 왜곡한다고 보고, 총체론적·상황적 평가모형을 선호한다.

제 2 절 질적 평가 방법과 양적 평가 방법

이제까지 평가계를 지배해 온 방법들은 앞서 지적한 바와 같이 대부분 양적 시

Experimental Design, Its Difficulties, and an Alternative", *Administrative Science Quarterly*, Vol.15(1970); Michael Quinn Patton, *Qualitative Evaluation Methods*(Beverly Hills, California: Sage, 1980)를 들 수 있다.

각을 따르는 양적 방법이었다고 말할 수 있다. 반면 근래에 대두된 질적 방법은 질적 시각에 입각하고 있다. 이러한 시각의 차이는 관심 대상의 사물이나 현상에 접근하는 방식뿐만 아니라 이들의 어떤 측면이 중요한가 하는 판단에까지도 영향을 미치기 때문에 평가 연구에서 아주 중요한 의미를 갖는다. 따라서 이곳에서는 먼저 이들 양 시각상의 차이를 살펴보고자 한다. 여러 사람이 각각 다른 특징들을 제시하고 있으나, 보그단(R. Bogdan)과 테일러(S. Taylor)가 비교적 자세하게 양자를 대비시켜 놓았다고 생각되어 <표 9-1>에서 그들이 제시한 내용을 소개한다.

표 9-1 질적 시각과 양적 시각의 특성

질적 시각	양적 시각
1. 질적 방법의 사용을 옹호함. 2. 행위자 자신의 준거 틀에 입각해 인간의 행태를 이해하는 데 관심을 갖는 현상학적 입장 3. 자연주의적 · 비통제적 관찰을 이용함. 4. 주관적임. 5. 자료에 가까움: '내부자(insider)'의 시각 6. 자료에서 파생한 발견 지향적 · 탐색적 · 확장주의적 · 서술적 · 귀납적 7. 과거 지향적 8. 타당성 있는: 실질적인, 풍부한, 깊이 있는 자료 9. 일반화할 수 없음: 단일 사례 연구 10. 총체론적(holistic) 11. 동태적 현상을 가정함.	1. 양적 방법의 사용을 옹호함. 2. 개인들의 주관적 상태에 관심을 두지 않고, 사회 현상의 사실이나 원인들을 탐구하는 논리실증주의적 입장 3. 강제된 측정과 통제된 측정을 이용 4. 객관적임. 5. 자료와 거리가 있음: '외부자(outsider)'의 시각 6. 자료에서 파생하지 않는 확인 지향적 · 확증적 · 축소주의적 · 추론적 · 가설 연역적 7. 결과 지향적 8. 신뢰성 있는: 경성의 반복이 가능한 자료 9. 일반화할 수 있음: 복수사례 연구 10. 특정적(particularistic) 11. 안정적 현실을 가정함.

자료: R. Bogdan & S. Taylor, *Introduction to Qualitative Research Methods*(New York: John Wiley, 1975), p.2; Charles Cook & Thomas Reichardt(eds.), *Qualitative and Quantitative Methods in Evaluation Research*(Beverly Hills: Sage, 1979), p.10에서 재인용.

질적 시각을 견지하는 질적 방법에는 참여관찰법(participant observation)과 심층면접법(in-depth Interview) 같은 연구전략이 포함된다(Filstead, 1970: 6). 이러한 질적 방법은 연구자로 하여금 연구 대상인 경험적 사회세계(empirical social world)(예컨대 어떤 정책이나 사업)에 관한 직접적인 지식을 몸소 획득할 수 있게 해 준다. 질적 방법은 그 주안점이 선정된 문제의 폭(breadth)보다는 깊이(depth)에 있기 때문에 선정된 문제를 아주 자세하게 연구할 수 있도록 도움을 준다. 적은 수의 사람이나 사례에 대해 풍부한 자료를 산출해 낼 수 있다는 것이 질적 방법의 장점이다(Patton, 1980: 97-98).

그러면 어느 경우에 이러한 질적 방법을 적용하는 것이 적절한가? 패튼(Michael Patton)은 아래와 같은 질문 중 어느 것에 대해서도 그 대답이 긍정적이면 질적 자료를 수집하는 것이 적절하다고 한다(Patton, 1980: 87-89).

① 사업이 사업 참여자 개개인에 미친 효과를 강조하는가?
이들 개개인에 미친 효과를 기술하고 평가할 필요가 있는가?

② 의사결정자가 사업의 내적 동태(사업의 강점 · 약점, 전반적인 사업의 과정)를 설명하고 이해하는 데 관심을 가지고 있는가?

③ 어떤 특별한 참여자들이나 사업 실시 장소의 경우(특별히 성공적인 경우, 크게 실패한 경우, 사업적 · 재정적 · 정치적 이유로 아주 중요한 경우)에 대해 진지하고 심층적인 정보가 필요한가?

④ (모든 참여자나 사업을 표준화되고 획일적인 척도에 따라 비교하는 것이 아니라) 각각의 참여자나 사업의 다양성 · 특질을 강조하는 데 관심이 있는가?

⑤ 사업 집행에 관한 아래와 같은 세부 사항의 정보가 필요한가?

- 사업 참여자가 경험하는 것
- 사업 참여자에게 제공되는 서비스
- 사업의 조직
- 사업 실시 담당자가 하는 일
- 사업 실시 담당자가 의사결정자에게 사업에서 발생되고 있는 일과 사업이 어떻게 전개되어 왔는가에 대해 알려주고 있는 것
- 사업 실시 담당지와 다른 의사결정자들이 사업 개선을 목적으로 사업에 관한 자세한 기술적 정보를 수집하는 데 관심을 가지고 있는가?
- 사업의 질적 차이(사업 활동과 사업 성과의 질에 관한 기술적 정보)에 관한 정보가 필요한가?

⑥ 표준화된 측정도구(질문지와 시험)를 사용하게 되는 것이 자연적인 관찰과 개방적 면접을 통한 자료의 수집에 비해 너무 강요적인 것이 될 것인가? 즉, 양적인 자료를 수집하는 경우가 질적인 자료를 수집하는 것보다 사업 참여자들 사이에 더 적은 반응성(reactivity)을 자아낼 것인가?

⑦ 측정과학의 상태로 보아 필요한 특정한 사업의 성과를 측정하기 위해 타당성과 신뢰성을 담보할 수 있는 표준화된 측정 도구가 없거나 쉽게 개발될 수 없는 상태인가?
⑧ 의원들이나 다른 의사결정자(평가 자금 제공자)들이 평가자들로 하여금 자기를 대신해서 사업 실시 현장을 방문해 정보를 수집해 주기를 원하는가?
⑨ 사업의 목적이 모호하고 일반적이며 자세하지 않아 사업이 실제로 야기한 효과에 관한 정보를 수집하는 목적중립평가법(goal-free evaluation)이 유리할 것으로 판단되는가?(유훈, 1986: 348).
⑩ 사업이 사업 참여자들에게 예기치 않은 방식으로 영향을 미치고 있거나 기대하지 않은 부작용을 나타낼 가능성이 있기에, 사업 실시자가 바람직하다고 공식적으로 천명한 효과 이외의 것들도 발견할 수 있는 방법의 사용이 필요한가?
⑪ 양적 평가자료의 수집이 너무나도 일상화되어 있으므로 아무도 그 결과에 대해 더 이상 관심을 보이지 않아 새로운 방법을 사용해 사업에 관한 새로운 통찰력을 자아낼 필요가 있는가?
⑫ 사업에 대해 사적이며 대면적인 접촉을 요구하는 연구 방법을 사용함으로써 평가 과정을 인간화할 필요가 있는가?
⑬ 의사결정자와 평가 결과 이용자가 질적 방법에 의한 평가 결과를 더 선호하는가?
⑭ 의사결정자와 평가자가 사업에 관한 총체론적 기술에서 귀납적으로 도출되는 사업 활동과 효과에 관한 자료에 입각한 이론을 개발함으로써 사업에 대한 이해를 증진시키는 데 관심이 있는가?

한편 양적 시각에 입각한 양적 방법에는 실험적 방법과 그의 변형들 및 비참여 조직적 관찰법, 표준화 면접법 등이 포함되는데, 이들은 모두 표준화된 자극(stimulus)을 사용해 사람들의 모든 경험을 특정한 반응 범주에 국한시킨다는 데 특징이 있다. 이러한 방법을 이용하면 한정된 수의 문제에 대해 많은 응답자의 반응을 측정하는 것이 가능하기 때문에 자료의 비교와 통계적 통합이 용이하다는 장점이 있다.

이와 같이 양 시각과 방법은 서로 각각의 단점을 보완해 줄 수 있는 장점들을 가지고 있기 때문에 다음 단계에서 고려해 볼 수 있는 것은 질적 방법과 양적 방법을 혼용하는 것이다. 필스테드는 양적 시각이나 질적 시각 모두 한정된 양의 현실만을 설명해 줄 뿐이라고 이야기하면서, 평가 연구에서 질적 방법과 양적 방법을 함께 사용할 것을 권고하고 있다(Filstead, 1970: 42).

제 3 절 질적 방법과 양적 방법의 혼용

앞에서도 언급한 바와 같이 최근 들어 평가 과정 전반을 통해 질적 접근 방법과 양적 접근 방법의 장점을 혼합하는 접근 방법이 최적의 것으로 이야기되고 있다(Filstead, 1970: 43). 이러한 방식은 평가에서 추구되는 다양한 목적을 만족시켜 줄 수 있을 뿐만 아니라 각 방법에 의해 얻은 결론의 의미를 더욱 분명하게 알 수 있게 하며, 각 방법들이 가지고 있는 편견을 시정해 주는 장점을 가지고 있다(Reichardt & Cook, 1979: 21-23).

이러한 방법론의 혼합은 다음과 같은 두 가지 방식으로 가능하다. 하나는 다원적 방법론(triangulation)의 사용이고, 다른 하나는 자료와 설계 및 분석 방법을 혼합하는 방식이다(Patton, 1979: 108-117).

덴진(Norman K. Denzin)은 다원화의 유형으로 아래와 같은 네 가지 방식을 제시하고 있다(Denzin, 1978: 108-109).

① 자료의 다원화(data triangulation): 하나의 연구(예컨대 평가 연구)에서 여러 가지 자료의 원천을 사용한다.

② 연구자의 다원화(investigator triangulation): 하나의 연구에서 여러 명의 연구자(혹은 평가자)를 동원한다.

③ 이론의 다원화(theory triangulation): 한 세트의 자료를 해석하는 데 복수의 시각(multiple perspectives)을 동원한다.

④ 방법론의 다원화(methodological triangulation): 하나의 문제 혹은 사업을 연구하기 위해 복수의 방법을 사용한다.

방법론상의 혼합을 이루는 두 번째 방식은 양적 방법론의 전략과 질적 방법론의 전략으로부터 몇 개의 부분을 빌려와 혼용하는 방식이다.

패튼에 의하면, 이념형적 · 질적 방법 전략은 ① 질적 자료, ② 자연주의적 탐색에 기초한 총체론적 · 귀납적 설계, ③ 내용분석 혹은 사례분석의 세 부분으로 구성된다(Patton, 1979: 109).

반면, 이념형적 · 양적 방법 전략은 ① 양적 자료, ② 실험적(혹은 준실험적) 연구설계, ③ 통계분석의 세 부분으로 구성된다. 이 경우 방법론상의 혼합은 이들 양 전략을 구성하는 부분을 서로 혼용하는 것을 의미한다. 예를 들어 실험적 설계를 이용하면서 질적 자료를 수집해 내용분석을 수행한다든지, 자연주의적 연구설계와 질적 자료를 이용하면서 통계분석을 수행하는 등 다양한 조합을 이용할 수 있다.

이와 같이 질적 방법과 양적 방법을 혼용하는 데에는 여러 가지 방식이 있다. 이러한 혼용으로 어느 한쪽 접근 방법에 의존할 경우에 얻을 수 없는 것을 추가적으로 얻을 수 있는 이점이 있다. 그러나 한편으로는 이러한 방법론상의 혼합을 어렵게 만드는 장애 요인이 많이 있다는 사실도 간과해서는 안 된다(Reichardt & Cook, 1979: 25).

양 방법을 혼용하는 데에는 상대적으로 훨씬 많은 비용과 시간이 들게 된다. 이러한 사실은 경우에 따라서는 평가 자체를 불가능하게 하거나 아주 쓸모없는 것으로 만들 수도 있다. 비용 측면에서는 평가예산이 평가 작업을 제대로 지원해 주지 못하기 때문이고, 시간 측면에서는 필요한 정보를 적시에 제공할 수 없기 때문이다. 이러한 비용과 시간 요인 이외에도 이들 양 방법론을 평가에 응용할 수 있도록 훈련된 평가자를 찾기가 쉽지 않다는 것도 평가전략 채택에서 장애 요인으로 작용한다. 그러한 경우 각각의 방법에 정통한 사람들로 구성된 평가단을 이용할 수 있는데, 이 경우에는 평가단이 원만하게 운영되지 못할 우려가 있다.

제 10 장 평가 유형별 평가 방법

이 장에서는 정책평가이론에서 가장 중요한 부분의 하나인 평가 방법을 앞서 언급한 정책평가의 유형별로 알아보고자 한다. 평가 유형별로 적당하다고 판단되는 평가 방법을 논의하는 것은 평가 목적 달성을 위해 적합한 평가 방법을 사용하기 위함이다.

제 1 절 효과평가의 방법

정책·사업의 효과는 발생 시점, 영향 범위, 그 의도 여부, 관찰 가능성 등을 기준으로 여러 가지 조합의 형태가 나타날 수 있음을 앞에서 알아보았다. 여기에서는 효과평가의 방법을 효과성 평가와 총합효과 평가로 나눠 알아본다.

1 효과성 평가의 방법

효과성 평가는 특정의 정책·사업이 의도했던 직접적 목표의 달성 정도를 측정하는 것이다. 효과성 평가의 주요 관심사는 특정의 사업과 목표 달성의 정도 사이의 인과 관계(causal relationship)를 확립하는 것이다. 즉, 어떤 정책·사업의 목표 달성에 해당 정책·사업 이외의 다른 어떤 요인에 기인하지 않고 평가 대상이 되고 있는 특정 사업에만 기인하고 있는지를 밝히고자 하는 것이다.

이곳에서는 효과성과 관련된 양적 목표와 질적 목표가 무엇인지, 특정 정책·사업의 제시된 목표가 양적 또는 질적으로 표현되었을 때 효과성 평가는 어떻게 이뤄질 수 있는지를 살펴보고자 한다. 그런 후에 효과성 평가를 수행하기 위한 평가설계 선택에 관해 알아보고자 한다.

1) 효과성 평가에서의 양적 목표와 질적 목표

정책 또는 사업의 효과성 평가에는 목표 달성의 정도를 발견하는 데 충분할 정도로 명확하게 규정된 사업 목표가 필수적 조건이 된다. 그렇지 않으면 평가자가 어떠한 경로를 거쳐서든 그러한 목표를 찾아내야만 한다. 만일 측정 가능한 목표가 이미 설정되어 있지 않거나 이해관계자 간에 목표에 대한 합의가 이뤄지지 않아 평가자 자신이 해당 사업의 목표를 찾아내야 하는 경우에, 그것이 불가능하다면 아예 처음부터 효과성 평가 노력을 포기하는 것이 현명하다고 하겠다.

사업 목표의 설정은 본질적으로 정책결정자의 전유물로 정치적 이유를 포함해 여러 가지 이유로 말미암아 그러한 목표는 모호하게 규정되는 것이 일반적이다(Dror, 1968: 136-137). 이러한 상황이 사업의 효과성 평가를 시도할 때 당면하게 되는 가장 어려운 문제가 된다.

평가 대상이 되는 사업 목표가 명확하게 규정된 경우라도 우리는 대체로 두 가지의 목표 표현 유형을 발견할 수 있다. 이러한 유형에 따라 다른 평가의 기법이 이용될 수 있기 때문에 목표 설정 유형을 구별하는 것은 매우 중요한 일이 된다. 사업 목표는 양적으로 표현하는 방식과 과거를 기준으로 삼아 더 나은 방향으로의 이행만을 명시하는 질적인 표현 방식으로 구분된다.[1] 이들을 예시하면 아래와 같다.

---

1) 이 밖에도 성패의 여부를 분명히 파악할 수 있게 하는 이원 목표(binary objectives; 예: 교량의 준공)가 있으나, 논의와 관련해서는 그것의 중요성이 별로 없다고 생각되어 이곳에서는 다루지 않기로 한다.

〈양적 목표(quantitative objectives)〉

① 전국에 있는 학군 간의 지출상의 불균등을 2020년까지 10% 이내로 감소시킨다(교육세제 채택사업의 경우).

② 불량주택에 거주하는 세대의 수를 2020년까지 20% 감소시킨다(임대주택 건설에 대한 국고보조 제공사업의 경우).

③ 가장의 실업률을 2020년까지 20% 감소시킨다(인력훈련 제공사업의 경우).

〈질적 목표(qualitative objectives)〉

① 학군 간 지출상의 불균등 감소

② 불량주택 거주 세대 수의 감소

③ 가장의 실업률 감소

이와 같이 상이한 방식으로 정책・사업의 목표가 표현되었을 때 그의 효과성을 어떻게 측정할 것인가? 다음에서는 목표가 양적으로 표현되었을 경우에 적용 가능한 평가설계(평가설계 Ⅰ)와 목표가 질적으로 표현되었을 경우에 적용 가능한 평가설계(평가설계 Ⅱ에서 평가설계 Ⅴ까지)에 대해 알아본다.

2) 양적 목표 하에서의 효과성 평가

【평가설계(Ⅰ): 실적 대 계획의 비교】

이 경우에는 목표의 달성 정도를 나타내 주는 다음과 같은 비율이 이용된다(Deninston, Rosenstock, & Getting, 1968: 333-334).

> 정책・사업의 효과성 = 정책・사업에 귀속되는 순목표 달성 ÷ 정책・사업을 통해 달성하고자 계획되었던 목표 달성 = (평가 당시의 목표 상태－정책・사업이 없다고 가정했을 때의 목표 상태 예측치) ÷ (계획된 목표 달성－정책・사업이 없었다고 가정했을 때의 목표 상태 예측치)

여기에서 주의해야 할 것은 효과성이 단순히 현재의 목표달성도와 계획된 목표달성도를 비교함으로써 얻어지는 것은 아니라는 점이다. 왜냐하면 정책・사업 이외의 요인이 목표에 미친 효과를 고려하지 않는 셈이 되기 때문이다. 그러므로 정책·사업이 시행되지 않은 상태에서도 나타날 수 있는 목표 달성 예측치를 양 항목 각각에서 뺀 후 그들을 비교하는 것이 타당한 효과성 측정 방법이 된다.

정책·사업이 없었다고 가정했을 때의 목표 달성 예측치는 어떻게 측정할 것인가? 가장 확실한 방법은 통제집단(control group)이나 정책·사업의 혜택을 받았던 집단, 즉 실험집단(experimental group)을 사용하는 것이다. 통제집단을 사용하는 것은 정책·사업에 귀속시킬 수 있는 성과를 판단할 때 그 신뢰도를 최대화해 줄 것이기 때문이다. 그러나 통제집단 사용이 언제나 가능한 것만은 아니다. 특히 사회적 성격의 정책·사업의 경우가 그렇다. 왜냐하면 동일한 여건에 처해 있는 정책 대상집단(target groups) 중에서 어떤 집단은 혜택을 받게 되고, 또 다른 집단은 수혜 대상에서 제외되어야 하는 이유로 사회 윤리적 문제가 야기될 수 있기 때문이다. 이러한 경우에는 비교집단 사용이 불가피하다.

〈평가 절차〉

평가설계(Ⅰ)을 이용할 경우에 거쳐야 할 단계는 아래와 같다.

① 계량적으로 표현된 정책·사업 목표의 확인: 이 단계에서는 평가 기준(evaluation criterion) 혹은 효과성의 척도(measures of effectiveness),[2] 달성하고자 하는 목표치(target), 계획 기간 등을 확인한다.

② 계획 기간 동안에 달성된 실적치 확보: 이 단계에서는 앞 단계에서 계획한 효과성의 척도상 실적치를 얻는다. 물론 이 실적치는 특정한 계획 기간에 성취한 것이어야 한다.

③ 실제치와 목표치의 비교: 이 단계에서는 앞에서 제시한 공식에 따라 실적치와 목표치를 비교함으로써 효과성 측정을 위한 지표 값을 얻는다.

④ 실적치에 영향을 미친 요인들이 야기한 효과의 고려: 이 단계에서는 평가 대상정책이나 사업 이외의 요인이 효과성의 척도에 미친 효과를 계산해 위 ③에서 얻은 효과성 지표 값을 조정한다.

2) 평가 기준 혹은 효과성의 척도란 정책이 추구하는 목표의 달성 정도를 나타내주는 데 이용될 지표들(indicators)을 말한다.

〈예시〉

어느 예방접종사업에서 주민의 질병에 대해 면역성 90%가 목표로 정해졌다고 가정하자. 예방접종을 실시한 후 평가를 실시해 본 결과 실제로는 80%만이 면역되었으며, 그중에서도 40%는 예방접종사업 이외의 다른 활동(예: 의사와의 상담 등)에 의해 면역되었다고 가정하자. 이 경우 예방접종사업의 효과성은 다음과 같이 계산될 수 있다.

$$\frac{(80-40)}{(90-40)} = \frac{40}{50} = 80\%$$

3) 질적 목표 하에서의 효과성 평가

앞에서 살펴본 바와 같이 목표가 질적으로 표현되었다는 것은 비록 그것이 양적으로 표현되지는 않았다 하더라도 목표의 달성 정도를 측정할 수 있을 정도로 명백한 목적과 소망스러운 변화의 방향이 분명한 경우를 말한다. 이러한 경우의 사업에 대한 효과성 측정은 과거의 일정 시점 혹은 경향치를 기준으로 삼아 효과성의 척도상에 바람직한 방향으로 '중요한' 변화가 야기되었는가를 검토함으로써 이뤄진다.

여기에서 중요한 변화란 두 가지로 생각해 볼 수 있다. 하나는 '통계적으로 유의한(statistically significant)' 변화이며, 다른 하나는 '실질적으로 유의한(practically significant)' 변화이다. 전자는 사전에 정해진 유의 수준(level of significance; 예: $\alpha=0.05$ 혹은 0.01)을 이용한 통계적 검증에서 변화의 정도가 유의성을 가지고 있는 것으로 평가된 경우이며(Chou, 1969: 306-307), 후자는 정책평가의 결과를 이용하는 정책결정자나 사업관리자의 입장에서 판단한 의미 있는 변화를 말한다(노화준, 1986: 81-83; Crane, 1982: 15-16; Posavac & Carey, 1985: 178-179). 이제까지는 주로 전자에 입각해서 정책·사업의 성패를 판단해 왔으나 근래에 들어서는 후자에 의한 판단의 중요성이 대두되고 있다.

어떠한 경우이건 효과성 척도상에 나타난 변화가 다른 어떤 요인에 의해 야기된 것이 아니라 평가 대상인 정책·사업의 결과라는 점을 결정하는 것이 중요하다.

이를 위해서는 여러 가지 평가조사 방법(evaluative research methods)이 이용될 수 있다. 한 가지 염두에 두어야 할 것은 좀 더 정확하고 이상적으로 효과성을 측정해 줄 수 있는 평가설계가 이뤄질수록 더 많은 시간과 비용이 소요된다는 것이다. 그러므로 평가설계의 선택은 여러 가지 요인을 감안해 이뤄져야만 한다.

아래에서는 목표가 질적으로 표현되었을 경우의 효과성 평가를 소요되는 비용이 적은 평가설계에서 큰 설계의 순서로, 또한 미약한 설계에서 강력한 설계의 순서로 네 가지의 평가설계를 제시하고자 한다(Hatry, Winnie, & Fisk, 1973: 63).

【평가설계(Ⅱ): 정책 실시 전·후의 비교】

이 설계에서는 하나의 정책 대상집단의 상태를 두 시점, 즉 정책 실시 직전과 실시 후 적당한 시간이 경과한 시점에서 측정해 이를 비교한다. 이를 간단히 나타낸 것은 [그림 10-1]이다.

그림 10-1 평가설계(Ⅱ)의 도시

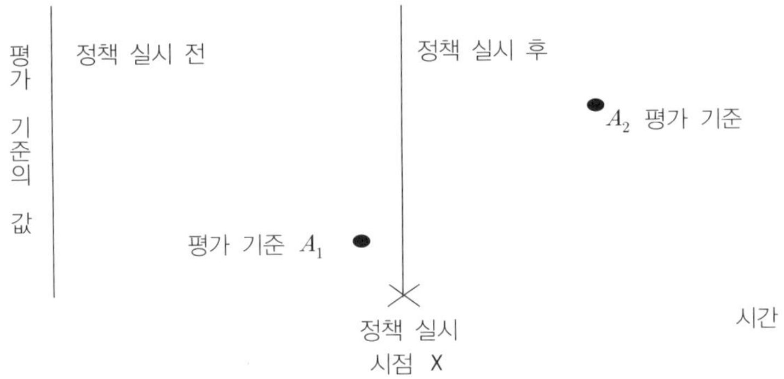

$A_2 - A_1$ = 정책 효과의 개략치
A_1 = 정책 실시 직전에 측정된 A라는 효과성 척도(평가 기준)의 값
A_2 = 정책 실시 후에 측정된 A라는 효과성 척도의 값

캠벨(Donald Campbell)과 스탠리(Julian Stanley)는 이와 같은 설계를 전실험설계(pre-experimental designs)[3]의 하나로 분류하고, 단일집단 전·후 검사설계(one

3) 실험이전설계를 의미하는 전실험설계를 원시실험설계로 번역 사용하기도 한다.

group pretest post-test design)라고 부르고 있다. 이 평가설계에서는 정책 실시 후에 측정된 평가 기준(들)의 값에서 정책 실시 전에 측정된 평가 기준(들)의 값을 뺀 차이($A_2 - A_1$)를 정책의 효과로 간주한다. 그러나 이 설계를 이용해서 얻은 정책의 효과를 진정한 정책의 효과라고 받아들이는 데는 문제가 많다. 왜냐하면 통제되지 않은 여러 외적 변수(extraneous variables; 예: 역사적 사건 · 성숙 요인 · 조사도구 등)의 영향을 알 수 없기 때문이다(Campbell & Stanley, 1963: 7-9). 다시 말하면 이 평가설계는 내적 타당도(internal validity)[4]를 저해하는 여러 요인에 대해 무방비 상태에 있기 때문에 정책의 효과를 측정하는 데 가장 취약한 설계라고 할 수 있다.

이와 같은 제약점에도 불구하고, 경우에 따라서는 이 평가설계가 가장 현실적인 방법일 수도 있다(Hatry, Winnie, & Fisk, 1973: 43). 그 이유로는

첫째, 이용 가능한 시간과 인적 자원이 제한되어 있을 때이다. 이러한 상황에서 고도로 세련된 평가설계를 고집하는 것은 평가 노력을 포기하겠다는 것과 같은 이야기이기 때문이다.

둘째, 정책 또는 사업의 존속 기간이 짧고 그의 범위가 좁은 때이다. 이러한 상황에서는 평가 기준에 영향을 미칠 수도 있는 정책 · 사업 이외의 요인들이 작용할 가능성이 적기 때문이다.

셋째, 측정되는 평가 기준의 값이 오랫동안 상당히 안정적이었고, 또 평가 기간 중에도 그러한 안정성이 유지될 것으로 생각될 때이다. 이러한 안정성이 정책의 실시를 계기로 파괴되었다면, 우리는 그것을 정책에 기인된 것으로 간주할 수 있을 것이기 때문이다.

〈평가 절차〉

평가설계(Ⅱ)를 이용할 경우에 거쳐야 할 단계는 다음과 같다(Hatry, Winnie, & Fisk, 1973: 41-43).

① 해당 정책 · 사업 목표의 확인: 앞에서도 언급한 바와 같이 정책 · 사업 목표

4) 여기에서 말하는 내적 타당도란 측정된 정책 효과가 다른 요인들이 아닌 평가 대상 정책에 의해서만 야기된 것이라고 볼 수 있는 정도를 의미한다. 여기에 관한 자세한 내용은 Campbell & Stanley, 1963: 5-7 참조.

의 설정은 정책결정자의 기능이며, 평가자는 설정된 목표를 찾아내는 기능을 수행한다. 그러나 명시적으로 천명된 목표를 발견하기란 쉬운 일이 아니기 때문에 평가자의 창의적인 노력이 필요하다. 정책 목표를 발견하는 데 실마리를 제공할 수 있는 원천들로서는 개별 법률, 공청회 회의록, 사업관리자, 정책결정자와 같은 것을 지적할 수 있다(Hatry, Winnie, & Fisk, 1973: 35-37).

② 정책·사업 목표에 상응하는 평가 기준의 개발: 하나의 정책·사업을 실시하면서 하나 이상의 목표를 추구하는 것이 일반적이다. 이처럼 하나의 목표에 대해 그 달성 정도를 측정하기 위해 사용될 수 있는 척도 또한 하나 이상일 필요가 있다. 왜냐하면 정책이 야기하게 되는 효과는 매우 다양하기 때문이다. 평가 기준을 개발할 때 한 가지 주의를 요하는 것은 어떤 기준이 측정하기가 어렵다는 이유로 제외되어서는 안 된다는 점이다. 즉, 평가 기준의 개발은 그것의 측정 가능 여부와 관계없이 이뤄져야 하며, 개발된 기준은 여러 가지 방법(예컨대 주관적이고 질적인 방법)을 동원해 이를 측정하도록 노력이 이뤄져야 하기 때문이다.

③ 정책 실시 이전의 이들 기준들에 대한 값(A_1)의 획득

④ 정책 실시 이후 기간 동안의 이들 기준에 대한 값의 획득

⑤ 정책에 의해 야기된 변화를 측정하기 위한 정책 실시 전·후의 자료 비교

⑥ 그러한 변화를 설명해 줄 수 있는 다른 가능한 요인의 검토: 만일 그러한 요인이 있는 경우는 사전·사후의 자료에 대한 그 효과를 계산하거나 적어도 평가 결과를 제시할 때 그러한 요인을 밝혀야 한다. 이러한 검토는 등한시되기 쉬우나 신빙성 있는 평가설계를 하기 위해서는 매우 중요한 일이다.

〈예시〉 1971년 미국 워싱턴에서 행한 거리청소작업 평가(Operation Clean Sweep Evaluation; Hatry, Winnie, & Fisk, 1973: 43-44)

① 사업 내용: 집중적인 거리 청소

② 사업 기간: 9주

③ 평가 기준: 거리의 청결도

④ 평가설계: 사업 실시 전·후의 비교

⑤ 자료 수집 방법(시각에 의한 견제, 시민들의 지각조사)

【평가설계(Ⅲ): 추세치와 실제치의 비교】

이 설계에서는 정책 실시 후의 평가 기준에 관한 자료와 과거 수개의 자료에 기초한 추세치를 상호 비교해 정책이 초래한 변화를 계산한다. 이를 간단히 나타낸 것이 [그림 10-2]이다.

그림 10-2 평가설계(Ⅲ)의 도시

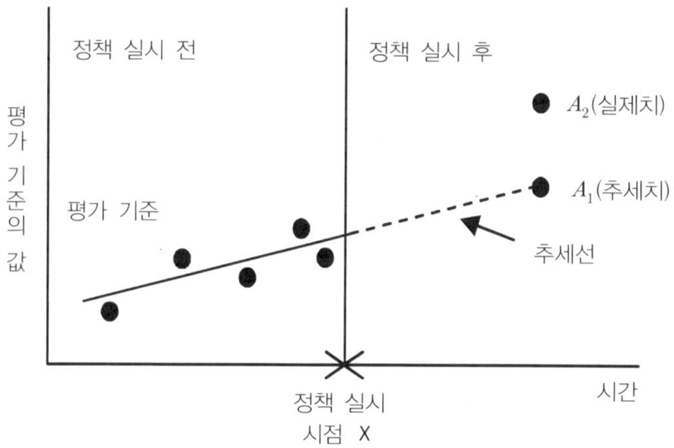

$A_2 - A_1$ = 정책 효과의 개략치

A_1 = 정책 · 사업이 도입되지 않았을 경우 각 평가 기준이 취할 것으로 예상되는 값(추세치)

A_2 = 정책 · 사업이 도입되어 평가 시점에서 측정된 평가 기준의 값(실제치)

캠벨과 스탠리는 이러한 설계를 준실험설계(quasi-experimental designs)의 하나로 분류하고, 시계열실험(time series experiment)이라고 부르고 있다(Campbell & Stanley, 1963: 37-43). 이 평가설계에서는 평가 시점에서 측정된 각 평가 기준의 값(A_2: 실제치)에서 실험변수인 정책 · 사업이 도입되지 않았을 경우에 각 평가 기준이 취할 것으로 예상되는 값(A_1: 추세치)을 뺀 차이를 평가 대상 정책 · 사업의 효과로 간주한다. 즉, 새로운 정책의 도입과 더불어 과거의 추세상에 어떤 뚜렷한 변화가 야기되었다면, 그러한 변화를 정책의 효과로 간주하는 것이다.

이 설계는 평가설계(Ⅱ)보다는 내적 타당도 면에서 훨씬 우수한 것으로 이야기되고 있다(Posavac & Carey, 1985: 208). 그 이유로는 정책의 실시 이전과 이후 사이에 나타날 수 있는 성숙 요인의 효과를 추적할 수 있어서 정책의 효과와 성숙 요인의 효과를 혼동할 가능성이 훨씬 줄어들기 때문이다. 또한 시계열설계를 이용하면 한 번이나 두 번에 걸쳐 측정한 결과에 따라 평가하는 경우보다 역사적 사건의 효과를 훨씬 쉽게 파악할 수가 있다. 따라서 정책의 효과와 역사 요인의 효과를 구별하는 것이 가능하기 때문이다.

이러한 평가설계는 새로운 정책·사업이 도입되지 않는 한 평가 기준의 상향 추세나 하향 추세가 계속될 것처럼 보일 때 적용하는 것이 적절하다. 만일 과거의 자료들이 아주 불안정할 경우에는 통계적 방법에 의해 추세치를 구하는 것이 별로 의미 없는 일이 될 것이다. 또한 이 설계의 사용에는 평가 기준(들)에 관한 과거의 자료가 풍부해야 된다는 것이 전제되어야 한다.

〈평가 절차〉

① 해당 정책·사업 목표의 확인

② 목표에 상응하는 평가 기준(효과성의 척도) 발견

③ 정책·사업 실시 이전과 이후의 여러 시점에서의 각 평가 기준에 관한 자료 획득

④ 여러 통계적인 방법과 정책·사업 실시 이전 기간에 얻은 자료를 사용해 평가 시점에서의 평가 기준의 값을 예측

⑤ 정책·사업으로부터 야기된 변화의 양을 얻기 위해 실제치와 예측치 비교

⑥ 그러한 변화를 설명해 줄 수 있는 정책·사업 이외의 다른 가능한 요인의 검토. 만일 그러한 요인이 존재한다면, 그것이 정책의 효과에 미친 영향이 어느 정도인지를 측정하거나 그렇지 않으면 평가 결과를 제시할 때 그러한 요인도 함께 제시

〈예시〉 인디애나폴리스에서 시행한 경찰차량 이용계획의 평가(Fisk, 1970: 8-10)

① 사업 내용: 경찰차라고 표시된 승용차를 경찰관들이 상시(출퇴근 시 포함) 이용

② 사업 기간: 6년

③ 평가 기준: 사업의 결과로 억제될 가능성이 많다고 생각되는 여러 유형의 범죄(경범죄 · 강도 · 차량 도난 · 절도) 건수

④ 평가설계: 시계열설계

⑤ 자료분석: 사업 실시 이전 6개년 간에 걸친 자료에 입각해 추세치를 구한 후 이것과 새로운 사업 실시 이후에 일어난 범죄율 비교

【평가설계(Ⅳ): 정책 실시 지역(또는 집단)과 미실시 지역(또는 집단)과의 비교】

이 설계에서는 정책 · 사업이 실시되는 지역이나 대상집단에서의 평가 기준의 값과 사업이 실시되지 않은 유사한 지역이나 집단에서의 값을 비교한다. 이를 간단히 나타내면 [그림 10-3]과 같다.

그림 10-3 평가설계(Ⅳ)의 도시

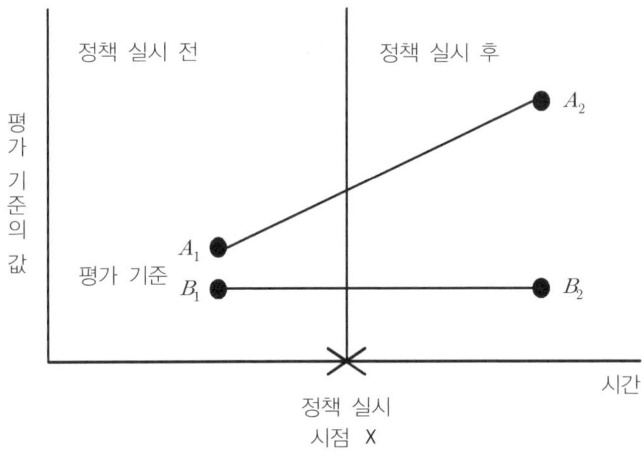

$(A_2 - A_1) - (B_2 - B_1)$ = 정책 효과 개략치

A 지역에서는 정책이 실시

B 지역에서는 정책 실시 안 됨(즉 비교 지역).

[그림 10-3]에서, 정책 · 사업 실시 전 두 집단의 평가 기준이 서로 다른 값($A_1 \neq B_1$)을 가진 것으로 나타난 것은 이를 두 집단이 유사하기는 하나 동일한 속성을

가지고 있지는 않기 때문이다. 이러한 경우 집단 B를 비교집단(comparison group)이라고 한다. 캠벨과 스탠리는 이 설계를 비동질적 통제집단설계(non-equivalent control group design)라고 부르고 있는데, 그들은 뒤에 설명할 진실험설계의 사용이 불가능한 경우 이 설계의 사용을 권할 정도로 중요시하고 있다.

이러한 평가설계의 주된 목적은 정책·사업과 그것의 실시 이후에 나타난 효과 사이의 인과 관계를 살펴보고자 하는 데 있다. 그러나 정책 대상집단(target group)이나 비교집단에의 소속이 무작위로(randomly) 이뤄지지 않기 때문에, 그러한 인과 관계에 관한 진술이 상당한 정도로 약화될 수밖에 없다(United States GAO, 1984: 33-34).

〈평가 절차〉

① 해당 정책 목표의 확인
② 목표에 상응하는 평가 기준(효과성의 척도) 발견
③ 정책이 실시되지 않은 지역 중에서 정책이 실시된 지역과 유사한 지역을 발견(혹은 그 지역 내에서 정책의 혜택을 받지 못하는 인구집단을 발견)
④ 정책의 실시 이전부터 평가 시점까지 각 지역에서의 각 평가 기준에 관한 자료 획득
⑤ 정책이 실시된 지역(혹은 집단)과 실시되지 않은 지역(혹은 집단)에서의 평가 기준치 변화의 비교(변화율과 변화의 양의 양자를 비교함이 필요)
⑥ 그러한 변화를 설명해 줄 수 있는 정책·사업 이외의 다른 가능한 요인의 검토. 만일 그러한 요인이 존재한다면, 그것이 정책의 효과에 미친 영향을 측정하거나 적어도 평가 결과를 제시할 때 그러한 요인도 함께 제시

〈예시〉 코네티컷 주의 과속규제사업의 평가(Hatry, Winnie, & Fisk, 1973: 51-53)

① 사업 내용: 1955/1956 회계연도에 코네티컷 주가 엄격한 과속규제사업 실시
② 사업 기간: 3년(1959년 이후의 실시 여부는 미확인)
③ 평가 기준: 교통사고 사망률(fatality rate)(인구 100,000명당 교통사고 사망자 수)
④ 평가설계: 정책 실시 지역과 미실시 지역의 비교
⑤ 자료분석: [그림 10-4] 참조

• 사업의 실시와 더불어 교통사고에 의한 사망자 수가 줄어드는 것으로 나타남. 그러나 평가자들은 다른 요인들(예: 향상된 차량 안전성, 안전에 관한 전국적 광고, 기후 조건 등)이 그러한 감소를 가져왔을 가능성을 배제하지 않음.
• 이를 검증하기 위해 코네티컷 주의 교통사고 사망률을 인접해 있는 네 개 주의 그것과 비교함.
• 비교 결과 코네티컷 주의 교통사고사망률이 인접한 주들에서 나타난 것에 비해 상대적으로 감소된 것을 알 수 있었음. 따라서 그러한 감소는 엄격한 과속규제사업 실시에 의해 영향을 받은 것으로 판단함.

그림 10-4 코네티컷 주와 인접 주의 교통사고 사망률(100,000명당)

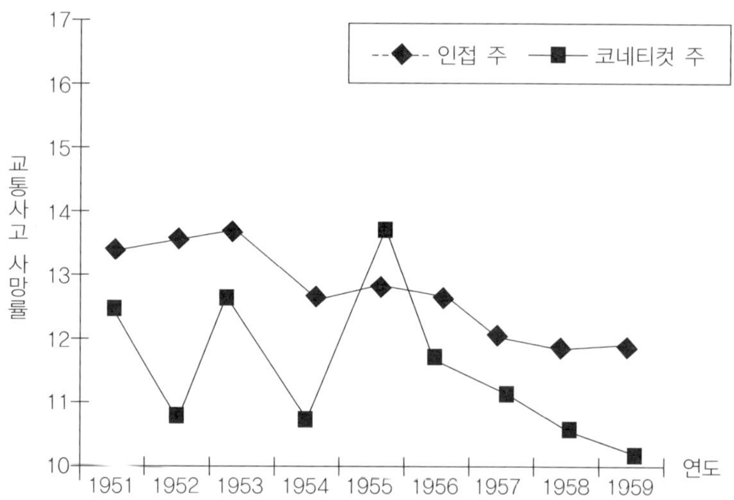

자료: Donald Campbell & Lawrence Ross, "The Connecticut Crack down on Speeding", *Law and Society Review*, Vol. III, No.1(August 1968), p.44; Harry Hatry et al., 1973: 530에서 재인용.

【평가설계(Ⅴ): 통제된 실험】

통제된 실험설계는[5] 평가 대상 정책과 그것이 야기한 효과 사이의 인과 관계를

5) 캠벨과 스탠리(Campbell & Stanley, 1963: 13-24)는 통제된 실험을 사전·사후 통제집단설계(pretest posttest-control group design)라고 부르며, 진실험설계(true experiment designs) 중 가장 기본적인 설계로 취급하고 있다.

발견하는 데 가장 적절한 설계이다. 그러나 이것은 수행하기가 가장 어렵고 비용이 많이 드는 설계이기도 하다. 여기에서는 실험집단(experimental group: 정책의 잠재적 대상으로서 실제로 정책 실시의 대상이 된 집단)과 통제집단(control group: 정책 실시의 잠재적 대상이긴 하나 실제로는 정책이 적용되지 않은 집단)에 나타난 평가 기준의 변화를 체계적으로 비교함으로써 정책의 효과성을 측정한다. 이와 같은 평가설계를 이용하기 위해 정책의 실시 이전부터 자료 수집을 위한 치밀한 계획이 요구된다. 이 평가설계를 간단히 나타내면 [그림 10-5]와 같다.

이 설계에서는 정책 실시 이전에 측정된 실험집단과 통제집단의 평가 기준의 값은 유사하다고 가정할 수 있다. 왜냐하면 이 설계에서는 앞의 평가설계(Ⅵ)와는 달리, 양 집단에의 소속이 무작위로 이뤄지기 때문이다. 그러므로 만일 정책 실시 이후 실험집단이 통제집단보다 평가 기준상에서 훨씬 더 많은 향상을 시현했다면, 그것은 평가 대상 정책에 기인한 것으로 판단할 수 있다.

그림 10-5 평가설계(Ⅴ)의 도시

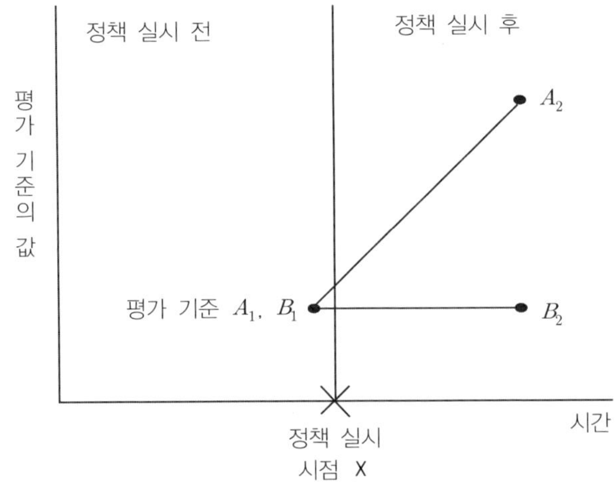

$(A_2 - A_1) - (B_2 - B_1) = A_2 - B_2 (\because A_1 = B_1)$ = 정책 효과 개략치
실험집단 A에서는 정책이 실시됨.
통제집단 B에서는 정책이 실시되지 않음.

〈평가 절차〉

① 해당 정책·사업 목표의 확인

② 목표에 상응하는 평가 기준(효과성의 척도) 발견

③ 실험집단과 통제집단의 구성: 이 경우에 누가 정책 대상집단의 실험집단에 배정되고 통제집단에 배정되는가 하는 것은 무작위로(randomly) 결정. 즉 대상집단의 모든 사람이 양 집단 중의 어느 하나에 배정될 확률은 동일

④ 평가 기준을 사용해 각 집단의 정책 실시 이전의 업적(혹은 상태)을 측정

⑤ 실험집단에만 정책 실시

⑥ 실험의 운영을 점검해 효과성 평가의 결과를 왜곡할 수 있는 어떤 행태가 일어나고 있는지를 살핌.[6] 만일 그런 행태가 발견될 때에는 가능하면 이를 바로 시정하고, 만일 그러한 시정이 불가능할 때에는 그러한 행태가 평가 결과에 미칠 영향을 계산

⑦ 평가 기준을 사용해 각 집단의 정책 실시 이후의 업적을 측정

⑧ 사전·사후의 변화를 비교

⑨ 두 집단 간의 차이를 설명해 줄 수 있는 정책 이외의 다른 요인을 탐색. 사실 위의 세 번째 단계에서 요구된 무작위 배정(random assignment)이 다른 요인들의 영향을 상당한 정도로 배제하지만, 실험 중에 일어나는 어떤 사건이 우연하게 특수한 방법으로 한 집단에는 영향을 미치고 다른 집단에는 영향을 미치지 않을 수도 있음.

〈예시〉 고조도 가로등 설치사업의 평가

① 사업 내용: 거리를 밝게 히기 위해 A지역에 종전보다 훨씬 밝은 가로등을 설치하고 B지역은 종전대로 유지

② 사업 기간: 6개월(혹은 1년)

③ 평가 기준: 범죄율, 교통사고율

④ 평가설계: 통제된 실험

⑤ 자료분석:

6) 이러한 진술은 정책 실시 과정의 정확성에 관한 확증이 없는 경우, 효과성 평가에 앞서 정확성 평가를 먼저 실시하는 것이 순서라는 입장을 뒷받침해 준다.

- 사업 실시 전 A지역과 B지역에서의 범죄율과 교통사고율 조사
- 사업 실시 후 A지역과 B지역에서의 범죄율과 교통사고율 조사
- ①과 ②의 결과를 비교해 고조도 가로등 설치사업이 범죄율과 교통사고율에 미친 효과를 평가

4) 효과성 평가를 위한 평가설계의 선택

앞에서 제시된 설계들은 어느 것을 아무 때나 사용할 수 있는 것이 아니다. 본질적으로 평가설계의 선정은 ① 평가의 시기, ② 평가에 이용할 수 있는 자금, ③ 요망되는 정밀도(accuracy)에 따라 좌우된다(Hatry, Winnie, Fisk, 1973: 69). 예를 들어, 사업계획이 이미 실시 중인 경우에는 평가설계(Ⅴ)(통제된 실험설계)는 채택할 수 없다. 그리고 평가에 소요되는 비용 면에서 보면, 평가설계(Ⅴ)가 가장 많은 비용이 소모되며 설계(Ⅰ)~(Ⅳ)까지는 비교적 낮은 비용으로 평가 업무를 수행할 수 있다. 그러나 평가설계의 유효도 면에서 보면, 반대로 평가설계(Ⅴ)가 가장 강력하다.

해트리 등은 평가설계의 선택과 관련하여 아래와 같이 권고하고 있다(Hatry, Winnie, & Fisk, 1973: 69-70).

① 가능한 한 효과성 평가에 가장 엄밀한 평가설계(Ⅴ)를 활용해야 한다.

② 평가설계(Ⅴ)를 이용할 수 없는 경우에는 평가설계(Ⅱ)·(Ⅲ)·(Ⅳ)를 함께 이용하는 것이 바람직하다. 즉, 먼저 효과성 척도들에 대한 사전·사후의 값을 살펴본 후 과거의 자료가 있는 경우에는 선택된 척도들에 대한 추세치를 구해 본다. 그 다음에 사업이 실시되지 않은 지역이나 주민 중 사업이 실시된 지역이나 주민 집단과 유사한 지역이나 주민집단을 찾아본다. 이들 결과를 종합해서 결론을 도출한다.

③ 평가설계(Ⅱ) 하나만을 이용하는 일은 예외적인 경우를 제외하고는 피해야 한다. 평가설계의 유효도가 가장 낮기 때문이다.

④ 개별적인 평가 척도들에 대한 목표치가 설정되어 있는 경우에는 평가설계(Ⅰ)을 광범위하게 이용하는 것이 좋다.

2 총합효과 평가의 방법

총합효과 평가의 목적은 특정의 정책 · 사업이 의도했던 직접적 및 간접적 효과뿐만 아니라 의도하지 않았던 긍정적 · 부정적 효과를 모두 검토함으로써 평가의 대상이 되어 있는 정책 · 사업의 성공 여부에 대한 총체적인 판단 자료를 얻고자 하는 데 있다.

총합효과 평가에 대한 기존의 접근 방법을 살펴보면 대체로 앞에서 제시한 효과성 평가의 두 번째 범주, 즉 정책 · 사업의 목표가 질적으로 표현된 경우의 효과성 평가 방법에 의존하고 있음을 알 수 있다. 그러나 이러한 방법의 약점은 그것이 의도하지 않았던 효과의 고려를 강조하면서도 조사설계에서는 직접적으로나 간접적으로 그것을 측정할 수 있는 장치를 마련해 놓고 있지 않는 데 있다.

여기에서는 정책 · 사업의 총합효과를 평가하는 데 사용할 수 있는 기법으로 전문가에 의한 평가와 여론조사를 제시하고자 한다.

1) 전문가에 의한 평가

이 방법에서 먼저 시도해 볼 수 있는 것은 총체적 순효과를 다음과 같은 공식에 의해 계산하는 것이다.

총체적 순효과 = 효과성 + 의도했던 간접적 효과
±의도하지 않았던 모든 직접적 · 간접적 효과

그 다음 위 공식에 의거해 얻은 순효과에 대해 전문가의 의견을 묻는다. 즉, 평가 대상 정책이나 사업이 야기한 총체적 순효과가 가치 있는(worthwhile) 것이며, 또한 만족스러운 정도인지를 결정하도록 한다. 이것은 통계적으로 유의한지를 결정하는 것이 아니라 실질적으로 유의한지의 여부를 묻는 것이다. 이때 전문가의 범주에는 평가 대상이 되어 있는 특정한 정책 분야의 전문가로서 그 분야의 정책결정자와 사업관리자 및 그 분야를 주로 연구하는 전문연구자와 학자를 들 수 있을 것이다.

그러나 그러한 총체적 순효과의 계산은 이론적으로는 가능할지 모르나, 실제로는 거의 불가능할 것이다. 그렇기 때문에 아래와 같은 전문가 평가법을 생각해 볼 수 있다. 즉, 평가 대상이 되고 있는 정책이나 사업 분야의 전문가를 자문요원으로 채용해 그(들)로 하여금 정책이나 사업의 총합효과를 측정하도록 하는 것이다. 이 경우 전문가는 위의 경우와는 달리 해당 분야의 전문연구자와 학자만을 포함하는데, 이들은 현지 방문을 통해 필요한 정보를 수집하는 것이 일반적이다(Rossi & Freeman, 1982: 257-261).

총합효과 평가를 위한 전문가 평가법에서는 전적으로 전문가의 지식과 기술에 의존한다. 따라서 그러한 판단의 유용성과 타당성, 나아가 그들을 활용한 평가의 가치도 그들의 전문지식과 그 분야 지식의 발전 정도에 좌우된다고 하겠다.

전문가들이 사업의 총합효과를 측정하기 위해 실제로 어떠한 절차를 채택하는가는 전문가에 따라 상당한 차이가 있을 수 있다. 그러나 대체로 ① 사업 기록의 검토(사업의 규모, 사업 참여자의 유형 등을 파악), ② 사업 실시 상황의 관찰, ③ 사업 참여자와의 면담, ④ 사업 관리자와의 면담, ⑤ 사업 실시자와의 면담, ⑥ 기타 사업 관련자들(경쟁적 사업 관리자, 지방의 유지, 공무원 등)과의 면담과 같은 모든 방법이 종합적으로 채택될 수 있다.

2) 여론조사

여기에서는 평가 대상인 정책이나 사업에 대해 조사 대상자들이 느끼는 감정이나 만족도를 묻는 조사가 이뤄진다. 즉, 조사 대상자들에게 문제의 정책이나 사업의 공과에 대해 총체적으로 판단한 결과를 제시하도록 요구한다. 그러므로 이러한 여론조사에는 평가 대상이 되는 정책이나 사업에 대해 직접적으로나 간접적으로 영향을 받았던 모든 집단이 적절하게 대표되는 것이 바람직하다.

제 2 절 능률성 평가의 방법

능률성 평가는 산출과 투입의 비율을 측정하는 내적(혹은 운영상의) 능률성 평가와 정책 효과 대비 투입 비율을 측정하는 외적(혹은 종합적인) 능률성 평가로 나눌 수 있다. 여기에서는 능률성 평가 방법을 내적 능률성과 외적 능률성을 측정하는 방법으로 나눠 살펴보고자 한다.

1 내적 능률성 평가 방법

내적 능률성을 측정하기 위한 수단으로서의 비용·편익평가법에서는 정책이나 사업계획의 실시 결과로 얻은 산출과 그것을 실시하기 위해 투입된 비용을 공통의 단위(예: 금전)로 환산해서 그 비율이나 차이를 구한다. 그러므로 여기에서는 공통의 단위로 표현된 산출 자체를 편익으로 보는 것이다. 정책이나 사업계획의 집행 결과로 얻은 산출은 공공의 재화와 용역 그 자체가 된다.

따라서 [총산출÷총투입>1]이거나 [순산출, 즉 총산출－총비용>0]이면 해당 정책이나 사업을 능률적이라고 판단한다.

내적 능률성 평가법으로서의 비용·편익평가에서 가장 중요한 일은 비용과 편익의 항목을 찾아내어 그들 각각에 가치를 부여하는 일이다. 여기에서의 편익 항목은 산출 그 자체이기 때문에 문제되는 각 정책이나 사업계획에 따라 다양할 수 있다. 이를 파악하는 일은 매우 용이하다. 왜냐하면 그것들은 객관적으로 관찰 가능하기 때문이다. 아마도 정책의 집행부서 중에서 이러한 자료를 보관하고 있지 않는 경우는 찾아보기 어려울 것이다. 그러므로 이곳에서는 비용의 항목 및 산출에 대한 가치 부여에 관한 문제만을 다루고자 한다.

1) 비용의 요소

평가 대상인 정책과 사업에 투입되는 비용에는 ① 1회의 고정비용, ② 투자비, ③ 순환비용이 포함된다(Hatry, Winnie, & Fisk, 1973: 89). 이들 항목에 포함될 수 있는 세부 항목은 다음과 같다.

(1) 1회의 고정비용

① 연구조사비

② 기획비

③ 검정 및 평가비

(2) 투자비

① 토지비

② 건물 및 시설비

③ 장비 및 차량비

④ 최초 훈련비

(3) 순환비용(운영 · 유지비)

① 인건비(봉급 · 임금 및 특별급여)

② 장비 · 차량 · 건물의 유지비

③ 배치 직원에 대한 훈련비 및 재훈련비

④ 빈민에 대한 후생비와 같은 시민에 대한 직접적 지불금

⑤ 비정부 시민봉사기관에 대한 지불금

⑥ 자재 · 물품비

⑦ 지원(부대)비

2) 산출에 대한 가치 부여

비용 · 편익평가법에서 가장 어려운 문제는 편익인 산출에 대해 가치를 부여하는 일이다. 만일 정부가 수행하는 정책이나 사업계획의 실시 결과로 얻은 산출물이 완전경쟁 상태의 시장에서 팔린다면, 산출물의 가치는 그 시장가격에 의해 결정될 수 있을 것이다(Andriu, 1977: 225; 김동건 1984: 164-173). 그러나 공공 부문에서의 정책이나 사업계획의 산출물은 대부분 시장에서 판매되지 않기 때문에 문제가 된다. 이 경우에 우리가 이용할 수 있는 것이 잠재가격(shadow price)과 지불의사 방식(willingness to pay)을 활용하는 것이다.

잠재가격은 특정한 공공재(예: 댐 · 교량 등)가 초래하는 부가가치의 추정에 기초를 두고 있는데, 이것이 진정한 사회적 편익을 대변한다고 한다(김동건 1984: 169). 예를 들어 정부가 건설한 댐의 가치는 홍수 피해의 감소와 곡식 수확량의 증가를 이용해 계산할 수 있으며, 새로 건설한 교량의 가치는 시민들이 부담하는 교통비의 절감을 이용해 계산할 수 있다. 또 어떤 경우에 정책의 산출물과 같은 공공

재는 그것이 제공하는 서비스에 대해 그것의 이용자 또는 소비자가 얼마나 지불할 의사가 있느냐에 따라 결정하기도 한다(Andriu, 1977: 225; Stokey & Zeckhauser, 1978: 149-151). 그리고 정부가 무료로 개방하기 위해 건설한 공원의 가치는 유사한 상업공원이 받는 입장료를 기준으로 계산될 수 있다.

2 외적 능률성 평가 방법

앞에서 설명한 바와 같이 외적 능률성 평가에서는 문제의 정책 · 사업이 가져다 준 효과를 그 정책 · 사업이 이용한 투입과 대비시킨다. 이러한 외적 능률성을 평가하기 위한 기법으로는 비용 · 편익평가법(cost-benefit evaluation)과 비용 · 효과평가법(cost-effectiveness evaluation)을 들 수 있다.

일반적으로 말하면, 경제적 · 산업적 성격의 사업에는 비용 · 편익평가법을 적용할 수 있으나, 사회적 성격의 사업에는 비용 · 효과평가법을 적용하는 것이 좀 더 적절하다고 말할 수 있다. 그 이유는 비용 · 편익 평가를 하기 위해서는 정책의 효과와 정책에 소요된 비용을 공통의 척도(보통은 금전)로 전환해서 비교해 보는 것이 필요한데, 특히 사회적 정책 · 사업의 경우에는 그러한 환산에 많은 어려움이 있기 때문이다. 다음에서는 이들 양 평가법에 대해 설명하기로 한다.

1) 비용 · 편익평가법

외적 능률성 평가법으로서의 비용 · 편익평가법의 핵심은 문제의 정책이나 사업에 투입된 비용을 초과하는 편익[7] 발생 여부를 검토하는 것이다. 그러므로 문제의 정책에 투입된 모든 비용과 정책으로서 말미암아 얻은 모든 편익을 찾아낸 다음 이들을 공통의 척도로 환원해 비용과 편익의 비율(편익÷비용)을 계산하든지, 순편익(총편익－총비용)을 산출한다. 그래서 [편익/비용>1]이거나 [순편익>0]이라면, 그러한 정책이나 사업을 '능률적'이라고 판단하는 것이다.

그러므로 비용 · 편익평가법에서 가장 중요한 것은 포함시켜야 할 비용과 편익의 항목을 발견하는 일과 거기에 가치를 부여하는 일이다. 효과 혹은 편익의 항목

7) 여기에서의 편익은 긍정적 효과를 가리킨다. 부정적 효과는 부(－)의 편익 혹은 비용으로 취급된다.

에 대해서는 이미 다뤘기에 이곳에서는 편익 혹은 효과를 파악할 때 고려해야 할 점과 효과나 편익에 대한 가치 부여의 문제만을 다루기로 한다. 비용 항목에 관해서는 앞서 다룬 내용과 같기 때문에 여기에서는 생략한다.

(1) 편익 또는 효과를 파악하고자 할 때 고려할 점

첫째, 편익이나 효과는 그것이 국민이나 지역사회 또는 국가에 미친 영향을 모두 반영해야 한다. 이때 주의해야 할 것은 이러한 영향과 평가 대상 정책이나 사업계획에 따라 이뤄지는 활동을 통해 얻은 산출물과는 분명히 구별되어야 하며, 편익이나 효과는 고객 지향적 관점에서 파악되어야 한다는 점이다. 산출물은 단순히 정책이나 사업 활동의 결과인 물리적 실체나 용역일 뿐 그것 자체가 국민 생활에 어떠한 영향을 끼쳤는가를 곧바로 말해 주지는 못하기 때문이다.

둘째, 편익이나 효과를 파악할 때에는 문제되고 있는 정책이나 사업이 원래 의도했던 성과뿐만 아니라 의도하지 않았던 결과도 명시적으로 포함해야 한다. 어떠한 정부 정책이나 사업이건 그것이 추구하는 바는 국민에게 이익이 되는 효과이다. 따라서 의도하지 않았던 효과(특히 부정적 효과)에 대해서는 이를 고려하기를 소홀히 하는 경향이 있다. 그러나 정책이나 사업의 전반적인 가치를 제대로 파악하기 위해서는 의도하지 않았던 긍정적 효과와 부정적 효과 모두를 검토하지 않으면 안 된다.

셋째, 편익이나 효과가 양적으로 측정하기 어렵다고 해서 제외되어서는 안 된다. 그러므로 편익이나 효과는 그의 측정 방법과 가능성을 검토함 없이 야기된 대로 모두 파악되어야 한다. 양적으로 측정이 불가능한 것은 질적・주관적 측정을 시도할 수 있기 때문이다.

넷째, 정책이나 사업이 개별적인 인구집단에 미치는 효과나 편익을 따로 구분해서 파악해야 한다. 경우에 따라 모든 인구집단을 통합해 산출한 평균치는 이러한 것을 말해 주지 못하기 때문이다. 왜냐하면 문제되고 있는 정책이나 사업이 상이한 집단에 대해 상이한 정도로 영향을 미칠 수 있기 때문이다. 이러한 경우에는 그러한 집단을 모두 찾아내어 특정 정책이나 사업이 그들 각각에 대해 미치는 효과를 파악해야 한다.

해트리 등은 고려 대상이 될 수 있는 개별적 인구집단으로 ① 의도된 수혜집단,

② 의도된 수혜집단은 아니더라도 특정 정책이나 사업에 의해 상당히 많은 영향을 받는 특정 집단, ③ 지역사회나 국가 전체의 국민, ④ 미래의 시민 등 네 집단을 열거하고 있다(Hatry, Winnie, Fisk, 1973: 32-35).

(2) 편익에 대한 가치 부여의 문제

외적 능률성 평가법으로서의 비용·편익평가법에서도 역시 가장 어려운 문제는 평가 대상 정책이나 사업이 야기한 효과(긍정적 편익 +부정적 편익)에 가치를 부여하는 일이다. 그러나 공공정책이 야기하는 효과에 가치를 부여하는 일은 쉽지 않은 일이며, 여러 방식을 동원해 그러한 계산을 했다고 하더라고 그것은 불완전할 수밖에 없다. 모든 편익과 비용을 찾아내는 것도 어려울 것이려니와 거기에 모든 계층의 사람들이 동의할 수 있는 가치가 부여되었다고 확신하기 또한 어렵기 때문이다.

예를 들어 보건정책으로 연장된 국민의 평균수명에 대해 얼마만큼 가치를 부여할 것인가? 환경보전법 시행으로 공기가 맑아진 것에 대해서는 얼마만큼의 가치를 부여할 것인가? 4대강살리기사업에 의한 수질 개선에 대해서는 얼마만큼의 가치를 부여할 것인가? 차량속도 규제사업에 의해 교통사고율이 줄어들었다고 가정할 때 구해진 생명 하나의 가치는 얼마일까? 고귀한 생명에 가격을 매기는 일 자체는 옳은 일인가?

이러한 문제에 대해 완전한 해답을 제공한다는 것은 불가능한 것으로 보인다. 그러나 평균수명의 연장이라든지 맑은 공기와 깨끗한 물이 우리에게 주는 심리적 편익(psychic benefits)이나 인간의 생명에 대한 가치의 결정에서는 간접적이고 불완전하기는 하나, 앞에서 언급한 바 있는 지불 의사 방법(willingness to pay)이 적용되고 있다(Posavac & Carey, 1985: 271). 예를 들어 밝은 공기를 숨 쉬고 맑은 물을 즐기기 위한 사업에 사람들은 얼마를 지불할 의사가 있는가를 연구한다는 것이다. 그리고 인간의 생명에 대해서도, 예컨대 어느 지역사회의 주민들이 인명 피해를 줄이기 위해 자동차 사고가 많은 지점에 얼마의 자금을 투입할 의사가 있는가를 검토해서 생명에 가치를 부여한다는 것이다.

그러나 이러한 계산이 얼마나 어려운 것인가는 어렵지 않게 짐작할 수 있다. 그리고 사회적 성격의 정책이나 사업의 경우에 비용·편익평가법이 겪는 어려움은 경제적 정책이나 사업의 경우보다 훨씬 클 것이라는 것도 어렵지 않게 짐작할 수 있을 것이다. 사회적 정책의 경우에는 효과가 주로 비물질적인 성격을 띠고 있기 때문이다. 이러한 이유로 말미암아 사회적 정책이나 사업의 경우에는 비용·편익 평가법보다 비용·효과평가법이 더욱 적합한 것으로 받아들여지고 있다.

〈예시〉 헬리콥터에 의한 순찰사업의 평가(Posavac & Carey, 1985: 263-264)

① 사업 내용: 특정 지역에서 헬리콥터에 의한 순찰을 실시함.

제1단계(21일간): 헬리콥터 미사용
제2단계(12일간): 헬리콥터 순찰
제3단계(16일간): 헬리콥터 미사용
제4단계(12일간): 헬리콥터 순찰
제5단계(18일간): 헬리콥터 미사용

② 사업 기간: 총 79일(헬리콥터 순찰 24일, 보통 순찰 55일)

③ 평가 기준: 오전 9시부터 오후 5시까지의 강도 발생률

④ 편익: 강도 발생률의 저하가 주민들의 피해를 감소시켜 주는 정도(강도의 피해는 강도 한 건당 보험회사가 지급하는 평균 금액)

⑤ 자료분석: 보통순찰 시 강도 발생률이 하루 평균 1.02건이었던 것이 헬리콥터 순찰 기간에는 하루 평균 0.33건으로 줄어듦. 헬리콥터 사용 비용을 고려했을 때의 편익·비용 비율은 2.6으로 나타나 이 사업은 아주 능률적인 것으로 평가됨(<표 10-1> 참조).

표 10-1 헬리콥터 순찰의 비용·편익비용

	총계	1일당
사업비(24일)	$ 3,032	$ 126
헬리콥터 미사용 기간(55일)의 강도에 의한 피해 금액	$ 27,171	$ 494
헬리콥터 순찰 기간(24일)의 강도에 의한 피해 금액	$ 3,853	$ 161
24일간의 편익	$ 8,004	$ 333
편익/비용	-	333/126=2.6

자료: Emil Posavac & Raymond Carey, *Program Evaluation: Methods and case Studies*(Englewood Cliffs, New Jersey: Prentice-Hall, Inc., 1985), p.264.

2) 비용 · 효과평가법

비용 · 효과평가의 특징은 평가 대상이 되어 있는 정책이나 사업의 효과와 비용을 공통 단위로 전환하지 않아도 된다는 점에 있다. 사업의 효과는 금전이 아니라 평가 기준 혹은 효과성의 척도상에 일으킨 성과(자연 단위를 이용)로 표현되기 때문이다. 따라서 특정 정책이나 사업에 대한 비용 · 효과평가는 소요된 비용과 실제로 얻은 실질적 결과(actual substantive outcomes)를 비교함으로써 이뤄진다. 예컨대 여러 개의 교육사업은 그들 각각이 얻은 시험 성적으로 표현된 교육적 성과와 소요된 비용을 비교함으로써 그들의 비용 · 효과성이 평가된다.

이러한 비용 · 효과평가법은 문제의 정책이나 사업이 이룩한 효과를 금전과 같은 공통의 척도로 전환할 것을 필요로 하지 않는 장점을 가지고 있는 반면, 어떤 하나의 정책이나 사업의 가치를 곧바로 확정할 수 없다는 단점을 가지고 있다.

제 3 절 정확성 평가의 방법

1 정확성 평가를 위한 세 가지 기법

정책 · 사업 실시 과정에 관한 정확성 평가에서는 어떤 정책이 원래의 구상대로 정확하게 시행되고 있는지, 혹은 정확하게 시행되어 왔는지를 검토한다. 이러한 측면을 검토하기 위한 기법으로는 관찰법, 문서조사법, 조사연구법 등 세 가지를 들 수 있는데, 이것들은 단독적으로 사용될 수도 있고 경우에 따라서는 복합적으로도 사용될 수 있다. 이용 가능한 자원과 평가자의 전문지식이 중요한 결정 요인이 될 것이다. 가장 이상적인 것으로는 세 가지 기법을 모두 이용해 상호 보완적 자료를 제공하도록 하는 것이다.

1) 관찰법

이 기법은 사업 실시 과정을 직접 관찰함으로써 필요한 자료를 수집하는 방법이다. 이 경우에 관찰자는 정책이나 사업 대상집단의 일원, 즉 정책의 수혜 대상자로 참여하기도 하고 혹은 객관적 관찰자로만 처신하기도 하지만, 좀 더 정확한 자료를 얻기 위해서는 전자의 방법이 바람직하다고 할 수 있다. 그러나 그러한 참여관찰이 정책 실시자들의 행태에 영향을 미칠 수 있다는 점을 고려해야 한다. 그리하여 참여 관찰자는 자신이 어떤 정책의 수혜자임을 정책 실시자들이 의심하지 않도록 자신의 신분을 위장할 필요가 있다.

관찰법을 이용할 때 반드시 요구되는 것은 관찰 내용을 체계적으로 기록하기 위한 계획을 세우는 일이다. 관찰 방법과 관찰 결과를 기록하는 방법을 관찰자에게 훈련시키는 일도 잊어서는 안 된다. 관찰한 모든 것을 기록하게 하는 경우도 있으나 얻고자 하는 내용을 미리 구조화해서 거기에 대한 사실만을 기록하도록 하는 방법도 생각할 수 있다. 그리고 이러한 관찰법은 이미 완료된 정책이나 사업에는 적용할 수 없고, 실시 중에 있는 정책이나 사업에만 적용할 수 있다.

2) 문서조사법

어떠한 정책이나 사업이든 그것을 실시하는 기관이나 사람들은 정책 실시를 위해 수행한 모든 내용을 기록(records)으로 남겨 두어야 한다. 이것은 그들이 확보해야 할 책무성의 중요한 측면이기도 하다. 그러므로 정책 실시 과정의 정확성 점검을 위해서는 이러한 기록을 검토하는 것이 좋은 방법이 된다. 그러나 이러한 기록에 전적으로 의존하는 것은 현명한 일이 되지 못한다. 기록 자체의 정확성이 문제될 수도 있기 때문이다. 그러므로 문서조사는 다른 방법에 의해 보완하는 것이 바람직하다.

3) 조사연구법

정책 실시 과정의 정확성 여부를 점검하는 데 쓰이는 또 하나 방법으로는 정책 실시 담당자집단과 정책 대상집단에 대한 조사를 들 수 있다. 질문지를 이용하거나 면접 방법을 사용해 이뤄질 수 있다. 이 경우 조사 대상에는 정책 실시자와 정책 대상집단 전부가 포함될 필요는 없으며 적당한 수의 표본으로 충분하다.

2 요소 효과성 평가 방법

요소 효과성 평가의 목적은 정책이나 사업의 구성 요소 사이의 상대적 효과성(relative effectiveness)을 측정함으로써 어느 요소가 다른 요소들에 비해 정책이나 사업의 효과에 더 많은 기여를 했는가를 파악함으로써 다음 단계의 정책 결정을 할 때 더 나은 방향으로 정책이나 사업을 수정할 수 있도록 유익한 정보를 제공하는 데 있다.

위와 같은 목적에 적합한 기법으로는 통계적 방법으로 ① 편상관계분석(partial correlation), ② 회귀분석(regression analysis), ③ 경로분석(path analysis)이 있고, 질적인 방법으로는 ① 심층면접법(intensive interviewing), ② 일시관찰법(transient observation) 등이 있다.8)

통계적 방법들에서 제공해 주는 편상관계수(partial correlation coefficients)·편회귀계수(partial regression coefficients) 및 효과계수(effect coefficients)는 각각 특정의 정책이나 사업이 야기하게 된 효과에 대한 정책·사업의 각 구성 요소들의 상대적 영향력을 가리켜 준다.

정책이나 사업을 구성하고 있는 여러 요소 사이의 영향력 방향이 명백하게 한 방향으로만 나타나는 경우에는 경로분석을 이용하는 것이 좀 더 바람직하다(김해동, 1982: 558-559). 그러나 요소들이 상호간에 영향력을 행사하는 경우에는 편상관관계분석이나 회귀분석을 이용해 각 요소 간의 상대적 효과성을 측정해야 한다.

한편 질적 방법인 심층면접법이나 일시관찰법을 통해서는 구체적인 정책 요소들의 작동 과정에 대한 내용을 파악할 수 있다. 그뿐만 아니라 그러한 요소들의 작용이 어떠한 영향을 가져오는가를 총체적으로 파악할 수 있기 때문에 정책을 구성하고 있는 각 요소들은 상대적 효과성에 대한 질적인 판단을 가능하게 한다(Patton, 1978: 124). 그러나 이러한 방법들은 단순히 정책 구성 요소들에 대한 상대적 효과성 평가만을 위해 사용하기에는 너무나 많은 비용이 소요된다는 약점이 있다.

---

8) 심층면접과 일시관찰법에 관해서는 Jerome Murphy, *Getting the Facts*(Santa Monica, California: Goodyear Publishing Company, Inc., 1980) 참조.

제 4 절 정책구조 평가의 방법

정책구조 평가의 목적은 정책의 내용 혹은 구성 요소들이 그것이 의도하는 직접적·간접적 효과를 얻을 수 있도록 논리적으로 설계되었는가를 검토함으로써 정책의 실패에 대한 최종적 원인을 살펴보는 데 있다.

정책구조 평가의 기본 전제가 되는 것은 정책이나 사업은 어떤 특정한 목적과 목표를 달성하기 위한 수단으로 고안된 것이라는 점이다. 그러므로 여기에서는 평가의 대상이 되는 것은 특정 정책과 그것이 추구하는 목적이나 목표와의 논리적 관련성이다. 이러한 정책구조 평가를 위해 다음과 같은 두 가지 방법을 복합적으로 사용할 것을 제안한다.

1 뒷받침할 만한 이론의 검토

정책구조 평가를 위해 먼저 시도해 볼 수 있는 것은 특정 정책이나 사업을 뒷받침해 줄 수 있는 이론이 존재하고 있는가를 검토하는 것이다. 이러한 내용의 검토 과정에서는 해당 정책 분야의 전문가와 협의하는 일이 필요할 것이다. 만일 검토 결과를 정당화시켜 줄 만한 아무 이론이 없는 상태에서 정책이나 사업이 만들어진 것이라면 일단 그것의 구성 요소들의 실효성, 나아가 전체로서의 정책의 실효성은 처음부터 의심해 볼 만하다고 하겠다.

그러나 정책이 아주 창의적인 것일 경우에는 그러한 이론의 존재를 기대할 수 없기 때문에 이 경우에는 다음에 다루게 될 논리성의 검토에 의존해야 할 것이다.

2 논리성 검토

특정 정책이 아주 창의적인 것이어서 그것을 뒷받침할 만한 이론을 찾을 수 없는 경우에는 그것의 논리성을 검토해 보아야 한다. 즉, 정책의 각 요소가 특정 목표와 목적 달성에 어떻게 기여할 수 있도록 설계되어 있는가를 검토해야 한다. 이러한 작업은 다분히 주관적일 수밖에 없을 것이다. 정책의 논리성을 검토할 때는 또한 그의 설계 과정에 참여했던 사람들에 대한 면접을 통해 설계 과정의 합리성을 추적해 볼 수도 있다. 이 과정에서 그들이 별로 힘들이지 않고 주먹구구식으로 결정했는지, 아니면 어떤 특수이익의 압력에 굴했는지의 여부 등을 파악하게 될 것이다.

제 11 장 상위평가

평가 과정의 마지막 단계는 평가에 대한 평가, 즉 상위평가 과정이다. 상위평가는 1940년에 오라타(P. T. Orata)가 처음으로 사용한 이래 별로 연구된 바가 없었으나, 1960년대 말부터 서서히 관심을 불러일으켜 왔다. 이 개념은 특히 평가 결과가 기대했던 바와는 달리 그 활용도가 낮은 것과 관련해서 평가의 질을 높이기 위한 수단의 하나로 그 유용성이 중요시되고 있다. 이곳에서는 상위평가의 의미, 등장 배경, 목적과 그것의 구체적 내용 및 몇몇 학자들이 제시한 유형들을 제시함으로써 상위평가의 실체를 파악하고자 한다.

제 1 절 상위평가의 의의

1 상위평가의 개념 및 등장 배경

상위평가(metaevaluation)란 평가에 대한 평가(evaluation of evaluations)를 의미하는 것으로(Scriven, 1981: 95-96), 상위평가에서는 다른 평가자(즉 상위 평가자)가

평가계획, 진행 중인 평가, 그리고 이미 완료된 평가 등에 대해 평가를 하게 된다.

평가에 대한 평가를 의미하는 상위평가에 대해서 몇 가지 시각 차이가 발견된다. 예컨대 쿡(Thomas Cook)과 그루더(Charles Gruder)는 평가 자체에 대한 평가만을 지칭하는가 하면(Cook & Gruder, 1978: 5-51), 라슨(Richard Larson)과 베를리너(Leni Berliner)는 전체적인 평가 체계(평가 투입+평가 과정+평가 효과)에 대한 평가로 이해하기도 한다(Larson & Berliner, 1983: 147-163).

또한 평가 자체에 대한 평가만을 상위평가로 이해하는 경우에도 쿡과 그루더는 경험적인 총괄평가(예를 들어 체계적인 조사설계를 이용해 사업 참가자들로부터 직접 자료를 수집해 행한 연구)에 대한 평가만을 지칭함으로써, 아주 한정적인 입장을 취하고 있음을 알 수 있다(Cook & Gruder, 1978: 6). 즉, 이들은 다른 유형의 평가(예컨대 정확성 평가라든지 능률성 평가)에 대한 평가는 상위평가의 대상에서 제외시키고 있다.

그리고 첼림스키(Eleanor Chelimsky)는 쿡과 그루더보다도 더욱 한정적인 입장을 취하면서 상위평가를 평가 결과의 종합(evaluation synthesis)으로 이해하고 있다(Chelimsky, 1985: 11). 평가 결과의 종합이란 하나의 정책이나 사업에 관해 이제까지 알려진 것이 무엇인가를 파악하고 결정하기 위해서 하나 혹은 여러 개의 기존 평가로부터 얻은 결과를 재분석하는 평가 형태를 말한다.

이곳에서는 상위평가를 라슨과 베를리너의 견해와 마찬가지로 넓게 파악해 평가 체계에 대한 평가로 이해하고자 한다. 그럼 구체적으로 평가체계에 대한 평가는 무엇을 의미하는가? 한마디로 말하면, 이것은 ① 평가에 투입되는 여러 요소, ② 평가 과정, ③ 평가의 효과(평가가 영향을 미친 결정 등)에 대한 평가를 의미한다(Larson & Berliner, 1983: 154-155). 평가에의 투입물, 평가 과정 및 평가 효과가 구체적으로 무엇을 가리키는가 하는 문제는 아래에서 좀 더 자세히 살펴보기로 하겠다.

상위평가의 여러 요소에 관한 논의에 앞서, 먼저 이러한 상위평가는 왜 등장하게 되었는가를 살펴보고자 한다. 상위평가의 등장은 평가 결과의 활용과 직접적인 관련이 있다. 즉, 많은 평가전문가는 평가의 결과가 잠재적 이용자들의 결정에 별로 영향을 미치고 있지 못함을 지적해 왔다. 그러면서 거기에 대한 이유들을 제시한 바 있는데, 이것은 바로 평가 활동 자체에 대한 체계적인 평가가 필요하다는 사실을 함축하고 있기 때문이다(Stevenson, Longabaugh, & McNeil, 1979: 38).

평가 결과가 정책결정자나 사업결정자 등의 평가 고객들에 의해 별로 활용되지 않는 이유로는 대체로 ① 적실성의 결여, ② 평가연구 방법의 낮은 질, ③ 평가 고객과 평가자 사이의 의사소통의 부적절성, ④ 평가 고객의 개인적 관심의 결여 등과 같은 요인들이 지적되고 있다(Wholey et al., 1973: 50; Patton et al., 1977: 141-162).

2 상위평가의 목적

상위평가를 수행하는 주요 이유는 평가 자체의 실제(practice)를 이해하고 이를 향상시키기 위함에 있다. 다만 여기에서 한 가지 고려해야 할 것은 이러한 목적을 달성하기 위해 상위평가를 수행하는 경우에도 평가 수행에 과도한 비용이 소요되어서는 안 된다는 점이다. 좀 더 구체적으로 살펴보면 상위평가는 아래와 같은 목적 중 어느 것을 위해서도 행해질 수 있다(Larson & Berliner, 1983: 162; Smith, 1981: 267).

첫째, 평가에 포함된 정보의 질에 관해 의사결정자에게 독립적인 판단 자료를 제공하는 것을 목적으로 한다. 이를 위해 상위평가에서는 다음과 같은 질문에 대한 답을 구한다.

① 평가 과정(사용된 척도, 표본 추출 절차 등)은 적절했는가?

② 평가설계는 적절했는가?

③ 적절한 자료 수집 및 분석 방법이 적용되었는가?

④ 평가에 어떠한 편견이 개입되지는 않았는가?

둘째, 평가 작업의 영향 또는 평가 결과의 활용도를 측정하기 위해 상위평가를 실시한다. 이를 위해 다음과 같은 질문에 대한 해답을 구한다.

① 평가 결과의 이용자는 누구인가?

② 평가보고서는 늦지 않게 제출되었는가?

③ 평가보고서는 연구 결과를 명백하게 제시하고 있는가?

④ 평가보고서는 해당 평가 고객들에게 배포되었는가?
⑤ 평가 결과에 따라 내려진 결정은 정당화될 수 있는가?

셋째, 상위평가는 장래에 적합한 평가자를 선정하기 위한 지침을 제공하기 위해서도 수행된다. 이러한 목적을 달성하기 위해 상위평가에서는 다음과 같은 문제를 제기하고 해답을 구하고자 한다(The Joint Committee on Standards for Educational Evaluation, 1981: 24-25).

① 평가자는 평가를 수행할 만한 지식을 갖추고 있는가? 그의 교육적 배경은 어떠한가?
② 평가자는 평가 업무를 수행해 본 경험이 있는 사람인가?
③ 평가자는 고결한 인품의 소유자인가?
④ 평가자는 잘 알려진 사람인가?

이렇게 볼 때, 상위평가는 평가의 실제를 향상시켜 줄 수 있는 하나의 통제장치 역할을 수행한다고 할 수 있다.

제 2 절 상위평가의 3요소

앞에서도 언급한 바와 같이 상위평가는 평가에 대한 투입, 평가 실시 과정 및 평가 효과에 대한 평가로 구성된다. 여기에서는 상위평가에서 다뤄져야 할 이들 세 가지 요소에 대해 좀 더 구체적으로 살펴보고자 한다. 여기에 대한 저술이 별로 없는 관계로 라슨과 베를리너의 견해를 많이 인용할 수밖에 없다.

1 평가 투입에 대한 평가

평가에 대한 투입이란 평가에 투입되는 모든 요소를 의미한다. 평가에 투입되는 양과 질에 따라 평가 과정과 평가의 효과가 영향을 받을 것이기 때문에 평가 투입에 대한 검토는 필요하며 중요한 의미를 갖는다. 이곳에서는 주요한 평가 투입 요소로서 ① 평가자의 자질, ② 평가에 소요되는 예산, ③ 기존 자료를 선정해 이들 각각에 대해 검토하고자 한다.

그러나 라슨과 베를리너는 이러한 평가 투입을 훨씬 넓게 보아 평가에 동원된 모든 자원과 방법 및 평가환경과 사업환경의 기본 요소를 모두 포함시키고 있다(Larson & Berliner, 1983: 155-157). 이들이 제시한 구체적인 항목으로는 ① 예산과 평가자가 이용할 수 있는 그 이외의 물질적 자원, ② 평가 기간, ③ 평가 시기, ④ 평가자(들)의 특성, ⑤ 사업 실시자들의 특성, ⑥ 사업의 특성, ⑦ 평가방법론 및 평가설계, ⑧ 평가 결과의 이용자와 평가의 목적, ⑨ 기존 자료와 자료의 제약, ⑩ 평가 대상 사업의 근저에 깔려 있는 이론모형, ⑪ 기대되는 정책 향상 가능성 등이다.

1) 평가자의 자질에 대한 평가

앞에서도 언급한 바와 같이 평가는 여러 집단에 의해 수행될 수 있다. 그리고 누가 평가를 수행하느냐에 따라 평가의 질이 달라질 것은 분명하다. 그런데 문제는 어떤 자질을 갖춘 사람이 평가자가 되어야 한다는 규범이 확립되어 있지 않기 때문에 경우에 따라서는 평가자로서 적격이 아닌 사람이 평가를 수행할 수 있다. 이는 평가의 질을 저하시키는 요인이 될 수가 있다. 평가는 아무나 쉽게 수행할 수 있는 그러한 작업은 아니기 때문이다.

그럼 어떠한 자질을 갖춘 사람이 평가자가 되는 것이 바람직한가? 평가자로서의 중요한 속성 몇 가지만 열거해 보면 다음과 같다.

① 평가자는 평가가 요구하는 기본적인 지식을 소유하고 있어야 한다.

② 평가를 담당할 사람은 평가자로서 풍부한 경험이 많을수록 더욱 좋다.

③ 평가자는 평가자로서 객관적인 입장을 견지할 수 있어야 한다. 그리하여 외부뿐만 아니라 내부로부터의 어떠한 압력이나 유혹으로부터도 자기 자신을 지킬 수 있는 사람일 것이 요망된다.

2) 평가예산에 대한 평가

평가도 하나의 활동이기 때문에 거기에는 필연적으로 예산이 수반되기 마련이다. 평가에 너무나 많은 예산이 투입되어서도 안 되지만, 그렇다고 너무 적은 예산으로는 평가다운 평가를 수행할 수 없다는 것 또한 사실이다. 그러므로 과도한 예산을 사용하지 않고서도 평가의 질을 유지할 수 있는 적정한 수준의 예산을 배정하는 것이 바람직하다.

평가예산 문제와 관련해 우선적으로 검토해야 할 것은 정부가 수행하는 모든 정책·사업이 반드시 평가되어야 하는가의 문제이다. 물론 대답은 부정적이다. 왜냐하면 어떠한 종류의 평가에도 여러 가지의 자원이 소요되기 때문이다. 여기에서 판단 기준의 하나로 삼을 수 있는 것이 평가 자체에 소요되는 비용과 평가 수행으로 얻은 편익의 비율이다. 평가에서 기대할 수 있는 편익보다 더 많은 비용이 투입되는 경우라면 평가를 수행할 필요가 없다.

그러므로 평가예산에 대한 평가에서 검토할 수 있는 측면은 다음과 같은 두 가지로 요약될 수 있다.

① 적정한 수준의 예산이 책정되었는가?

② 평가할 만한 가치가 있는 정책·사업에 평가예산이 배정되었는가?

3) 기존의 자료에 대한 검토

평가자의 자질과 평가에 투입되는 예산이 평가의 질을 좌우하는 요인이 되는 것과 마찬가지로, 평가자가 이용할 수 있는 기존 자료의 양과 질에 의해서도 평가의 질은 영향을 받는다. 따라서 평가의 질을 설명하기 위해서나 평가의 활용 여부를 설명하기 위해서는 이러한 기존 자료의 양과 질을 검토해야 한다. 기존 자료의 양의 문제는 평가에 요구되는 자료가 충분히 이용 가능한가의 문제이다. 반면, 기존 자료의 질의 문제는 평가에 이용되는 자료가 신뢰할 만한 것인가 하는 문제이다.

기존 자료가 전혀 없다고 하여 언제나 평가가 불가능한 것은 물론 아니다. 그러나 새로운 자료에만 의존해야 하는 평가는 비용·편익의 관점에서 정당화되지 않을 가능성이 많다고 보아야 한다. 즉, 평가를 통해 얻을 수 있는 것에 비해 투입이 과도하게 많을 것이기 때문이다.

2 평가 실시 과정에 대한 평가

평가 실시 과정이란 실제로 평가를 수행하는 데 내포된 활동들을 의미한다. 그리하여 이 과정에 대한 평가에서는 평가 작업이 기술적으로 적절하게 수행되었는가 하는 것이 초점이 된다(Larson & Berliner, 1983: 158). 사실 상위평가에서 가장 핵심적인 내용이 되어 온 것은 바로 이러한 평가 과정에 대한 평가이다.

이곳에서는 평가 과정의 주요 요소로서 평가 방법상의 절차와 평가보고서를 검토하기로 한다.

그러나 라슨과 베를리너는 이들 두 가지 이외에도 다음과 같은 항목들을 포함시키고 있다(Larson & Berliner, 1983: 157-159).

① 평가자들과 사업 실시자들 사이의 상호 관계의 유형과 강도 및 빈도
② 사업 실시자와 평가 결과의 이용자들이 평가자들의 존재에 대해 나타낸 반응
③ 평가 과정에서 얻은 정보가 사업 실시자들에게 환류되는 정도
④ 평가 과정에서 얻은 정보가 평가자원의 할당을 변경시키는 데 사용된 정도
⑤ 사업계획상의 변화에 따른 평가설계의 적응성
⑥ 평가자와 사업 실시자 및 평가 결과 이용자들의 변화

1) 평가 방법상의 절차에 대한 평가

평가 방법상의 절차는 평가 유형에 따라 다르다. 따라서 평가 방법상의 절차에 대한 평가는 평가 유형에 따라 각각 다르게 수행되어야 한다. 이곳에서는 가장 기본적인 평가 유형이라고 할 수 있는 정확성 평가 · 효과성 평가 및 외적 능률성 평가 방법상의 절차를 평가할 때 검토해야 할 측면들을 열거하고자 한다(Bernstein & Freeman, 1975: 66-82; Stevenson et al., 1979: 46-48).

(1) 정확성 평가 방법상의 절차에 대한 평가 시 검토해야 할 측면

① 자료 수집 방법의 적절성
② 표본 추출(sampling) 절차의 적절성
③ 자료 분석기법의 적절성

(2) 효과성 평가 방법상의 절차에 대한 평가 시 검토해야 할 측면
① 자료 수집 방법의 적절성
② 표본 추출 절차의 적절성
③ 조사설계(research design)의 적절성
④ 효과 측정 기준의 적절성
⑤ 자료 분석기법의 적절성

(3) 외적 능률성 평가 방법상의 절차에 대한 평가 시 고려해야 할 측면
① 자료 수집 방법의 적절성
② 편익(효과)과 비용 항목 선정의 적절성
③ 편익(효과)과 비용 계산의 적절성

2) 평가보고서의 검토

평가 작업의 최종 산물은 평가보고서로 나타난다. 보고서가 어떻게 작성되었는가 하는 것과 그것이 누구에게 보고되었느냐 하는 것은 평가의 효과, 즉 평가의 활용에 결정적인 영향을 미칠 수 있다. 따라서 평가보고서에 대한 검토는 상위평가의 중요한 요소의 하나가 된다. 평가보고서에 대한 평가에서 검토되어야 할 측면은 아래와 같다(Larson & Berliner, 1983: 158; Posavac & Carey, 1985: 277-279).

(1) 보고서의 내용은 다음과 같은 항목을 잘 기술하고 있는가?
가. 서론
① 평가 대상인 정책·사업의 기술
- 정책·사업의 성격
- 정책·사업의 실시자와 감독자
- 정책·사업의 시행 경과 기간
- 정책·사업 실시 지역의 환경적 특성

② 평가의 유형에 대한 기술
③ 평가 수행의 일반적인 목적의 기술
④ 과거에 유사한 평가가 이뤄졌었는지의 여부

나. 평가 방법

① 정책·사업에의 참여자에 대한 기술

- 정책·사업 대상 집단
- 사용된 표본 추출 방법의 성격
- 표본에 관한 일반적인 사항

② 조사 절차에 대한 기술

- 평가설계
- 자료 수집 방법
- 평가척도
- 통계분석

다. 평가연구의 결과에 대한 기술

라. 결론 및 건의의 제시

- 평가연구 결과에 대한 해석 및 논평
- 추후의 연구에 대한 견해
- 평가연구 결과에 입각한 건의

(2) 보고서의 내용 표현 방식(style)은 다음과 같은 점을 고려하고 있는가?

가. 보고서의 독자에 따른 강조점의 부각

보고서는 그 독자에 따라 그들의 요구를 충족시켜 줄 수 있도록 작성되어야 한다. 예컨대, 기관 내부의 독자를 상대로 작성될 때에는 앞에서 언급된 보고서의 내용 중 서론과 방법론에 관해서는 깊이 있게 다룰 필요가 없는 대신 평가의 결과로 알게 된 사실이나 그것이 갖는 의미에 대해서는 깊이 있게 다뤄야 한다. 반면 평가의 결과를 학계에 발표할 경우에는 서론 부분과 방법론 부분을 자세히 다뤄주어야 한다.

나. 계량적 방법과 질적(혹은 비계량적) 방법의 통합

통계적으로 분석될 수 있는 객관적 자료의 수집을 강조하는 계량적 방법과 직접적인 관찰이나 심층면접에 의한 자료 수집을 강조하는 질적·비계량적 방법은 양자 모두 강점과 약점을 가지고 있다. 전자는 후자보다 객관적이고 자료 수집자의 편견에 덜 영향을 받는 장점이 있는 반면, 정책·사업에의 참여자와 비참여자 사이에 존재하는 차이점을 발견하기가 어려울 수가 있으나, 잘 훈련된 관찰자는 통계적인 자료 수집 방법으로는 파악하기 어려운 어떤 행태를 잘 포착할 수 있다. 그러므로 이상적인 것은 이러한 양 방법이 모두 평가와 평가보고서에서 통합적으로 사용되는 것이라고 하겠다.

다. 관심을 끌 수 있는 체제의 중요성

- 문체는 명료하고 간결하며 잘 짜여 있는가?
- 오자는 없는가?
- 보고서는 너무나 장황하게 작성되지 않았는가?
- 보고서에서 사용한 문장의 표현은 적절한가?

(3) 보고서의 배포 방식은 적절한가?

- 보고서는 평가 대상인 정책·사업과 관련이 있는 모든 의사결정자에게 배포되었는가?
- 중요한 위치에 있는 의사결정자들에게는 개인적으로 평가 결과를 보고했는가?

3 평가 효과에 대한 평가

평가 효과란 평가가 미친 영향 전체를 의미한다. 이러한 개념 규정은 평가 효과를 평가가 영향을 미친 모든 결정으로 규정한 라슨과 베를리너의 견해와도 일치한다. 그러나 그들은 평가 후에 이뤄진 어떤 구체적인 결정에 국한시켜 이 개념을 사용하고 있다는 데 차이가 있다(Larson & Berliner, 1983: 159). 이렇게 볼 때, 평가효과에 대한 평가는 평가 결과의 활용 양태에 대한 선반적인 김토를 의미하는 것이 되며, 이 문제는 기존 문헌들에서 평가의 활용이라는 제목으로 자주 다뤄져 왔던 내용이다. 그러므로 이곳에서는 라슨과 베를리너의 견해만을 소개하고, 이러한 견해에 추가해 좀 더 많은 측면을 포괄하고 있는 평가의 활용에 관해서는 다음 장에서 다룰 것이다.

라슨과 베를리너가 평가 효과에 포함시키고 있는 요소들은 아래와 같다(Larson & Berliner, 1983: 159-160).

① 사업계획에 자금을 제공해야 할 것인가, 재차 제공할 것인가, 또는 사업계획을 수정할 것인가, 아니면 이를 취소할 것인가에 대한 사업자금 제공자의 결정
② 사업 절차 중 어떤 것을 수정해야 할 것인가에 대한 사업 실시자의 결정
③ 사업에의 참여 양태를 변화시켜야 할 것인지에 대한 사업 대상집단의 결정
④ 평가에서 제기된 문제들을 좀 더 연구할 것인가에 대한 연구집단 구성원(들)의 결정
⑤ 유사한 사업을 태동시킬 것인가, 수정할 것인가, 또는 종식시켜야 할 것인가에 대한 다른 사업자금 제공자나 다른 관할 지역의 사업 실시자의 결정

제 3 절 상위평가의 유형

상위평가의 수행 형태에 관해서는 쿡과 그루더, 그리고 스터플빔이 비교적 체계적인 유형화 시도를 했다고 여겨지기 때문에 아래에서는 이들이 제시한 유형을 소개하고자 한다.

1 스터플빔의 상위평가 유형

미국의 교육학자인 스터플빔(Daniel Stufflebeam)은 상위평가에 관해 조작적 정의를 다음과 같이 제시하고 있다(Stufflebeam, 1981: 150-154). 상위평가란 "평가 작업의 길잡이가 되는 것이고 또한 평가 자체의 강점과 약점을 공개적으로 보고하기 위해 평가의 효용성, 실제성, 윤리성 및 기술적 적절성에 대해 기술적·판단적 정보를 구분·획득·이용하는 과정이다"라고 언급했다.

이러한 개념 정의에서 명백히 했듯이 그는 상위평가의 구실을 ① 평가 작업에 대한 안내와 ② 그러한 평가 작업의 강점과 약점을 공개적으로 보고하는 것으로 규정하고, 전자의 구실을 수행하는 것을 형성적 상위평가(formative metaevaluation)라고 하며, 후자의 구실을 수행하는 것을 총괄적 상위평가(summative metaevaluation)라고 지칭하고 있다.

1) 총괄적 상위평가

총괄적 상위평가는 어떤 평가 작업에 대해 전반적인 진가를 요약하는 것이다. 그리고 이러한 유형의 상위평가는 제1차적 평가가 종결된 후에 수행하는 것이 보통이다. 총괄적 상위평가는 제1차적 평가보고서가 훌륭한 평가 수행(good evaluation practice)의 여러 표준(standards)을 충족시킨 정도에 관해 공개적으로 보고함으로써 제1차적 평가자들로 하여금 책임을 지게 한다. 그뿐만 아니라 제1차적 평가의 고객들(예: 평가 결과를 이용해 어떤 결정을 내리는 사람들이나 사업 실시자 또는 일반 국민들)에게는 제1차적 평가보고서에 담긴 결론과 건의를 어떻게 받아들여야 할 것인가를 결정하는 데 도움을 준다.

이러한 총괄적 상위평가는 아래의 도식과 같은 방식으로 나타낼 수 있다(Stuffle-beam, 1981: 151).

$$\left[\frac{\text{평가 수행 결과}(evaluation\ performance)}{\text{평가의 표준}(evaluation\ standards)}\right]$$

즉, 총괄적 상위평가에서는 평가 수행의 결과를 평가 표준들과 대비시켜 그 비율이 1에 접근하는 정도에 따라 제1차적 평가의 가치(혹은 질)를 결정한다.[9)]

2) 형성적 상위평가

형성적 상위평가는 평가계획과 매일매일의 평가 수행이 평가지침(evaluation guidelines)에 충실하며, 일상적으로 부딪치는 함정(common pitfalls)[10)]을 피한 정도를 사정한다. 평가지침이란 평가자가 평가 표준을 충족시키도록 도와줄 목적으로 고안된 절차상의 여러 제안을 가리킨다. 이러한 형성적 상위평가를 도식으로 나

---

9) 어떤 평가의 진가를 측정할 수 있는 척도에 대해 널리 공유되고 있는 원리를 말한다. 미국의 교육평가를 위한 표준개발합동위원회에서는 여덟 가지의 효용 표준(utility standards), 세 가지의 실행성 표준(feasibility standards), 여덟 가지의 적절성 표준(pro-priety standards) 및 열한 가지의 정밀성 표준(accuracy standards)을 제시한 바 있다. The Joint Committee on Standards, 1981 참조.

10) 건전한 평가의 원리의 중요성을 알지 못하는 사람들이 범하는 오류를 의미한다.

타내 보면 아래와 같다(Stufflebeam, 1981: 152).

[평가계획과 운영 = 평가지침의 충족 + 평가 함정의 회피]

그뿐만 아니라 형성적 상위평가는 평가 작업의 진도를 점검해 훌륭한 평가의 질을 확보하기 위해 그 결과를 평가 과정에 계속적으로 환류시킨다.

위와 같은 형성적 상위평가는 제1차적 평가(즉, 상위평가의 대상이 되는 평가)의 길잡이가 될 것을 목적으로 수행되는 상위평가이다. 즉, 형성적 상위평가는 평가자들을 도와 그들의 평가연구를 어떻게 구상, 계획, 실시, 해석, 그리고 보고할 것인가에 대한 현명한 결정을 내리게 한다.

형성적 상위평가를 통해 도움을 받을 수 있는 구체적 결정들로는 ① 평가 수행 여부의 결정, ② 평가 문제의 정의, ③ 평가 결과 이용자의 명시, ④ 평가 목적의 명확성, ⑤ 평가 계약의 체결, ⑥ 정보 요구의 결정, ⑦ 자료 수집 및 분석 절차의 명시, ⑧ 작업 일정의 작성, ⑨ 인사, ⑩ 예산, ⑪ 결론 및 건의의 작성, ⑫ 보고 양식 및 보고매체의 선정 등과 같은 것들을 지적할 수 있다(Stufflebeam, 1981: 152).

형성적 상위평가의 근저에 깔려 있는 주요 가정은 특정한 절차적 지침을 잘 준수하고 평가의 함정에 빠지지 않을 때 평가의 궁극적 가치가 최대화된다는 것이다. 즉, 평가의 질은 형성적 상위평가를 활용함으로써 향상될 수 있다는 것이다.

총괄적 상위평가와 형성적 상위평가 사이의 가정적 관계를 도식으로 나타내면 아래와 같다(Stufflebeam, 1981: 152).

$$\left[\frac{\text{평가 수행 결과}}{\text{평가의 표준}}\right] = \text{평가의 실제} = [\text{평가지침의 충족} + \text{평가 함정의 회피}]$$

환언하면 총괄적 상위평가에 의해 결정되는 평가의 궁극적 가치는 형성적 상위평가의 결과를 평가 과정에 환류시킴으로써 최대화된다고 할 수 있다.

2 쿡과 그루더의 상위평가 유형

쿡과 그루더는 ① 상위평가가 이뤄지는 시기, ② 상위평가자에 의한 자료의 조작 여부, ③ 평가에 이용되는 자료 세트의 수라는 세 가지 기준의 조합에 따라 일곱 가지의 상위평가모형을 제시하고 있다(Cook & Gruder, 1978: 6).

일곱 가지의 모형이 탄생된 과정은 다음과 같다. 즉, 상위평가가 이뤄지는 시기는 제1차적 평가(primary evaluation)가 이뤄진 후에 상위평가가 이뤄지는 경우와 그것과 동시에 이뤄지는 경우로 양분되었으며, 상위평가자에 의한 자료의 조작 여부는 조작되는 경우와 그렇지 않을 경우로 양분되었다. 그리고 마지막으로 평가에 이용되는 자료 세트의 수도 단일의 경우와 복수의 경우로 양분되었다.

표 11-1 상위평가모형

제1차적 평가 후에 평가 실시	자료 부조작	단일자료 세트	1. 한 평가보고서에 대한 재검토
		복수자료 세트	2. 특정한 사업에 관한 여러 평가자료의 재분석
	자료 조작	단일자료 세트	3. 하나의 평가자료의 재분석
		복수자료 세트	4. 동일한 사업에 관한 여러 평가자료의 재분석=상위분석
제1차적 평가와 동시에 평가 실시	자료 부조작	단일 혹은 복수자료 세트	5. 자문식 상위평가
	자료 조작	단일자료 세트	6. 원초 자료의 동시적 재분석
		복수자료 세트	7. 부수의 독립적 평가 수행

자료: Thomas Cook & Charles Gruder, "Metaevaluation Research", *Evaluation Quarterly*, 2(1)(February 1978), p.17.

세 가지의 인자가 각각 두 가지로 구분될 때, 이들의 조합으로 얻어지는 수는 $2^3=8$이 된다. 그런데 여덟 가지 모형이 탄생되지 않고 일곱 가지가 탄생된 것은 <표 11-1>에서 보는 바와 같이 자료를 조작하지 않으면서 제1차적 평가와 동시에 진행되는 상위평가가 이용하는 자료의 수가 단일이건 복수이건 상관없이 한 가지로 명명되었기 때문이다. 아래에서는 이들 일곱 가지 모형을 차례로 소개하고자 한다.

1) 제1모형: 하나의 평가보고서에 대한 재검토

상위평가의 제1모형은 하나의 평가보고서를 비평(이하 상위평가)하는 것이다. 여기에서 비평자(이하 상위평가자)는 보통 평가 연구 문제의 유용성과 표본 추출, 측정, 자료 분석 등과 같은 기술적인 문제를 집중적으로 다룬다. 이러한 상위평가의 결론이 원래의 평가자의 결론과 동일할 때는 원래의 평가 결과에 대한 신뢰성은 제고된다. 그러나 그 반대의 경우에는 원래의 평가 결과에 대한 신빙성이 떨어지게 될 것이다. 그리하여 이러한 상위평가는 원래의 평가자가 내린 주요 결론들을 하나하나 따로 구분해 상위평가한 후 각 결론이 전체적으로 어느 정도나 지지될 수 있는지를 제시해 주는 것이 좋다. 그리고 원래의 평가 결론을 지지하는 상위평가이건 이의를 제기하는 상위평가이건 간에 모든 증거가 제시되는 것이 바람직하다.

2) 제2모형: 하나의 정책 · 사업에 관한 여러 평가 자료의 재분석

상위평가의 제2모형은 특정한 하나의 정책 · 사업에 대한 여러 평가보고서를 재검토해 보는 것이다. 미국 감사원(General Accounting Office: GAO, 현재는 Government Accountability Office: GAO로 사용)에서는 이를 '평가의 종합(evaluation synthesis)'이라고 부르고 있다.[11] 그러므로 이러한 상위평가는 동일한 정책 · 사업에 대한 평가가 여러 평가자에 의해 독립적으로 수행된 실례가 있을 경우에만 가능하다. 단 한 번의 평가에서 어떤 결론을 도출하기보다는 여러 독립된 평가에서 얻은 결론이 더욱더 타당하고 신빙성이 있을 것은 말할 것도 없다.

그러나 이들 독립적인 평가들의 결론을 종합하는 것은 쉬운 일이 아니다. 만일 여러 평가 연구가 동일한 결론에 도달했다면 그러한 연구 결과를 종합하는 데 특별한 어려움이 없을 것이지만, 그들 평가 연구의 결론이 서로 상이할 경우에는 어려움이 따르게 될 것이다.

독립적인 평가 연구들의 결론이 유사한 경우보다도 서로 상이하게 나타나는 것이 보다 일반적인 현상이기 때문에(Cook & Gruder, 1978: 24), 이러한 상위평가는 그만큼 더 어려움이 많은 것이다. 이러한 상황에 대해 미국 감사원이 택하고 있는

---

11) U. S. GAO, *The Evaluation Synthesis*(April 1983), 그리고 첼림스키(Chelimsky, 1985)는 상위평가를 이 모형에 한정시켜 사용하고 있다.

방법을 소개하면 다음과 같다(U. S. GAO, 1983: 32-33).

그들이 취하고 있는 방법은 독립적인 여러 연구를 비교하고 대조하는 것이다. 먼저 여러 연구를 비교할 때에는 여러 연구 사이에 나타나는 유사한 결론이나 경향의 본질과 그 정도를 찾아낸 후 그러한 결론이나 경향을 초래할 수도 있는 다른 요소들을 배제하는 노력을 기울인다. 여기에서 주로 문제로 삼는 것은 다음과 같다.

① 여러 연구에서 나타난 유사한 결론을 지지하는 데 장애가 되는 요인은 무엇인가?

② 여러 연구에서 발견된 결론에 대한 신뢰성을 증대시키는 요인은 무엇인가?

③ 어느 정도나 이들 연구의 결론에 신빙성을 부여할 수 있는가?

그 다음 여러 연구를 대조시킬 때는 예외적인 현상과 상치되는 결론에 초점을 맞춘다. 그리하여 그러한 상이한 결론을 유발한 요인이 무엇인가를 찾아내려고 시도한다.

3) 제3모형: 하나의 평가 자료에 대한 재분석

상위평가의 제3모형은 하나의 평가연구에서 얻은 결론의 진실성을 검증하기 위해 원래의 평가자가 사용한 자료를 재분석하는 것이다. 이 모형은 제1모형이 가지고 있는 강점을 모두 가지고 있을 뿐만 아니라 원자료의 재분석을 통해 원래의 평가가 가지고 있을 수 있는 약점이나 잘못된 점을 시정할 수 있다. 그렇기 때문에 평가의 타당성과 신뢰성을 제고할 수 있는 추가적인 장점을 지니고 있다.

그렇다고 하여 이 모형에 단점이 없는 것은 아니다(Cook & Gruder, 1978: 29-30). 다음과 같은 단점이 있다. 첫째, 이러한 상위평가에는 시간이 많이 소모되기 때문에 의사결정자가 필요로 하는 시기에 연구 결과를 제시하기가 어렵다. 둘째, 특히 이러한 재분석이 어떤 특수한 표본만을 대상으로 부분적인 집단들에 대해서 이뤄지는 경우에 잘못된 결론을 유도할 가능성이 존재한다. 셋째, 제1차적인 평가자가 타당한 추론을 내리는 데 위협이 되는 요인들을 제2차적인 평가자가 발견한다 하더라도 추가적인 자료가 없이는 그러한 요인이 얼마만한 영향을 미치고 있는가를 추정할 수 없는 어려움이 있다. 넷째, 원자료를 항상 얻을 수 있는가 하는 점도 문제로 제기될 수 있다.

4) 제4모형: 동일한 정책 · 사업에 관한 여러 평가 자료의 재분석

상위평가의 제4모형은 동일한 정책 · 사업에 관한 여러 독립적인 평가 자료를 실증적으로 재평가하는 것이다. 이러한 상위평가는 여러 연구의 분석 결과에 대한 통계적 분석을 통해 연구 결과를 통합하는 것이기 때문에 상위분석(meta-analysis)이라고도 한다(Posavac & Carey, 1985: 321).

제4모형은 여러 평가 결과가 유사한 결론을 제시하지 않고, 어느 것은 긍정적으로 평가하고 다른 평가에서는 부정적인 결론이 내려진 경우라든지 평가의 결론에 대해 논의가 많은 경우에 수행하는 것이 적절하다.

이러한 형태의 상위평가는 제3모형이 가지고 있는 장점에 추가해 다음과 같은 이점이 있다. 즉, 여러 효과를 야기하는 조건들에 관한 가설을 창출 · 검증하는 것이 가능할 수 있다. 이러한 검증은 특히 상이한 평가가 상이한 효과를 지적한 경우에 요청된다. 그리고 또 다른 이점은 복수의 평가는 단일평가의 경우보다 많은 수의 효과 척도에 대한 측정을 수반하기 때문에, 이들에 대한 재평가는 사업이 의도했거나 의도하지 않았던 영향에 대한 좀 더 포괄적인 이해를 가능케 한다는 점이다.

이 모형이 가지고 있는 단점은 제3모형과 마찬가지로 많은 시간이 소요되고 새로운 문제에 대한 해답을 구하기 위해 새로운 자료를 수집하기 어렵다는 점을 들 수 있다. 또한 표집된 평가들이 대표성을 가지고 있지 못한 경우에는 상위평가 또한 의미 없는 작업이 될 것이기 때문에 상위평가자는 모든 해당 평가에 접근할 수 있어야 한다는 어려움이 있다.

5) 제5모형: 자문식 상위평가

앞에서 제시한 네 가지의 상위평가모형은 모두 제1차적 평가가 완료된 후에 상위평가가 이뤄지는 경우였다.

지금부터 논의할 제5모형부터 제7모형까지는 제1차적 평가가 수행되는 과정에서 이뤄지는 상위평가를 다룬다.

자문식 상위평가에서는 상위평가자가 평가 과정에 계속적으로 관여하면서, 평가 과정에 내포된 문제점들을 찾아내고 또한 그들을 해결할 수 있는 실질적인 방안을 제시하게 된다. 이러한 자문식 상위평가자의 활동과 기술적 사업 점검자의 활동 사이에는 원칙적으로는 거의 차이가 없으나, 상위평가자가 점검자보다는 상대적으로 높은 기술적 전문지식을 소유하고 있기 때문에 실질상으로는 차이가 있다.

자문식 상위평가자의 기능으로서는 다음과 같은 것을 지적할 수 있다(Cook & Gruder, 1978: 38-39).

① 주요 연구 문제가 적절히 표현되었는지에 대한 검토
② 사업 요소들의 집행 상태에 관한 감독
③ 중간보고서의 평가 및 다음 보고서 제출 시까지 도달해야 할 특정 목표 제시
④ 계속적인 점검(경우에 따라서는 일일점검)
⑤ 최종보고서의 초안의 평가
⑥ 보고서의 배포 및 활용 전략 결정에 대한 조언의 제공
⑦ 평가 결과의 이론적·실용적 음미

6) 제6모형: 원초 자료의 동시적 재분석

상위평가의 제6모형은 제1차적 분석가가 그의 분석을 완료하기 전에 그가 수집한 제1차적 평가 자료를 상위평가자에게도 이용 가능하게 함으로써 이를 재분석하도록 하는 것이다. 그러므로 제6모형은 제1차적 평가자의 분석 능력이 의심스러운 경우, 시간의 제약으로 제1차적 평가자가 모든 해당 문제에 해답을 제공할 수 없을 가능성이 있는 경우, 또는 자료를 분석하는 데 일반적으로 용인될 수 있는 방법이 없어 상이한 방법론적 시각에서 자료를 분석하게 하는 것이 유익하다고 판단되는 경우 등에 특히 유용하다(Cook & Gruder, 1978: 40).

그러나 제6모형은 자문식 상위평가가 이뤄지고 있는 경우라든지, 가장 강력한 평가설계 및 측정 수단이 지속적으로 실시·유지되고 있는 경우에는 유익하지 못할 가능성이 많다. 그러므로 중간보고서가 원초 자료의 동시적 재분석이 필요한지의 여부에 대한 실마리를 제공하는 데 아주 중요한 역할을 수행한다.

이러한 동시적·제2차적 분석(simultaneous secondary analysis)은 적시성을 희생시키지 않고도 타당하고 신뢰할 수 있는 결론을 도출하는 데 기여하게 된다. 왜냐하면 그것은 제2차적 분석가가 제1차적 분석가와 똑같은 가정을 설정한다든지 똑같은 오류를 범할 가능성이 적기 때문이다. 특히 상이한 분석가들이 상이한 조작화와 분석모형을 사용했음에도 동일한 결론에 도달하는 경우에는 제1차적 분석의

타당성은 증진되는 것이다.

그러나 만일 이들 분석가의 분석 결과가 일치되지 않을 때는 누구의 분석이 더 타당한지를 어떻게 결정할 것인가 하는 문제가 제기될 수 있다. 이러한 경우에는 물론 이들 분석가가 택한 각 분석 단계를 재검토해 부정확한 절차를 이용한 분석가를 찾아냄으로써 문제를 해결해야 할 것이다.

7) 제7모형: 복수의 독립적 평가 수행

상위평가의 제7모형은 동일한 정책·사업에 대해 복수의 독립적이며 이질적인 평가를 수행하는 것이다. 이 모형의 장점은 만일 그러한 여러 독립적인 평가의 결과가 합치되는 경우, 그러한 평가의 결과는 타당한 것일 가능성이 높아짐은 물론 이러한 평가들이 어떤 결정과 관련이 되어 있는 경우 무시할 수 없는 정보를 제공해 줄 수도 있다(Cook & Gruder, 1978: 43).

그러나 독립된 평가들이 어떤 정책이나 사업의 효과에 대해 상이한 결론을 내리는 경우에는 이러한 평가들의 결론을 받아들이는 데 어려움이 따른다. 이러한 경우에는 이들이 채택한 평가 방법을 검토해 그 방법의 적절성을 검토해야 한다.

그리고 이 모형이 가지고 있는 또 하나의 난점은 상이한 평가에 관계하는 상이한 집단의 평가자들이 서로 담합해 동일한 혹은 유사한 결론을 도출할 가능성이 있다는 점이다. 이러한 담합의 경우에도 상호간에 정보를 교환함으로써 다른 사람의 경험을 건전하게 이용한다면 나쁠 것은 없다. 그러나 상이한 결론을 제시함으로써 어느 한 집단이 입게 될 평판상의 손상을 우려해 이뤄지는 담합이라면 그것은 분명히 바람직하지 못한 경우가 된다. 이는 바로 평가자 윤리의 문제와 관련이 있다.

제12장 평가의 활용

근래에 들어 정책·사업평가의 활용 문제는 많은 논란을 야기하고 있다. 혹자는 평가의 결과가 이용되지 않고 있거나(non-utilization) 이용되고 있다 하더라도 과소 활용되고 있다(underutilization)고 주장하는가 하면(Weiss, 1972: 10; Wholey et al., 1973: 46; Worthen & Sanders, 1973: 1), 또 다른 사람들은 평가연구는 선명하게 식별되거나 조직을 뒤흔들어 놓는 방식으로 활용되지는 않는다 해도 의사결정자들은 어떤 형식으로든 이를 활용하고 있다고 주장한다(Patton et al., 1977 참조).

이와 같이 서로 엇갈린 주장이 나오게 된 주요한 원인은 활용의 개념에 관해 견해 차이가 있는 것으로 이해된다. 따라서 활용의 개념을 살펴보는 것은 활용의 문제를 접근하는 데 해결되어야 할 과제이다. 다음에서는 이러한 활용의 개념 문제와 더불어 활용을 좌우하는 여러 요인을 살펴보고자 한다.

제1절 평가 활용의 개념

평가 결과의 활용이라는 개념에 대해서는 이제까지 대체로 두 가지의 서로 다른 시각이 존재해 왔다. 하나는 평가의 활용을 아주 좁은 의미로 파악하는 입장이며, 다른 하나는 이를 넓은 의미로 파악하는 입장이다.

1 좁은 의미의 활용(평가 결과의 활용)

평가의 활용을 좁은 의미로 파악하는 사람들은 평가보고서에서 제시된 결론이나 건의에 따라 즉각적으로 해당 정책·사업과 관련된 어떤 결정을 내리는 것으로 이해한다. 이러한 입장은 평가이론을 개발하던 초기의 학자들에 의해 견지되었으며 평가 결과의 활용에 관한 논의에서 주류를 이루는 견해가 되었다(Alkin, Dailak, & White, 1979: 25, 225-226; Weiss, 1981: 17-18).

이와 같이 평가의 활용을 좁은 의미로 파악하는 경우에 평가의 결과가 활용되었는지의 여부는 평가보고서 제출 후 다음과 같은 조치가 취해졌는지의 여부에 따라 결정된다.

① 정책·사업이 성공적이라고 판단된 경우, 해당 정책·사업의 계속적인 실시 혹은 확대 실시

② 정책·사업이 실패한 것으로 판단된 경우, 해당 정책·사업의 중단 혹은 수정 실시

초기에 평가 결과의 활용 문제를 다룬 사람들은 이와 같은 기준에 따라 평가 효과가 해당 정책·사업에 대해 중요한 영향을 미치고 있지 못하다는 결론을 지었다.

평가의 활용을 이와 같이 좁게 파악하는 입장을 취하는 사람들은 평가의 실제에서 잘 충족되고 있지 못하는 것으로 다음의 두 가지를 전제하고 있다.

① 정책·사업평가가 이뤄지면, 그 결과로 해당 정책·사업의 성패 여부를 알 수 있다.

② 정책결정자나 사업 관리자들은 정책·사업의 운명을 평가 결과에만 의존한다.

그러나 이러한 전제는 평가의 실제를 너무나도 단순하게 파악하고 있다는 비난을 면할 수가 없을 것이다.

정책 · 사업평가의 결과로 어떠한 정보를 얻을 수 있을까? 한마디로 평가 결과로 얻은 정보는 수행된 평가의 유형과 그것이 수행된 질에 따라 다르게 나타난다고 할 수 있다. 따라서 어떠한 이유에서건 효과평가나 외적 능률성 평가 이외의 다른 평가가 이뤄졌다면 해당 정책 · 사업에 대한 성패 판정은 내리기가 어려울 것이다.

또한 효과평가나 외적 능률성 평가가 이뤄졌다고 하더라도 그것이 수행된 절차의 적절성 여하에 따라서 성패에 대한 확고한 판단을 내릴 수 있는 정도가 좌우된다. 이는 평가 결과로 해당 정책 · 사업에 대한 성패의 판단이 가능한 경우도 있고, 또 경우에 따라서는 그러한 판단이 전혀 불가능한 경우도 있을 뿐만 아니라 성공과 실패의 연속선상에서 중간적인 성격을 띤 판단의 가능성이 상당히 존재한다는 의미를 내포하고 있다.

다음은 두 번째 전제에 관해 알아본다. 평가의 활용 문제를 좁게 파악하는 사람들은 평가 결과로 얻은 정보의 힘을 과대 평가해 그것에 따라 해당 정책 · 사업의 운명이 좌우될 수 있는 것으로 생각한다. 물론 이러한 문제는 평가 결과의 이용자 자신들이 평가에 대한 신뢰의 정도에 따라 영향을 받을 것이다. 그러나 평가가 제공하는 정보가 해당 정책 · 사업과 관련된 어떤 결정을 내리는 데에는 유일한 기준이 된다고 믿는 것은 비현실적일 뿐만 아니라 경우에 따라서는 위험할 수도 있는 사고라고 할 수 있다. 패튼 등도 평가에서 얻은 정보는 의사결정자가 이용하는 여러 자료 중 하나에 불과하다는 실증을 제시하고 있다(Patton et al., 1977: 161).

좁은 의미에서 평가의 활용이 갖는 위와 같은 제약점을 감안해 근래에 들어서는 평가의 활용을 넓은 의미로 파악하는 학자들이 많이 등장하고 있다.

2 넓은 의미의 활용

평가의 활용을 넓은 의미로 파악하는 사람들은 활용을 수단적 활용(instrumental use)과 개념적 활용(conceptual use)으로 구분하고, 활용은 이 양자를 모두 포함하는 것으로 본다(Rich, 1977: 200; Weiss, 1977: 23-24). 수단적 활용이란 활용을 좁은 의미로 파악하는 입장에서 보는 바와 같이, 평가에서 제시된 결론을 특정한 결정에 적용하는 경우를 가리킨다. 한편 개념적 활용이란 평가의 결과가 어떤 특정한 결정에 영향을 미치지 않는다고 하더라도 그것이 정책결정자나 사업 관리자와 같은 평가 결과의 이용자들에게 평가 대상 정책·사업에 대한 이해와 관련해서 영향을 미치는 것을 의미한다.

패튼 등은 평가의 활용이라는 개념에 평가의 결과가 평가 대상이 된 사업에 대한 사업 관리자의 지각에 점진적으로 영향을 미치는 것, 즉 평가의 결과가 다른 요인들과 더불어 서서히 사업에 관련된 의사 결정 방향을 변화시킬 수도 있는 영향까지를 포함시키고 있다(Patton et al., 1977: 25).

이와 같이 평가의 활용을 넓은 의미로 파악하는 사람들은 좁은 의미로 파악하는 사람들과는 달리 평가의 결과는 어떤 형태로든 활용이 되고 있다고 한다. 물론 이러한 판단은 사례별로 그리고 경험적으로 실증되어야 하는 것이지만, 넓은 의미의 활용에 더 많은 활용의 사례가 포함될 수 있음은 분명하다.

그러나 평가의 활용 여부는 바이스가 지적한 대로 정도의 문제이지(Weiss, 1977: 23), 활용-불용으로 양분시켜 논의한다든지, 수단적·개념적 활용으로 구분해서 논의할 성질의 것은 아니라고 보인다. 즉, 그것은 '완전한 활용'과 '완전한 불용'이라는 양 극단 사이의 연속선상에서 관찰될 수 있는 상대적인 성질의 것이다.

완전한 활용이란 평가의 결과에 따라 혹은 평가보고서에 제시된 내용에 근거해서 평가 대상 정책·사업에 대해 즉각적이고 직접적인 조치를 취하는 경우를 말한다. 예컨대 정책·사업을 폐기시킨다든지, 계속 또는 확대 실시한다든지, 수정 실시한다든지, 축소 실시한다든지 하는 등등의 조치들을 생각할 수 있다.

반면 완전한 불용이란 평가의 결과가 어떠한 형태로든, 또는 어떠한 시기에 걸쳐서든 평가의 대상이 되었던 정책·사업에 아무런 영향도 미치지 않는 경우를 가리킨다. 여기에는 평가에서 제시되었던 정보가 잠재적 이용자들에 의해 고려는 되고 있으나, 활용하지 않기로 결정된 경우와 평가 결과에 대해 아무런 검토가 이뤄지지 않고 무시되는 경우가 포함된다.

평가 활용의 실제는 이러한 양 극단을 잇는 연속선상에서 더 많이 발견될 수 있을 것이다. 이러한 유형의 활용 범주를 나열해 보면 다음과 같다(Larsen & Werner, 1981: 78-80; Weiss, 1981: 23).

① 평가에서 제시된 정보의 수정·활용

② 평가에서 제시된 정보의 일부 활용

③ 평가에서 제시된 정보가 장기간에 걸쳐 해당 정책·사업이 해결하고자 의도했던 문제의 성격이나 원인, 정책·사업의 효과 등을 이해하는 데 기여

라센(J. K. Larsen)과 워너(P. D. Werner)의 경험적 연구에 의하면, 평가의 활용은 위와 같이 넓게 보는 경우에 평가의 결과가 활용되는 비율은 약 75%에 이르고 있는 것으로 나타나고 있다(Larsen & Werner, 1981: 91). 이러한 자료는 평가가 활용되고 있다는 사실을 설득력 있게 말해주고 있다.

제 2 절 평가의 활용에 영향을 미치는 요인들

평가 작업을 수행하는 목적이 결국 그것의 결과가 평가 대상이 된 정책·사업과 관련된 의사 결정에 도움을 주기 위한 것이라고 본다면, 평가 작업 결과의 활용 정도에 영향을 미치는 요인이 무엇인가를 밝혀보는 것은 아주 중요한 일이라 할 수 있다. 이러한 요인들 중에는 활용을 증대시키는 방향으로 작용하는 것이 있는가 하면, 반면 활용에 부정적으로 작용하는 것도 있을 수 있다.

활용에 영향을 미치는 요인들을 밝히는 과업이 중요한 만큼 여기에 대한 연구도 많이 이뤄졌다. 다양한 요인들이 서로 다른 연구자들에 의해 제시되어 왔다. 이러한 요인들은 보통 실제 경험을 통해서나 사례연구를 통해 밝혀진 것들이기 때문에[12] 실제로 경험했거나 관찰된 평가 상황에 따라 서로 다른 요인들이 제시될 가능성이 높다. 따라서 일반성이 결여될 가능성이 많다. 그리하여 이곳에서는 많은 연구의 결과를 종합해 제시해 준 레비턴(Laura C. Leviton)과 휴즈(Edward F. V. Hughes)의 견해를 근간으로 하되(Leviton & Hughes, 1981: 533-544), 그들이 간과한 요인 중 중요하다고 생각되는 것들을 추가해 소개하고자 한다.

12) 경험을 통해 얻은 결과에 대해서는 Joseph S. Wholey et al., 1997: 50 참조; 사례연구를 통해 얻은 결과에 대해서는 Marvin C. Alkin et al., 1979: 231-256 참조.

1 적실성

적실성(relevance)이란 평가가 어느 정도 평가 결과 이용자의 요구를 충족시켜 주고 있는가 하는 점과 관련된 개념이다. 적실성이 높으면 높을수록 평가 결과의 활용 가능성은 높아질 것이며, 반대로 적실성이 낮은 경우에는 그것이 활용되기를 기대한다는 것은 무리한 일이 될 것이다.

평가의 결과를 활용하고자 하는 잠재적 이용자는 많다. 그리고 이들은 각각 상이한 정보 요구를 가지고 있다. 만일 평가자가 이들이 필요로 하는 정보 요구를 제대로 파악하지 못하고 평가를 진행시켰다면 그것은 적실성을 가지고 있지 못할 가능성이 클 것이다. 이 경우에는 평가의 활용도가 낮을 수밖에 없다.

2 적시성

적시성(timeliness)과 활용도와의 관계에 대해서는 여러 가지 견해가 있다. 즉, 어떤 학자들은 평가 결과가 어떤 결정에 활용되기 위해서는 그것이 적시에 제출되는 것이 중요하다고 주장하는가 하면(Guba, 1975: 42-54), 어떤 학자는 적시에 평가보고서를 받는 일이 그것의 활용에 중요한 영향을 미치지 못한다고 주장한다(Patton, 1978 참조).

이러한 상반된 주장에 대해 영(C. J. Young)과 컴토이스(J. Comptois)는 즉각 어떤 특정한 결정을 내려야 하는 단기적인 수단적 활용에는 적시성이 별로 중요한 것 같지 않다고 한다(Young & Comptois, 1979: 63-64). 평가의 결과가 정책결정자나 사업 관리자와 같은 의사결정자들의 사고나 행동에 영향을 미치기 위해서는 어느 정도의 시간이 걸릴 것은 틀림없는 사실이다. 그렇기 때문에 이러한 유형의 활용에는 적시성이 별로 중요하지 않다고 하는 논리는 쉽게 이해될 수 있을 것이다.

3 평가연구 방법의 질

많은 학자가 평가연구 결과의 활용도를 높이기 위해서는 평가연구 방법의 질(methodological quality)을 높여야 한다고 주장해 왔다(Wholey et al., 1973: 50). 그러나 한편으로는 또한 이러한 방법상의 질은 평가의 활용에 그렇게 중요한 것이 아니라는 견해도 있다. 예컨대 패튼 등은 그들이 면담을 행한 15명의 의사결정자 중 오직 5명(약 25%)만이 평가연구 방법의 질이 평가의 활용에 중요하다는 대답을 했다고 한다(Patton et al., 1977: 150).

평가연구에 동원된 방법의 질이 평가 결과의 활용에 실제적으로 많은 영향을 미치지는 못한다 하더라도 그것이 활용되기를 기대한다면, 평가 방법의 질은 훌륭해야 하는 것이 필요 조건이 될 것이다. 즉, 평가 방법의 질은 활용도의 제고에 충분 조건은 못된다고 하더라도 필요 조건임에는 틀림없다. 평가의 결과로 특정의 정책·사업이 효과가 없는 것으로 보고된 경우에 그 정책·사업과 이해 관계가 있는 당사자들이 제일 먼저 제기하는 문제가 평가 방법상의 취약점이라는 점을 감안한다면, 이러한 평가 방법의 질이 평가 결과의 질에 설득력을 제공할 것임은 틀림없는 일일 것이다(Leviton & Hughes, 1981: 541).

4 의사소통

의사소통(communication)이란 평가자와 평가 결과 이용자 사이의 의사전달 과정을 일컫는다. 의사전달 과정이 다음과 같은 속성을 지니고 있을 때 평가 결과의 활용도가 높은 것으로 지적되고 있다.

① 높은 빈도: 잠재적 활용자와 평가자가 빈번하게 의사소통을 유지할 때 활용도가 높아진다(Hill, 1980 참조).

② 직접성: 의사소통은 평가자와 평가 결과의 잠재적 활용자 사이에 직접적으로 이뤄지는 것이 바람직하다. 서로의 의사가 중간계층을 통해서 전달되는 경우에는 그것이 왜곡될 가능성이 높기 때문이다.

③ 평가보고서의 용이성: 평가보고서는 잠재적 활용자가 쉽게 이해할 수 있도록 쓰여 있어야 하며, 전달하고자 하는 내용이 명백해야 한다. 보고서가 이해하기 어려운 용어로 쓰여 있어 이해하기 힘들도록 되어 있다면, 그러한 보고서에 근거해 어떤 결정을 내린다든지 문제에 대한 이해에 도움이 될 것이라고 기대하는 것은 무리한 일이 될 것이다.

5 개인적 요인

개인적 요인(personal factor)은 패튼 등이 가장 중요시하는 요인이다(Patton et al., 1977: 155-161). 이들에 의하면 평가 결과의 활용에 가장 중요한 영향을 미치는 요인의 하나는 바로 개인적 요인이라는 것이다. 개인적 요인에는 잠재적 이용자의 지도력, 관심, 열의, 결의, 적극성, 호의 등이 포함되어 있다. 즉, 평가 결과를 이용할 위치에 있는 사람이 평가 작업의 진행에 관심을 가지고 있고 이러한 활동을 지지할 뿐만 아니라 그 결과가 제시되었을 때 이를 활용하고자 하는 마음가짐이 되어 있어야만 평가 결과의 활용도가 높아진다는 것이다.

앨킨(Marvin C. Alkin) 등은 이를 행정가의 태도(administrator style)라고 부른다(Alkin, Daillak, & White, 1979: 255-256). 이들은 행정가의 행정적 기술(skill)과 선도력(initiative)이 이러한 행정가 태도의 두 가지 중요한 속성이라고 한다. 다른 말로 표현하면, 평가 결과가 활용되기 위해서는 행정가가 앞장서서 책임지고 평가보고서에 제시된 내용에 따라 어떤 조치를 취할 각오가 되어 있어야 하며, 또 일단 시작했으면 그 일을 끝까지 수행할 추진력이 있어야 한다는 이야기가 된다.

제 13 장 정책평가의 문제점

이제까지 우리는 정책평가가 전체적인 정책 운용이나 행정관리에 긍정적인 기여를 할 수 있다는 신념을 가지고, 그것이 가지고 있는 밝은 측면만을 강조해 왔다. 그러나 실제로 정책평가를 수행할 때는 평가에 관한 저항 요인이 발생하는 등 많은 문제점에 봉착하게 되는 것이 현실이다. 이러한 문제점은 정책평가 일반에 관한 것일 수도 있고, 경우에 따라서는 좀 더 한정적으로 어떤 특정한 유형의 평가에 특유한 것일 경우도 있기 때문에 이곳에서는 이들을 구분해서 다루고자 한다. 그리고 평가 작업에서의 저항 요인에 관한 좀 더 자세한 내용은 포사박(Emil J. Posavac)과 커리(Raymond G. Carey)가 제시한 것을 소개하고자 한다.

제 1 절 정책평가의 일반적인 문제점

정책평가를 수행하는 데 일반적으로 당면하게 되는 문제로서는 평가 대상기관으로부터의 저항과 낮은 질의 관리정보 체계(management information systems)를 들 수 있다.

1 정책평가에 대한 저항

정책평가를 수행할 때는 평가 대상 정책을 실시해 온 기관으로부터의 협조가 필수불가결한 요소이다. 이들의 협조가 없이는 필요한 자료를 획득하는 것이 거의 불가능하기 때문이다. 그러나 이들은 그들이 실시해 온 정책에 대한 평가에 대해 자연적으로 저항하는 경향을 나타낸다. 이러한 경향은 의미 있는 평가를 어렵게 만들 것이기 때문에, 특히 평가기획 단계에서 이러한 문제에 대한 적절한 대응책을 마련하지 않으면 안 된다.

그러면 사업 관리자나 사업 실시자들은 왜 평가에 저항하려고 하는가? 첫째는 자기가 행한 일에 대해 타인으로부터, 특히 그들이 누구인지 모르는 사람으로부터 평가받기를 싫어하는 인간 본연의 속성에서 그 원인을 찾을 수 있을 것이다. 평가자는 옹호자라기보다는 비판자적인 입장을 취하는 경우가 일반적이기 때문이다.

둘째는 평가가 가져다줄지도 모르는 불이익에 대한 두려움에서 평가에 대한 저항의 원인을 찾을 수 있을 것이다(Cook & Shadish, 1982: 232). 사업 관리자와 사업 실시자들은 경우에 따라서는 특정 사업과 운명을 같이한다. 따라서 평가에 의해 어떤 사실이 밝혀질지 알기 어려운 이들은 평가 자체를 불안한 눈으로 바라보게 되는 것이 오히려 당연한 일이라고 하겠다. 그리하여 그들은 일단 평가가 이뤄진다면 그들에게 유리한 결론이 나오기를 희망하지만, 그러기보다는 처음부터 아예 평가가 이뤄지지 않는 것을 더 선호한다.

이러한 저항을 줄이기 위한 하나의 방법으로 평가 대상기관의 구성원을 평가 활동에 참여시키는 방안을 생각해 볼 수 있다(Stevenson, 1981: 379). 이들의 참여는 평가 고객의 요구에 적합한 방향으로 평가 작업을 진행시킬 가능성이 높기 때문에 평가 자료 수집 과정에서 필요한 협조를 얻을 수 있을 뿐만 아니라, 평가 결과의 활용도를 제고시킬 수 있는 장점을 가지고 있다(Clark, 1979: 564). 그러나 이러한 방안에도 제약점이 없는 것은 아니다. 평가 대상기관의 입장을 너무 많이 반영하게 되면, 평가 결과 분석의 초점이 흐려질 가능성과 더불어 평가의 객관성 상실 및 협의 과정의 장기화 가능성으로 정해진 기간 내에 평가 작업을 마무리짓지 못할 수가 있다.

2 낮은 질의 관리정보 체계

관리정보 체계(management information system)란 관리자가 필요로 하는 정보를 수집·전환시키는 특별한 형태의 정보체계로서, 일반적으로는 전산화되어 있다(McCurdy, 1977: 405). 관리정보 체계는 해당 기관의 관심 영역 혹은 업무 영역에 관한 과거·현재 및 미래의 전망에 관한 모든 수준의 정보를 포괄하고 있어야 한다. 그리고 이러한 정보는 관리자의 위치(예: 최고관리층·중간관리층 등) 및 필요에 따라 조직화될 필요가 있다.

해당 기관의 관심 영역 혹은 업무 영역은 그 기관의 설립 목적에 비춰 수행해야 할 활동 분야를 가리킨다. 예컨대 보건복지부의 경우라면 국민건강보험, 위생, 사회복지 등이 그러한 영역이 될 것이다.

그 다음 그러한 영역에 관한 과거·현재·미래의 전망에 관한 모든 수준의 정보란 해당 영역을 측정해 줄 수 있는 지표(indicators)로 나타낸 그 영역의 상태, 그 부문에 투입된 자원, 그 부문에서 행해진 활동, 집행의 결과로 얻은 산출에 대한 정보가 시계열적으로 조직화되어 있는 것을 말한다.

이와 같이 조직화된 관리정보 체계는 거의 모든 유형의 평가에 중요한 기초 자료를 제공해 준다. 그러나 많은 나라가 정책평가에 필요한 기초 정보를 제공해 줄 정도로 잘 조직화된 관리정보 체계를 갖추지 못하고 있는 것이 현실이다. 그 이유는 여러 가지로 생각해 볼 수 있겠으나, 관리정보 체계의 필요성에 대한 인식 부족, 관리정보 체계 구성 능력의 미비, 최고관리자로부터의 불충분한 지원 중에서 어느 하나나 둘 이상의 조합이 근저에 깔려 있을 가능성이 있기 때문이다.

제 2 절 정책평가의 유형별 문제점

앞 절에서 정책평가가 당면할 수 있는 보편적인 문제들을 살펴보았다. 이곳에서는 좀 더 구체적으로 제10장에서 다룬 각 유형의 정책평가를 수행할 때 당면하게 될 문제점을 살펴보고자 한다. 다만 일곱 가지 유형을 모두 다루지는 않고 비교적 더 중요하다고 생각되는 효과평가, 능률성 평가, 정확성 평가, 정책구조 평가에서의 문제점만을 다루기로 한다.

1 효과평가의 문제점

효과평가에서 가장 기본적인 요건은 명확히 규정된 정책·사업 목표의 존재라 할 것이다. 효과평가에서는 바로 그러한 목표의 달성 여부가 가장 핵심적인 과제의 하나가 되기 때문이다. 그러나 정책이나 사업의 목표는 대체로 일반적이고 모호한 용어로 제시되는 것이 거의 보편적인 현상으로 되어 있어(Dror, 1968: 135-138; Hatry, Winnie, & Fisk, 1973: 37), 이것이 효과평가에 많은 어려움을 제공하고 있다. 사실 일반적이고 모호하게 표현된 목표를 기초로 해서 평가 작업을 진행시키는 것은 아주 어려운 일이기 때문에, 그런 경우 조작화된(operationalized) 목표를 찾아내기 위한 노력이 평가자 자신에 의해 이뤄져야 한다.

해트리 등은 사업의 목표와 관련된 입법부의 언명, 의원들이나 시민들이 공청회에서 밝힌 견해, 정부관리들과 같은 세 가지 출처로부터 사업의 목표를 추출해 내는 데 도움을 얻을 수 있을 것으로 보고 있다(Hatry, Winnie, & Fisk, 1973: 35-37).

다음으로는 효과평가 방법상의 문제를 들 수 있다. 정책·사업은 어떤 문제에 대한 해결 수단으로서의 측면을 내포하고 있다. 따라서 그러한 정책·사업의 효과를 평가한다는 것은 평가 대상이 되고 있는 정책·사업이 그러한 문제의 해결(혹은 좀 더 구체적으로는 목표의 달성)에 기여했느냐, 기여했다면 어느 정도나 되느냐 하는 것을 측정하는 것이다. 그리하여 정책·사업과 그것이 야기한 효과 사이에 존재할지도 모르는 인과 관계를 검증하는 것이다. 이러한 과정에서 가장 관심을 기울여야 할 것은 어떠한 방식으로 특정한 정책·사업이 야기한 효과를 그것 이외의 다른 요인이 미친 효과로부터 분리시킬 것인가 하는 것이다.

이러한 기능을 수행하는 데 가장 적절한 방법으로 실험설계(experimental design)가 제시되고 있다. 그러나 이러한 설계는 시범사업의 개발 초기 단계에서부터 평가가 계획될 때에만 실현 가능성이 있는 것이다(Clark, 1979: 563). 이러한 상황은 거의 기대하기 힘든 것이 현실이다. 그리하여 현실적으로는 해답을 구하는 문제나 결정의 일정 등의 상황에 따라 평가 방법과 평가의 척도를 선정하는 경향을 띠고 있다.

실험설계를 평가에 이용하는 데 따르는 어려움은 다음과 같이 요약할 수 있다.

1) 정책 · 사업 이외의 변수들에 대한 통제의 어려움

정책 · 사업 이외의 변수들에 대한 통제는 무작위 표본추출(random sampling)과 무작위 배정(random assignment)에 의해 가장 잘 달성된다. 그러나 정책 · 사업이 실시되는 사회 상황 하에서는 실험실 내에서 이뤄지는 물리실험이나 화학실험의 경우와는 달리 그러한 조치들이 엄격하게 적용될 수 없다는 데 어려움이 있다. 이러한 실험설계 적용상의 어려움은, 예컨대 똑같이 어려운 생활 여건에 처해 있는 영세민이 사회실험을 이유로 어떤 사람은 실험집단에 배정되어 정책보조의 혜택을 받게 되는 반면, 어떤 사람은 통제집단에 배정되어 혜택이 거부되는 사태에서 야기될 수 있는 문제점을 생각하면 쉽게 이해될 수 있을 것이다.

2) 적용될 상황의 제한

앞에서도 언급한 바와 같이 실험설계가 적용되기 위해서는 정책 · 사업의 개발단계에서부터, 즉 정책 · 사업의 실시 이전부터 치밀한 계획 하에 실험집단과 통제집단에 대한 자료를 수집해야 한다. 그러나 현실 세계에서는 이러한 상황보다는 오히려 이미 정책 · 사업은 시작되었고, 그것이 실시되고 있는 과정에서 그것의 효과를 측정하려고 시도하는 경우가 많다고 보아야 한다. 이러한 상황에서는 진실험설계는 처음부터 적용이 불가능하며, 준실험설계나 비실험설계 혹은 성과(실적)점검에 의존할 수밖에 없다.

3) 정책 효과에 대한 고려

정책 · 사업이 야기한 효과를 어디까지 측정할 것인가 하는 점도 효과평가를 할 때 당면하는 중요한 문제의 하나이다. 앞에서도 언급한 바와 같이 정책 · 사업이 야기한 효과는 제1차적 · 직접적인 효과일 수도 있고, 제2차적 · 간접적 효과일 수도 있으며, 의도했던 효과일 수도 있고 의도하지 않았던 효과일 수도 있다. 어떤 정책 · 사업은 단기간으로 볼 때는 바람직한 효과를 나타내지만, 장기적으로 볼 때는 미미한 효과밖에 나타내지 못하는 경우도 있고 그 반대의 경우도 있을 수 있다. 그렇다면 어느 시점에 효과평가를 실시하는 것이 타당할 것인가?

사실 어떤 특정 정책 · 사업의 효과는 보는 사람에 따라 얼마든지 확대될 수 있고, 또는 별로 의미 없는 효과로 계산에서 제외될 수도 있는 측면이 있다. 이러한 맥락에서 윌슨(James Q. Wilson) 교수가 제시한 정책 효과에 관한 두 가지 측면은 시사하는 바가 크다(Wilson, 1973: 132-134; Dye, 1978: 322).

(1) 윌슨의 제1법칙

사회 문제에 대한 모든 정책 개입은, 만일 그것의 효과에 관한 연구가 그것의 집행자나 그들의 친구에 의해 수행된다면, 의도했던 효과를 산출한 것으로 나타난다.

(2) 윌슨의 제2법칙

사회 문제에 대한 어떤 정책 개입도, 만일 그것의 효과에 관한 연구가 독립적인 위치에 있고 제3자, 특히 그 정책에 대해 회의적인 사람에 의해 수행된다면, 의도했던 효과를 산출하지 않은 것으로 나타난다.

2 능률성 평가의 문제점

능률성 평가에서의 문제점으로는 능률성 지수를 형성하는 분모와 분자, 즉 비용과 산출 및 편익(혹은 효과)의 척도 값을 구하는 작업이 쉽지 않다는 점을 지적할 수 있다. 이들의 값을 구하기 위해서는 먼저 비용과 산출 및 편익(혹은 효과)의 항목을 확정해야 하며, 그 다음으로는 이들을 일정 단위(보통으로는 화폐 단위)로 환산하거나(비용 · 편익평가법의 경우) 자연 단위(비용 · 효과평가법의 경우)로 나타내는 작업이 필요하다. 이 모두가 어려운 과제임에 틀림없다.

먼저 효과평가의 경우와 마찬가지로 정책 · 사업이 야기한 편익(효과)을 어디까지 계산할 것인가? 제1차적 효과는 어떤 것들이며, 제2차적 효과는 어떤 것들인가? 이것들이 미친 승수 효과와 연관 효과들로는 어떤 것들이 있는가? 그 다음 할인율은 얼마로 정하는 것이 합리적이겠는가? 할인율의 문제는 비용의 투입 시기와 편익

(효과)의 발생 시기 사이에 시차가 발생하는 경우(예컨대 대규모 투자사업), 정책·사업의 효과가 장기에 걸쳐 나타나는 경우에 특히 중요성을 갖는다. 할인율의 수준에 따라 능률성 지수의 값이 크게 좌우될 수 있기 때문이다. 할인율을 적정 수준보다 높이 정하는 경우에는 능률적으로 운영된 정책·사업이 비능률적인 것으로 판정을 받을 것이며, 반대로 적정 수준보다 낮게 정하는 경우에는 비능률적으로 운영된 정책·사업이 능률적인 것으로 판정받게 되는 잘못을 범하는 것이다.

누구의 입장에서 비용과 편익(효과)을 보느냐 하는 것도 능률성 평가를 수행할 때 당면하게 되는 중요한 문제가 된다. 갑에게 이익이 되는 것이 반드시 을이나 병에게도 이익이 되는 것은 아니며, 경우에 따라서는 갑에게 이익이 되는 것이 다른 사람들에게는 비용이 될 수도 있기 때문이다. 그러므로 능률성 평가에서는 분석의 시각이 중요한 문제가 된다. 물론 정부의 입장에서는 전체적인 국민경제적 차원에서 분석을 수행하는 것이 합리적이라고 볼 수 있겠으나, 경우에 따라서는 사회적으로 불리한 입장에 있는 집단에게 이익이 되거나 손해를 끼치게 되는 경우에는 다른 경우보다 가중치를 높여 계산하는 것이 좀 더 바람직할 수도 있다.

3 정확성 평가의 문제점

정확성 평가를 위해서는 기록문서의 정확성과 인지 자료(perceptual data)의 신빙성이 확보되어야 한다. 그러나 우리는 집행부서가 그의 업적을 좋게 보이기 위해 자료를 조작하고 있다는 보도를 가끔 접하게 된다. 이러한 부정확한 자료는 그대로 이용되어서는 안 되며, 교정이 선행되어야 한다.

그리고 지각 자료의 신빙성에 관한 문제는 조사 방법상 언제나 문제되어 온 것으로 자료 수집 시에 상호 검증할 수 있는 항목을 포함시킨다든지, 자료 분석 시 그들의 양태를 보아 자료의 신빙성에 대한 주관적인 판단을 가해 만일 믿을 수 없다는 판단이 내려질 때에는 그러한 자료는 분석에서 제외시켜야 할 것이다.

또 하나의 문제는 참여 관찰 시 자료 수집자 혹은 평가자의 위장(disguise)과 관련되어 있다.

첫째, 참여 관찰자가 정책·사업 실시자와 상당 기간 같이 지내는 동안에 사업 실시자나 정책·사업의 수혜자의 편견에 동화되어 그 자신이 객관성을 상실할 우려가 많다는 점을 지적할 수 있다.

둘째, 관찰자의 신분이 밝혀지는 경우에 그는 이미 정확한 자료를 얻을 수 없는 위치에 있게 된다.

셋째, 위장된 참여 관찰에는 시간이 많이 소요된다는 것도 이러한 방식의 활용에 대한 저해 요인이 된다고 하겠다.

4 정책구조 평가의 문제점

정책구조 평가에서는 특정 정책·사업이 추구하는 목표와 그것을 구성하고 있는 요소들 사이의 논리적 관계를 검토한다. 이러한 과정에서의 문제점으로는 아래와 같은 두 가지를 지적할 수 있을 것이다.

첫째, 구조평가가 가능할 수 있느냐 하는 문제이다. 결론부터 이야기한다면, 이론적으로는 얼마든지 가능할 수 있으나 실제로는 정책·사업의 입안기관이나 집행기관으로부터의 저항이 너무나 클 것이기 때문에, 어떤 특별한 전제 조건(예컨대 법적인 뒷받침이나 정치 지도자의 전폭적인 지지)이 충족되지 않는 한 시도하기에 주저할 수밖에 없는 유형의 평가라고 하겠다. 그 이유는 이러한 구조평가는 바로 정책·사업의 입안기관이나 집행기관의 고유 권한에 대한 도전으로 받아들여질 여지가 있기 때문이다. 그러나 경우에 따라서는 오직 구조평가만이 특정 정책·사업의 실패를 설명해 줄 수 있다는 점이 고려되어야 할 것이다.

둘째, 구조평가 방법상의 문제를 지적할 수 있다. 앞에서 구조평가는 특정 정책·사업을 뒷받침해 줄 수 있는 이론의 유무에 대한 검토와 특정 정책·사업의 논리성 검토를 통해 이뤄질 수 있을 것이라고 제시한 바 있다. 그러나 이러한 방법은 모두 정책·사업기획이 주먹구구식으로 진행된 것인지의 여부만을 가려내 줄 뿐이며, 그 여부에 대한 판단에서도 주관적 판단에 의존할 수밖에 없다는 제약점을 가지고 있다.

제 3 절 평가에 대한 저항 요인

평가 작업은 여러 가지 요인에 의해 저항을 받을 가능성이 많다. 그러므로 이러한 요인들은 평가기획 단계에서 분명히 파악되어야 하며, 동시에 적절히 해소되어야만 한다. 그렇지 않으면 평가의 가능성 상실 또는 효용성 저하라는 문제가 발생된다. 이곳에서는 포사박과 커리가 제시한 저항 요인들을 중심으로 소개하고자 한다(Posavac & Carey, 1985: 43-48).

1 사업 관리자의 사업 효과에 대한 과도한 기대

사업 관리자나 사업 실시자들은 일반적으로 자신들이 관리·실시하고 있는 사업의 긍정적 효과에 대해 확신을 가지고 있다. 따라서 그것이 평가될 때는 당연히 극적인 효과가 증명될 것으로 기대한다. 그리고 만일 평가자들에 의한 평가 결과가 자신들의 기대와 일치하지 않을 때에는 심한 불만을 토로한다. 사업 관련자들의 사업에 대한 과도한 기대에 기인한 이러한 감정적 표출은 분명히 평가에 유익한 환경을 제공하지 못한다.

2 사업의 중단 가능성에 대한 우려

정책이나 사업에 대한 평가의 결과가 부정적으로 나온다 해도 문제되고 있는 정책이나 사업이 종결되는 일은 그리 흔한 일이 아니다. 그러나 그렇다고 해서 그 가능성을 전혀 배제할 수는 없다. 특히 능률성 평가의 경우는 의도적으로 사업비의 낭비 요인을 발견, 이를 시정하는 데 주안점을 두고 있는 것이 사실이다.

이러한 사실은 특히 사업 관리자와 사업 실시자들에게 때로는 위협적 요소로 작용한다. 왜냐하면 그러한 부정적 평가 결과의 이용 여하에 따라서 그들의 직업적 안정이 흔들릴 수도 있기 때문이다. 이러한 사업 중단 가능성에 대한 우려는 평가자가 평가에 필요한 자료를 수집할 때 어려움을 제공할 것은 너무나도 명백한 일이다.

3 평가정보가 남용될지 모른다는 우려

사업 관리자나 사업 실시 담당자 중에는 평가에서 얻은 정보가 자신들에게 불리하게 작용될 수 있다는 관념을 가진 사람들이 많다. 물론 이러한 우려는 과거에 몇몇 평가자가 무책임하게 행동한 사례에 기인한 것이라고 볼 수 있다. 예컨대 평가 과정에서 얻은 비밀을 누설한다든지, 정책이나 사업을 평가하는 대신 사업 담당자의 업적을 평가하는 등의 행위가 여기에 속한다. 이러한 우려를 불식시키기 위해서는 평가자들이 신의를 지키고 책임 있게 행동할 것이 절실히 요청된다.

4 평가무용론

어떤 사람들은 평가가 평가 대상인 정책이나 사업에 대해 어떠한 영향도 미치지 못한다고 비판한다. 그리고 평가는 필요 없다고 주장한다. 물론 어떤 정책이나 사업에 대한 평가가 이뤄졌다고 하더라도 바로 그러한 평가 대상의 운명을 좌우하는 획기적인 결정이 이뤄지는 예는 드물다고 한다. 그러나 평가 결과가 시의적절하고 정책·사업과 관련된 의사결정자들의 정보 요구를 충족시켜 주고 있다면, 그러한 평가는 다른 여러 정보와 더불어 어떤 형태로든 의사결정자에 의해 이용될 것이다.

5 평가가 사업자금을 잠식한다는 비난

때로는 평가로 말미암아 사업자금이 잠식되고 있다는 비난이 들린다(Scioli, 1979: 41). 즉, 사업에 투입될 수 있는 자금이 평가에 투입됨으로써 그만큼 사업비가 줄어든다는 이야기이다. 말 그대로라면 그건 사실이다. 그러므로 만일 평가를 통해 얻을 것이 기대되는 편익보다 비용이 더 많이 소요되는 평가라면 이는 처음부터 수행되어서는 안 된다. 그러나 본질적인 문제는 실시할 가치가 의심스러운 정책이나 사업을 아무런 확인 없이 계속 실시할 것인가, 아니면 평가를 통해 국민에게 더 많은 그리고 더 나은 서비스를 제공할 것인가 하는 것이다.

제 3 편

한국 정부의 정책평가

앞에서는 정책평가의 이론적 측면을 다뤘다. 이제부터는 정책평가의 응용적 측면으로 우리나라에서 이뤄지고 있는 정책평가의 실제를 다루고자 한다. 이러한 응용적 측면에 대한 검토는 정책평가의 이론과 실제를 대비시켜 봄으로써 평가 현실에서의 개선 가능성 및 방향 모색에 도움을 줄 수 있을 것이다.

여기에서는 중앙정부 수준에서 이뤄져 온 평가제도가 과거로부터 현재까지 어떻게 변화·발전되어 왔는지를 살펴보고자 한다. 이어서 그간 정책평가 수행기관들이 제도화된 형태로 수행하고 있는 주요 평가제도에 대해 알아볼 것이다. 그리고 나서 현재 이뤄지고 있는 중앙행정기관 평가의 실태를 비판적으로 검토한 후, 평가가 산출하는 평가정보의 유용성 정도에 관해 논의를 하고, 끝으로 정책 결정을 지원할 수 있는 효과평가의 도입 전략을 다루고자 한다.

제 14 장 정부업무 평가제도의 과거와 현재

국가 간 경계 없는 무대 위에서 무한경쟁을 해야만 하는 시점에서 정부경쟁력 제고를 통한 국가경쟁력 강화 노력은 절실히 요구되고 있다. 특히 정부가 수립·시행하고 있는 정책 또는 사업의 성과를 개선하기 위해 도입·운영되고 있는 정부업무 평가제도는 그 어느 때보다도 내실 있게 운영되어야 하는 상황이다.

여기에서는 정부 업무(정책 또는 사업 등을 포함)에 대한 평가제도를 공식적인 제도로서 도입·운용되기 시작한 제도 도입 단계로부터 과도 단계, 재정비 단계, 발전 단계, 그리고 현재에 이르는 통합 단계 등 5단계로 구분해 살펴보고자 한다.

제 1 절 도입 단계(1961.9~1981.10)

1 배경 및 법적 근거

1961년 사회·경제적으로 열악한 시대적 상황에서 정부는 국가의 경제 발전을 위해 국정에 대한 원활한 통합 수단이 필요했다. 국정 통합 수단인 평가 기능이 정부 내에 도입되기 위해서는 정부정책에 대한 평가 업무의 법·제도적 기반이 이뤄져야 했다.

정부조직의 전면적 개편을 담은 1961년 8월 25일 「정부조직법」의 제정·시행은 심사 분석 및 조정 기능을 내각수반에 부여한 법적 근거가 되었다. 이후 각 부처가 수행하는 정부 업무 전반에 관해 대통령을 보좌해 각부 장관을 통할하는 국무총리가 통제 기능을 좀 더 효율적으로 수행하기 위해 1963년 12월 16일 기획·통제 업무를 보좌하는 기획조정실이 설치되었고, 여기에서 평가제도를 주관하게 되었다. 이후 1972년 4월 14일 「정부의 기획 및 심사분석에 관한 규정」이 대통령령 제6143호로 제정됨으로써 정부 내에서 심사분석제도가 활성화되기에 이르렀다.

2 추진 체계

「정부의 기획 및 심사분석에 관한 규정」에 의하면 중앙행정기관의 장은 그 소관 업무 및 소속기관의 기본 운영계획의 집행 결과에 대해 분기별로 그 분기가 끝난 40일 이내에 스스로 심사분석해 이를 평가하고, 연도 심사분석 및 평가는 그 연도가 끝난 50일 이내에 해야 하며 그 결과를 국무총리에게 보고해야 했다(동 규정 제8조). 이것과는 별도로 중앙행정기관의 주요 정책과 사업에 대해 국무총리 기획조정실에 분기별로 심사분석 및 평가를 실시할 의무가 부여되었다. 국무총리는 이들을 종합 평가한 후 국무회의의 심의를 거쳐 대통령에게 보고하게 된다.

한편, 국무총리는 정부의 기본 운영계획의 집행 결과를 종합평가할 때 이에 관한 전문지식이 있는 사람의 의견을 듣기 위한 평가교수단을 구성·운영했다. 외부 민간 전문가로 구성된 평가교수단은 정부 업무 전반을 대상으로 주로 예산사업 중심의 과정평가 성격의 진도분석을 실시하면서 해당 사업이 추진되는 집행 과정상의 문제점을 발굴하고 그 대책을 마련·제시하는 데 목적을 두고 실시되었다.

이전의 평가가 정부 내 구성원인 공무원에 의해서만 이뤄진 평가인데 반해 최초로 정부 밖의 민간인 전문가를 활용한 평가제도 운영이라는 점에서 큰 의의가 있다.

3 평가 내용 및 방법

근거 규정에 따르면, 심사분석은 "정부 시책 추진의 효율성을 높이고 예산 등 자원의 효율적 이용을 위해 정부가 시행하는 주요 시책이나 사업에 대해 그 집행 상황을 관리하고, 집행 성과를 분석·평가해 그 결과를 시책이나 사업 추진에 반영하는 것"으로 정의된다. 개념 규정에는 심사분석제도가 추구하는 목적과 심사분석의 대상 및 심사분석에서 수행하는 활동들이 내포되어 있다. 즉, 심사분석의 목적은 첫째, 정부가 시행하는 시책을 효과적이며 능률적으로 운용하는 것이며, 둘째, 이러한 시책에 투입되는 인적·물적 자원을 낭비하지 않고 효율적으로 이용하는 것이다.

심사분석은 매년 수립된 정부 업무 전반에 관한 '기본운영계획'에 의해 정부부처가 수행한 집행·결과를 분석·평가하는 방식으로 평가가 이뤄졌다. 분석 대상은 주로 정부예산사업이 중심이었으며, 분석 방법은 과정평가 성격의 진도분석으로, 이를 통해 해당 사업이 추진되는 집행 과정상의 문제점 발굴과 그 대책을 마련해 제시하는 데 목적을 두고 실시되었다.

제 2 절 과도 단계(1981.11~1994.12)

1 배경 및 법적 근거

이 시기에는 이전의 국무총리 기획조정실 주관의 심사분석제도를 보완하기 위해 정부 내에서 이뤄지는 공식적 평가인 정부업무 평가제도가 국무총리와 경제기획원으로 주관기관이 이원화되었다. 내각수반인 국무총리에게 부여된 국정관리를 위한 효율화 수단인 정부업무 평가제도는 과도기에 이른 것으로 이해할 수 있다.

국무총리 기획조정실의 심사분석 업무는 1981년 12월 31일의 「정부조직법」 제

23조 제1항에 의해 1994년 12월까지 경제기획원의 심사분석국으로 이관 실시되었으며, 관련 내용은 제도 개선 도모를 위해 전문 개정한「정부의 기획 및 심사분석에 관한 규정」(1982.5.15)에서 다뤄졌다.「정부조직법」(1981.12.31) 제23조 제1항에서는 "국가의 경제사회 발전을 위한 종합계획의 수립·운용과 그 재원 조달을 위한 계획의 조정, 예산의 편성 및 그 집행의 관리, 각 중앙행정기관의 기획의 조정과 심사분석에 관한 사무를 관장하기 위하여 국무총리 소속하에 경제기획원을 둔다."고 명시되었다.

이후, 제6공화국에서는 국무총리의 내각 통할과 대통령 보좌 기능을 좀 더 강화하기 위해 전(全)정부적 차원에서의 점검·평가·조정 권한을「정부 주요 정책평가 및 조정에 관한 규정」(총리령 제364호(1990.4.16)에 근거를 두고 국무총리 행정조정실이 평가 기능을 수행(1990.4~1994.12)하게 되었다.

2 추진 체계

과도기인 1981년 11월부터 1994년 12월은 경제기획원의 심사분석제도와 국무총리 행정조정실의 정책평가제도가 이원화되었던 시기로 추진 체계 역시 별도로 수행되었다. 1981년 시작된 경제기획원 심사분석국 주관의 심사분석제도는 1984년「정부투자기관관리기준법」및「동법 시행령」제정에 따라 심사분석국의 기능 일부 조정 및 확대 개편에 따라 심사평가국에서 실시하게 되었다. 1990년 4월 국무총리 행정조정실 주관의 정책평가제도는 행정조정실 내 제2행정조정관실의 정책평가심의관실에서 실질적인 주관을 담당했기에 이 시기의 평가는 공무원 주도로 이뤄졌다고 볼 수 있다.

3 평가 내용 및 방법

경제기획원의 심사분석제도는 원칙적으로 정부 활동 전반이 평가 대상이었으며, 구체적으로는 각 부처 기능 수행을 위한 업무를 시책과 사업으로 구분하고 사업을 다시 건설적 사업과 시책적 사업으로 평가 대상을 구분·심사했다.

심사분석은 그 실시 목적 및 시기에 따라 집행관리와 성과분석으로 구분·실시되었고, 집행관리는 다시 실시 목적 및 기법에 따라 점검과 집행 중의 평가로 세분화해서 운영되었다. 이와 같은 제도 하에서의 평가는 각 부처가 자율적으로 실시한 심사분석 내용 및 결과를 취합해 조정하는 업무에 중점을 두고 실시되었으며, 주로 단기 실태에 대한 점검 위주의 사업 진도 점검과 공기업 등 투자기관의 경영평가에 역점을 두고 실시되었다.

이외에 대통령 지시 또는 기타 특별한 사유가 있어 심사분석을 실시한 경우에는 그 결과를 대통령에게 수시로 보고했으며, 「정부의 기획 및 심사분석에 관한 규정」에 의거해 경제기획원 장관(지방의 경우 내무부 장관)에게 결과를 통보했다. 심사분석 결과의 통보 시, 시정 요구 사항이 있을 때에는 중앙의 경우 예산 사항에 대해서는 경제기획원 장관이 예산 편성 또는 분기별 예산 배정에 반영토록 했고, 비예산 사항에 대해서는 국무총리를 통해 중앙행정기관의 장 또는 서울특별시장에게 시정을 요구했다. 이 때 시정을 요구받은 기관의 장은 지체없이 시정 조치를 한 후에 그 결과를 경제기획원 장관(지방의 경우, 내무부 장관)에게 통보하도록 했다.

한편, 행정조정실의 정책평가제도는 범정부적 차원에서 국정 흐름을 진단하는데 경제기획원의 심사분석제도가 한계가 있어 이를 보완하기 위해 도입되었다. 따라서 이 제도는 전 정부적 차원의 점검·평가·조정을 통한 국무총리의 내각 통할 기능 강화에 역점을 두고 정부의 주요 정책을 포함한 종합적인 평가 형태로 수행되었다. 평가 대상이 되었던 주요 정책은 매년 대통령이 제시하는 국정 운영에 대한 주요 시책 과제와 부처 업무보고 등을 중심으로 국무총리실이 관계 기관의 의견을 참고해서 선정한 실질적으로 평가가 가능한 구체적인 국정 운영의 주요 과제였다.

심사분석제도에 비해 정책평가제도는 2개 부처 이상의 중앙행정기관과 관련된 업무를 대상으로 정책 목표 달성에 관심을 두고 업무 추진의 능률성분석, 정책 집행의 과정분석, 정책 추진의 성과분석 등을 실시했다. 한편, 당시 행정조정실의 정책평가에서는 총리실이 시달한 '평가지침'에 따라 각 부처가 자체평가를 실시하고 그 결과를 국무총리가 제출받아 자체평가 내용 검토를 위해 마련된 10개 항목으로 구성된 점검 리스트를 가지고 사실검증 중심의 종합 조정평가를 실시했으며, 부처

별로 1~2개 특정 정책의 추진 상황에 초점을 둔 실적평가 중심의 상위평가도 실시했다. 평가 결과는 제도 보완, 포상제도에의 반영, 차년도 각 부처 업무계획에의 반영 및 중·장기제도 개선에 활용되었다.

제 3 절 재정비 단계(1994.12~1998.2)

1 배경 및 법적 근거

재정비기는 앞서 기술한 경제기획원의 심사분석국 주관의 심사분석제도와 국무총리 행정조정실 주관의 정책평가제도로 이원화되어 있던 평가제도가 1994년 12월 정부조직 개편으로 통합·일원화된 시기이다. 이전의 종합 조정평가 형태의 정부업무 평가가 실적평가 중심의 단기적·외형적 평가라는 지적에 따라 그 해결 방안의 일환으로 1995년 2월 제정·시행된 「정부업무의 심사평가 및 조정에 관한 규정」(대통령령 제14531호)에 따라 정부 시책 및 사업 추진의 효율성 제고와 정부 시책의 책임성 확보에 목적을 두고 심사평가제도가 도입·시행되었다.

2 추진 체계

그간 행정조정실 제2행정조정관에서 주관했던 평가 업무가 1994년 12월 정부조직 개편에 따라 제4행정조정관으로 변경되어 그 밑의 심사평가1심의관실과 심사평가2심의관실 주관으로 확대·실시되었다. 제4행정조정관은 내각 사정 업무를 담당하는 부서로 1994년 12월 조직 개편에 따라 정부업무평가 업무까지 담당(국정통할관리 수단으로서의 평가)하게 되었다.

재정비기의 통합·일원화에 따라 경제기획원의 평가 업무는 정부투자기관만을 대상으로 실시되었다.

3 평가 내용 및 방법

심사평가는 당해 연도의 주요 시책에 대한 정기심사평가와 국정 운영과 관련해서 필요하다고 인정되는 사항에 대한 수시평가로 구분・실시되었다. 정기심사평가는 업무 추진 성과에 대한 집중분석 실시 시 사업 목적이나 취지 등을 감안해서 실질적인 내용의 달성 여부와 당초 기대했던 정책 효과 달성 여부를 집중으로 평가(1995년에는 각 부처 업무 중에서 5~10개씩 총 178개 정기평가 대상 과제를 선정・평가함)되었다. 이와 다르게 수시심사평가에서는 중앙행정기관 업무 중 현장 중심의 구체적 사례를 대상으로 현지 확인 및 점검을 통해 문제 해결 위주의 평가가 이뤄졌다.

평가 결과 보고는 정기심사평가의 경우, 반기별 국무회의 보고와 심사평가 결과 및 시정 조치 이행 상황에 대한 '정책평가 보고대회'에서의 대통령 보고가 이뤄졌으며, 수시평가는 수시로 차관회의에 평가 결과를 상정해 적기에 사무 조치를 취할 수 있도록 운영되었다. 정부 업무 추진 현황 및 집행 성과에 대한 분석・평가 결과는 집행 과정 및 향후 사업계획 수립에의 반영, 예산 반영 필요 사항에 대해서는 재정 당국에의 통보로 예산 편성 및 배정 시 반영 요구, 평가 결과 조치 필요 사항 존재 시에는 부처 이행 상황에 대한 분기별 점검 및 반기별 국무회의에서의 보고 등으로 평가 결과의 환류를 강화했다.

제 4 절 발전 단계(1998.3~2006.3)

1 배경 및 법적 근거

외환위기 속에서 출범한 김대중 정부에서는 그간 정부 내에서의 정부업무 평가제도의 한계로 지적되어 왔던 공무원 중심으로 이뤄진 정부업무평가의 객관성・전문성 미흡을 극복하고 개별 부처의 부분적인 정책평가를 보완하고자 기관평가제도를 도입·실시했다. 그간의 심사평가제도를 대폭 개편해 기관 단위의 평가를 실시한 것이다. 기관 상호간의 경쟁을 유도하기 위해서 도입된 정부기관 평가제도는 외환위기 극복이라는 지상 과제를 안고 있던 정부가 정부 정책·사업의 효과성과 능률성을 제고하고, 대(對)국민 책무성을 확보하기 위한 주요 유인 수단으로 활용했다.

그간 대통령령에 근거를 두고 실시되어 온 정부업무평가는 김대중 정부 출범 이후, 종래의 「정부업무의 심사평가 및 조정에 관한 규정」에 대한 전문 개정(대통령령 제15774호, 1998.4.15)을 거쳐 기관평가 실시의 근거를 확보했다. 이후 2001년 5월에 이르러서는 평가에 관한 근거 법률인 「정부업무 등의 평가에 관한 기본법」(법률 제6347호)이 제정·시행됨에 따라 비로소 정부 내에서의 정책평가가 법률적 근거에 따라 수행되기에 이르렀다. 일반법 아래에서 정부업무평가 수행이 이뤄지게 된 것은 행정부만이 아닌 국민적 요구를 국회가 반영해 제도화한 것으로, 평가제도의 실효성을 확보한다는 차원에서 매우 의미 있는 일이라 할 수 있다.

평가에 관한 근거를 대통령령에서 법률로 규정한다는 것은 크게 두 가지 의미를 갖는다. 하나는 평가 시행의 강제성의 정도가 더 크다는 것이며, 다른 하나는 평가제도가 대통령과 운명을 같이 하지 않는다는 것이다(이근주, 2001: 20-22). 이것은 국민이 지켜보는 가운데 대통령과 국회가 합의된 의지에 따라 평가제도가 운영된다는 의미를 갖는 것으로, 평가제도가 광범위한 정치적 지지 기반을 갖는다는 의미가 있다(공병천, 2003: 148).

2 추진 체계

1998년 2월 '국민의 정부' 출범 이후, 정부 경쟁력 제고를 위해 정부 업무에 대한 조정·평가 기능 강화를 위해 그간에 평가제도의 실질적 주관을 담당해 온 행정조정실이 장관급 국무조정실로 격상·확대 개편되면서 이전의 제4행정조정관은 심사평가조정관으로 변경되어 평가 업무가 더욱 강조되었다. 국무조정실이 정부업무평가를 총괄적으로 주관했으며, 실질적인 주관을 위해 심사평가조정관실 내에 심사평가1심의관실과 심사평가2심의관실을 두었다.

심사평가1심의관실은 정부 업무에 대한 평가계획 및 제도 발전, 평가 기준·지표·평가 환류 등 평가제도 관련 업무와 경제 분야 심사평가를 수행했다. 심사평가2심의관실은 지방자치단체평가와 정부 업무 중 교육, 복지, 환경, 문화 등 사회문화 분야와 통일, 외교, 국방, 행정, 법무 등 일반행정 분야에 대한 심사평가를 수행했다.

한편, 평가의 전문성과 객관성 확보 및 평가제도 발전을 위해 30인 이내의 위원으로 구성된 정책평가위원회와 30인 이내의 평가전문위원회를 구성해 이들로 하여금 평가 기능을 수행케 함으로써 평가의 타당성과 신뢰성 제고 확보를 위해 노력했다. 정책평가위원회는 종래의 대통령령에 따라 1998년 4월 학계, 연구기관, 시민단체 등의 각 분야별 민간 전문가로 구성된 국무총리 자문기구로 출범했고, 이후 2001년 5월「정부업무 등의 평가에 관한 기본법」시행 이후에는 심의기구로 변화하게 되었다.

3 평가 내용 및 방법

정부 업무 등의 평가는 중앙행정기관 평가, 특정과제 평가, 자체 평가, 지방자치단체 평가, 중앙행정기관의 소속기관 평가로 나뉘어 실시되었고, 평가의 종류 중 중앙행정기관 평가는 기관평가로 지칭·표기되었다. 국무조정실·정책평가위원회의 '2003년도 정부업무 평가지침'(2003.3.1)에 따르면, 기관평가라는 용어는 평가지침 중 평가의 종류 및 평가 내상을 규정한 부분에서 중앙행정기관 평가를 지칭하는 것으로 표기되었다.

중앙행정기관 평가는 중앙행정기관을 대상으로 업무의 추진 내용 및 집행 성과, 이를 추진하는 기관의 역량, 업무 추진에 대한 국민 만족도 등을 종합적으로 평가하는 것으로 평가 결과를 통해 기관 상호간의 평가 내용을 순위 비교해 그 결과를 평가보고대회에서 다룸으로써 국정 운영의 효율성과 통합성을 적극 도모하고자 했다. 평가보고서상의 평가 결과 미흡 사항에 대해서는 개선 조치하도록 요구함으로써 사후관리가 이뤄질 수 있도록 했으며, 개선 조치 사항에 대한 이행 상황은

상·하반기 정기평가 시에 점검이 이뤄졌다.

중앙행정기관 평가의 내용으로 주요 정책과제 평가에서는 각 부·처·청·위원회의 업무계획 중 기관의 규모와 특성을 반영해 가장 중요하고 기관을 대표할 수 있는 2~3개의 주요 과제를 선정했다. 선정된 주요 과제인 정책에 대해 단계별(정책형성, 정책집행, 정책 성과)로 평가하기 위해 공통의 평가 기준 및 지표(6개 평가 기준과 10개 평가 착안 사항)를 적용했다.

기관역량 평가에서는 각 부·처·청·위원회의 정책 추진을 위한 의지와 노력이 평가되었으며, 국민 만족도에서는 평가 대상기관을 이용한 민원인 대상의 고객 만족도 조사와 함께 주요 정책 과제에 대한 성과 단계의 효과 측정을 위해 국민 만족도 조사가 병행 실시되었다. 또한 국무총리 또는 중앙행정기관의 장은 정부 업무 등의 운영과 관련해 필요한 경우에 대통령령이 정하는 바에 따라 특정과제 평가를 실시했다.

제 5 절 통합 단계(2006.4~현재)

1 배경 및 법적 근거

노무현 정부에서는 정부 출범 이후 줄곧 정부 혁신을 위한 '성과 중심의 국정 운영' 노력의 일환으로 정부 부문을 포함한 공공 부문의 평가제도 개선에 많은 관심과 노력을 기울였다. 그 결과 각 부처가 개별적으로 시행하는 각종 평가제도는 통합성과 관리 체계로 통합되고, 전자통합평가시스템(e-IPSES)이 도입·운용되었다.

각종 평가제도의 시행으로 인한 중복 평가의 폐해를 해소하고, 개별 평가 실시로 인한 행정 업무의 효율성 저하를 방지하며, 평가 업무의 부담을 해소하기 위해 중앙행정기관 대상 26개 평가를 주요 정책평가, 재정사업평가, 정보화평가 등 14개 평가로 통합·조정하고, 2006년 4월 1일 기존의 「정부업무 등의 평가에 관한 기본법」의 사실상의 대체입법인 「정부업무평가기본법」(법률 제7928호)을 제정·시행하기에 이르렀다.

대체입법을 제정한 근거로 다음과 같은 몇 가지 이유가 제시되었다. 첫째, 기존 법률이 체계적인 성과관리 규정을 가지고 있지 않았다는 것이다. 둘째, 자체평가위원회가 실질적인 평가에 기여하지 못하고 형식적이었다는 것이다. 셋째, 평가의 분절적 · 중첩적 시행에 따라 평가 부담이 가중되었다는 것도 또 하나의 이유였다. 마지막으로, 평가 결과의 활용 및 환류가 미흡하다는 것이 그 이유로 제시되었다. 이에 따라, 자체평가의 내실화, 평가의 통합화 및 성과관리 강화 규정이 법률 조항으로 명시되었다.

2 추진 체계

새로운 통합 정부업무평가에서는 국무총리 보좌기관인 국무조정실을 포함해 정부업무평가위원회, 평가총괄 관련 기관, 중앙행정기관의 자체평가위원회 등이 추진 체계 내에서 주요 역할을 담당한다. 정부업무평가위원회는 종전의 정책평가위원회를 개편한 것으로, 국무총리와 민간위원장이 공동위원장이며, 민간 전문가 10인과 관계 장관 3인(기획재정부 장관, 행정자치부 장관, 국무조정실장) 등을 정부위원 등 총 15인 이내의 위원회로 정부업무평가 관련 사항(전반적인 평가제도 설계, 자체평가 결과 확인 · 점검, 다수 부처 관련 시책에 대한 평가)에 대해 최종 심의 · 의결 기능을 수행한다.

국무총리 보좌기관인 국무조정실은 정부업무평가위원회의 간사기관으로서의 지원 및 정부업무평가에 대한 총괄 기능을 담당한다. 또한 매년도 정부업무평가에 대한 기본계획 및 시행계획의 수립, 평가 기준 및 지표 개발, 평가 대상 업무 확정, 현장 확인 등 평가 실무와 각급 교육기관에의 평가 관련 교육과정 운영, 각 부처 및 지자체 평가 관련 담당관 참석 연찬회 개최 등의 업무를 수행한다.

평가총괄기관은 중앙행정기관의 자체평가에 관한 업무를 효율적으로 추진하기 위해 대통령령이 정하는 평가의 부문별 총괄 관련 기관을 말한다. 시행령에서는 부문별 총괄 관련 기관으로 국무조정실(주요 정책 부문), 기획재정부(재정사업 부문), 행정자치부(조직 · 정보화 부문), 인사혁신처(인사 부문)로 명시되어 있다. 이들 기관에서는 평가 부문별 관련 정책을 주관하기 위해 평가 기준 및 지표, 평가 방법 등을 개발하게 된다.

한편, 중앙행정기관의 장은 자체평가 실시를 위해 자체평가 조직 및 자체평가 위원회를 구성·운영해야 한다. 이때 평가의 공정성과 객관성 확보를 위해 위원의 3분의 1 이상을 민간위원으로 구성해야 하며, 시행령에서는 평가위원의 수를 위원장 1인을 포함해 10인 이상 30인 이내로 제한하고 있다.

3 평가 내용 및 방법

현행(2015. 12. 31. 기준) 정부업무평가는 중앙행정기관 평가, 지방자치단체 평가, 공공기관 평가로 구분·실시되고 있다([그림 14-1] 참조).[1]

중앙행정기관 평가는 중앙행정기관을 대상으로 하는 평가는 자체평가와 특정평가로 구분·실시된다.[2] 자체평가는 중앙행정기관의 장이 그 소속기관의 정책 등을 포함해 실시하는 것으로 평가 부문은 주요 정책, 재정사업, R&D사업, 행정관리

그림 14-1 정부업무평가 실시 체계

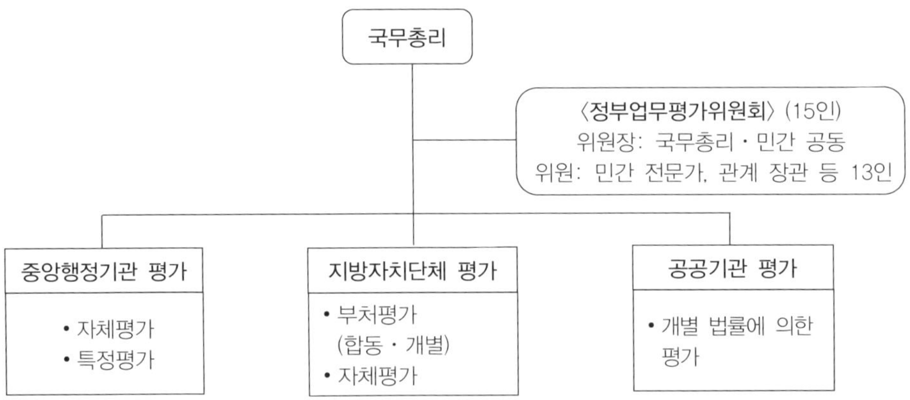

1) www.evaluation.go.kr 국무총리 정부업무평가위원회 홈페이지, 실시 체계 참조.
2) '2015년도 정부업무평가 시행계획' 국무조정실. 2015.4. 참조.

역량이다. 평가 방법은 기관별로 임무·정책 목표 달성을 위한 정책·사업의 성과를 체계적으로 측정할 수 있도록 평가지표를 설정·적용하고 있다. 평가 결과는 정책의 개선, 조직관리, 개인 평가 등에 연계하고 활용도 제고를 위해서 상대평가 방식을 적용한다. 중앙행정기관은 평가 결과를 인터넷 홈페이지 등을 통해 공개하고 지체없이 국회 소관 상임위원회에 보고하고, 조직·예산·인사 및 보수 체계에 연계·반영해야 한다. 그리고 기획재정부 장관은 평가 결과를 다음 연도 예산 편성 시에 반영해야 한다.

특정평가는 2015년 기준으로 42개 중앙행정기관을 대상으로 6개 부문(국정과제, 규제개혁, 비정상의 정상화 과제, 정책홍보, 기관 공통 사항, 기관 종합)에서 평가가 이뤄졌다. 평가 부문별로는 평가지원단을 구성해 평가지표에 따라 정량 및 정성평가를 병행 실시해 대상 기관에 3단계(우수, 보통, 미흡)의 등급을 부여하게 된다. 평가 결과는 국무회의에의 보고 또는 평가보고회 개최를 통해 공개하며, 중앙행정기관의 장은 평가 결과에서 제시된 개선 보완 사항에 대한 조치계획을 수립·이행해야 한다. 평가 결과에 따라서는 우수기관과 공무원 등에 대해 포상이 실시되고, 각 부처에서는 성과급 등에 특정평가 결과를 반영토록 유도하고 있다.

지방자치단체평가는 중앙행정기관에 의한 지방자치단체 평가와 지방자치단체의 자체평가로 나뉘어 실시된다. 전자는 국가위임사무, 국고보조사업, 국가 주요 시책 등에 대해 행정자치부 장관 및 관계 중앙행정기관의 장이 합동으로 실시하는 합동평가와 업무 특성·평가 시기 등으로 합동평가가 곤란한 경우에 정부업무평가위원회와 협의해 관계 중앙행정기관이 별도로 실시하는 개별평가로 나뉜다. 후자는 지방자치단체의 장이 자체평가조직 및 자체평가위원회를 구성해 소속기관의 정책 등에 대해 스스로 실시하는 평가를 말한다.

한편, 공공기관평가는 공공기관의 특수성·전문성을 고려해 공공기관평가의 경우 「정부업무평가기본법」에서 열거하고 있는 개별 법률에 의한 평가(정부업무평가기본법에 열거)와 법에 따라 소관 중앙행정기관의 장이 정부업무평가위원회와 협의·실시하는 평가로 구분된다.

개별 법률에 의한 평가는 <표 14-1>에서 보는 바와 같이 7개 법률에 근거해 총 590개 기관을 대상으로 이뤄지고 있다.

공기업 및 준정부기관(116개)을 대상으로 「공공기관의 운영에 관한 법률」에 따

표 14-1 개별 법률에 의한 평가 대상 공공기관: 총 624개

근거 법률	평가 대상 공공기관 유형	평가 주관기관
공공기관의 운영에 관한 법률	공기업 및 준정부기관(116개)	기획재정부 장관
국가재정법	기금(64개)	기획재정부 장관
과학기술기본법	국가과학기술연구회 산하 정부출연연구기관 등(14개)	관계 중앙행정기관의 장 (미래부 장관 등)
과학기술 분야 정부출연연구기관 등의 설립·운영 및 육성에 관한 법률	과학기술 분야 정부출연연구기관(15개)	국가과학기술연구회
정부출연연구기관 등의 설립·운영 및 육성에 관한 법률	경제인문사회 분야 정부출연연구기관(26개)	경제인문사회연구회
지방공기업법	지방공기업(335개)	행정자치부 장관 및 시·도지사
지방자치단체출연연구원의 설립 및 운영에 관한 법률	지방자치단체 출연연구원(18개)	시·도지사 또는 대도시 시장(수원시)

자료: '2015년도 정부업무평가 시행계획', 국무조정실, 2015.4).

라 기획재정부 장관이 평가 주체가 되는 평가가 있으며, 64개 기금을 대상으로 「국가재정법」에 따라 기획재정부 장관이 실시하는 평가가 존재한다. 또한 「과학기술기본법」에 따라 관계 중앙행정기관의 장(미래부 장관 등)이 국가과학기술연구회, 산하 정부출연구기관(14개)을 대상으로 실시하는 평가가 있으며, 「과학기술 분야 정부출연연구기관 등의 설립·운영 및 육성에 관한 법률」에 근거한 과학기술 분야의 정부출연연구기관(15개)을 대상으로 실시하는 평가와 「정부출연연구기관 등의 설립·운영 및 육성에 관한 법률」에 근거한 경제·인문사회연구회 주관의 정부출연연구기관(26개)에 대한 평가가 존재한다. 그리고 「지방공기업법」에 근거해 행정자치부 장관 및 시·도시사 주관으로 실시되는 지방공기업(335개)에 대한 평가와 「지방자치단체출연연구원의 설립 및 운영에 관한 법률」에 따라 지방자치단체장이 주관하는 지방자치단체 출연연구원(18개) 평가가 존재한다. 이 밖에도 정부업무평가기본법에 의한 기타 공공기관 평가에서는 소관 중앙행정기관의 장이 평가의 필요성이 있다고 판단해 정부업무평가위원회와 협의해 지정하는 공공기관을 대상으로 평가가 이뤄지고 있다.

제 15 장 정책평가기관

여기에서는 앞의 제14장에서 주로 살펴본 「정부업무평가기본법」에 따른 정부업무평가를 포함해 「국가재정법」에 따른 기획재정부의 재정성과관리, 최고감사기구인 감사원과 자체감사기구의 정책평가, 정부 및 공공기관에 속해 있는 연구기관이 수행하는 평가에 관해 평가기구(및 평가자) 중심으로 살펴보고자 한다. 끝으로 입법부인 국회가 행정부에 대한 견제 기능의 일환으로 수행하는 정책평가를 알아보고자 한다.

제 1 절 행정부의 정책평가

1 국무총리실 및 정부업무평가위원회

국무조정실은 우리나라 정책평가기관 중 가장 핵심적인 위치를 차지하고 있는 기관이다. 1962년 정부정책 전반에 대한 기본운영계획제도를 도입·실시하고, 기본운영계획의 집행 결과를 점검하기 위해 심사분석제도를 수립·운영해 온 이래,

국무조정실은 현재 중앙평가기구(central evaluation agency)로서 역할을 하고 있다. 여기에서 중앙평가기구란 중앙정부 내에서의 평가 활동을 총괄·지휘할 수 있는 권한을 부여받은 최고평가기구(supreme evaluation institution)[1)]라는 의미이다. 현재 국무조정실은 국무총리가 공동위원장으로 되어 있는 정부업무평가위원회와 더불어 정부 업무의 성과관리 및 정부업무평가에 관한 정책 목표와 방향을 설정한 정부업무평가 기본계획을 수립·통보하는 역할을 수행하고 있다.

국무조정실이 정책평가 총괄기관으로 수행할 수 있는 법적 근거는 「정부업무평가기본법」(법률 제12844호 2014.11.19. 타법 개정)이다. 이 법에 의하면, 국무총리실은 정부업무평가 기본계획의 수립(동법 제8조), 정부업무평가의 실시와 평가기반 구축의 체계적·효율적 추진을 위한 국무총리 소속의 정부업무평가위원회의 설치(동법 제9조), 국무총리를 공동위원장으로 하는 정부업무평가위원회의 구성 및 운영(동법 제10조), 평가 대상기관과의 협조(동법 제12조) 등에서 필요한 핵심적 역할을 수행하도록 하고 있다.

정부업무평가위원회는 위원장 2인(국무총리·민간위원장)을 포함한 15인 이내의 위원으로 구성된 기구로서 다음 각 호의 사항을 심의·의결한다(동법 제9조).

① 국가 차원의 중·장기 평가 기반의 구축·운영계획의 수립 및 추진에 관한 사항
② 정부업무평가 기본계획 및 정부업무평가 시행계획의 수립에 관한 사항
③ 정부업무평가의 기획·조정·총괄에 관한 사항
④ 정부업무 평가제도와 관련된 성과관리에 관한 사항
⑤ 정부업무평가 결과의 활용 및 평가제도 간 연계 방안에 관한 사항
⑥ 정부업무평가 결과의 보고에 관한 사항
⑦ 평가 관련 기관 간 협조 및 평가 업무의 조정에 관한 사항
⑧ 특정 평가계획의 수립 및 시행에 관한 사항
⑨ 자체평가제도의 운영·개선에 관한 사항
⑩ 자체평가계획의 조정에 관한 사항
⑪ 자체평가 결과의 확인·점검에 관한 사항

1) 이것은 우리나라의 감사원이 여러 계층의 감사기구 중에서 최고감사기구(supreme audit institution)로 불리고 있는 것과 같은 논리에서 붙여진 지위이다.

⑫ 자체평가 결과에 대한 재평가에 관한 사항
⑬ 평가제도 운영·실태의 점검에 관한 사항
⑭ 새로운 평가제도의 도입에 관한 사항
⑮ 이 법 또는 다른 법률에 의해 위원회의 업무로 규정된 사항
⑯ 그밖에 위원장이 정부업무 평가제도의 발전을 위해 위원회의 심의·의결이 필요하다고 인정하는 사항

2 중앙정부 및 자체평가위원회

중앙행정기관은 자신의 기관 및 소속기관이 추진·시행하는 정책(또는 사업) 등에 대해 스스로 평가하기 위해 자체평가를 실시하고 있다. 자체평가를 수행하기 위해 설치·운영하고 있는 조직으로는 기관 내 평가업무 담당부서와 및 자체평가 위원회가 있다. 소속 공무원으로 구성된 평가 업무 담당부서에서는 국무총리실 소관 평가 업무를 수행하면서, 자체평가위원회의 평가 활동을 지원한다.

자체평가위원회는 평가의 공정성과 객관성을 확보하기 위해 위원장 1인을 포함한 10인 이상 30인 이내의 위원으로 구성하되 평가위원의 3분의 2이상은 민간위원으로 구성된다(「정부업무평가기본법」 제14조 제2항 및 동법 시행령 제11조(자체평가위원회의 구성·운영)).

자체평가위원회는 국무조정실에서 매년도 수립·통보하는 정부업무평가 시행계획에 따라 당해 기관 및 소속기관을 대상으로 평가 업무를 수행하게 된다. 이러한 자체평가위원회와 관련해 중요한 것은 이들 위원, 특히 민간 전문가들이 직접 평가에 참여하고 있느냐의 문제이다. 지금까지의 관행으로 보면, 부처 내에서의 평가는 대부분의 경우에 해당 부처 소속 공무원에 의해 이뤄지고 있으며, 자체평가위원회에 참여하고 있는 민간 전문가들은 이미 이뤄진 평가 결과 보고서를 검토하고 의견을 제시하곤 한다. 일부 기관에서는 민간위원이 직접 평가를 실시하기도 하지만 이 경우에도 평가 작업(평가자료의 수집으로부터 평가 결과 보고서 작성을 위한 각종 평가 내용에 대한 정리·분석 등을 포함)의 대부분이 부처의 평가 업무 담당자가 준비한 내용을 토대로 이뤄지고 있다.

자체평가위원회의 바람직한 모습은 실질적으로 평가 업무를 수행하는 것이라고 하겠다. 즉, 평가위원은 평가계획의 수립은 물론, 평가 작업을 수행하기 위한 관련 자료의 선정, 자료의 분석, 현지 점검 등의 활동에 직접 참여해야 한다는 의미이다.

3 기획재정부

예산 당국인 기획재정부는 「국가재정법」 제8조(성과 중심의 재정 운영)에 근거해 재정사업 자율평가와 재정사업 심층평가를 수행하고 있다. 동법은 국가의 예산・기금・결산・성과관리 및 국가채무 등 재정에 관한 사항을 정함으로써 효율적이고 성과 지향적이며 투명한 재정 운용과 건전재정의 기틀을 확립하는 것을 목적으로 시행되고 있다. 동법 제8조 6항에서는 기획재정부 장관이 대통령령이 정하는 바에 따라 주요 재정사업에 대한 평가를 실시하고 그 결과를 재정 운용에 반영할 수 있음을 규정하고 있다. 이에 따라 기획재정부 주관으로 시행되고 있는 재정 부문에서의 성과관리제도에는 재정성과 목표관리제도, 재정사업 자율평가제도, 재정사업 심층평가제도가 있다.

재정성과 목표관리제도는 각 부처가 전략 목표－성과 목표－단위사업 체계를 바탕으로 설정한 성과지표를 담아 작성한 성과계획서 및 성과보고서를 대상으로 예산 당국인 기획재정부가 각 부처의 재정 운영 상황 전반을 점검하기 위한 것이다. 이는 성과 중심의 재정 운용 방식 도입 필요에 따라 2002년 '성과주의 예산제도'가 25개 부처 39개 기관을 대상으로 시범 실시되었으나 제도 정착이 실패로 나타나 다음 해인 2003년 재정 세제개혁 과제 일환으로 도입・추진된 것이다.

재정사업 자율평가제도는 각 부처가 자율적으로 소관 재정사업을 매년 3분의 1씩 3년 주기로 평가를 하게 되면 그 결과를 재정 당국인 기획예산처가 예산심사에 활용하기 위한 제도이다. 이는 미국 PART(Program Assessment Rating)[2] 방식의 '재

2) PART는 미국에서 1999년 성과지표 중심의 GPRA(Government Performance and Results Act) 체제로는 예산 연계가 어려워 이를 극복하기 위한 제도로 예산 당국인 관리예산처(Office of Management and Budget: OMB) 주도로 2002년에 시행되었다. 이 제도에 따라 각 부처에서는 5년 주기로 모든 사업을 자체평가하게 되고, 그 결과는 예산 당국이 점검해 예산 편성에 활용하게 된다.

표 15-3 재정사업 자율평가 항목

11개 공통 질문			배점
계획	사업 계획	1-1. 사업 목적이 명확한가?	5
		1-2. 다른 사업과 불필요하게 유사·중복되지 않는가?	5
		1-3. 현재 사업 추진 방식이 효율적이고 적절한가?	5
		※ 유형별·부문별 특성 지표	
	성과 계획	2-1. 성과지표가 사업 목적과 명확한 인과 관계를 가지고 있는가?	7.5
		2-2. 성과지표의 목표치가 의욕적인가?	7.5
관리		3-1. 재원이 계획대로 집행되었는가?	5
		3-2. 모니터링 체계를 운영해 문제점을 개선하고 있는가?	10
		3-3. 객관적이고 종합적인 사업평가를 실시했는가?	5
		※ 부문별 특성 지표	
성과/환류		4-1. 계획된 성과지표의 목표치를 달성했는가?	30
		4-2. 사업평가 결과, 사업이 효과적으로 수행되고 있는가?	5
		4-3. 성과 목표를 달성하는 데 효율성 개선을 제고했는가?	5
		4-4. 평가 결과 및 외부 지적 사항을 사업구조 개선에 환류했는가?	10

정사업 자율평가제도'가 2005년에 도입된 것으로, 중앙행정기관이 수행하는 재정사업의 성과 판단 기준으로 체크리스트를 설정·적용하고 점검해 그 결과를 예산에 활용하기 위한 것이다. 체크리스트는 기획재정부가 사전(전년도)에 평가 항목을 사전에 제시한 것으로 12개 공통 질문에 사업 유형별[3] 1~2개의 추가 질문으로 구성되었다(<표 15-3> 참조).

체크리스트는 각 부처가 실시하게 되는 자율평가에서 평가 기준으로 적용되고, 그 결과는 평가 결과 보고서에 항목별로 예/아니오의 형태로 제시된다. 이때 해당 질문에 대한 답이 '예'인 경우에는 그 근거를 제시하도록 했다. 단, 성과달성도 항목의 경우는 4등급(예: 상당 정도, 어느 정도, 아니오)으로 나눠 답변을 하게 된다. 이에 대해 기획재정부는 항목별 평가 결과를 종합점수화해서 사업별로 5단계(매우 우수: 90~100, 우수: 80~89, 보통: 60~79, 미흡: 50~59, 매우 미흡: 0~49)로 등급을 부여하게 된다.

재정사업 심층평가제도는 재정사업 자율평가 결과 또는 내·외부의 문제 지적이 있는 소수의 재정사업을 대상으로 심층적인 평가를 수행하는 것이다. 이는 「국

3) 사업 유형은 투자, 출자·출연, 융자, 민간보조, 지자체 보조, 시설·장비 구매, 직접 수행 등 7개로 구성된다.

표 15-4 심층평가 주요 기준 및 내용

평가 기준	내용
적절성(relevance)	• 사업은 정부의 역할로서 적절한가? • 사업 수행 방식은 적절히 설계되어 있는가?
효과성(effectiveness)	• 사업의 결과로서 사업의 특정 목표 및 일반 목표가 달성되었는가?
효율성(efficiency)	• 여러 투입이 얼마나 경제적으로 사용되어 산출 및 중간 결과로 전환되었는가?
효용성(utility)	• 사업의 결과 실제로 사업에 대한 수요가 얼마나 충족되었는가?
지속 가능성 (sustainability)	• 사업이 중단되었을 때 사업으로 인한 긍정적인 변화가 얼마나 오랫동안 지속될 수 있을 것인가?

가재정법」 제8조 제6항 및 동법 시행령 제3조에 따라 재정 운용 과정에서 문제가 제기된 개별 사업들의 운영 성과를 깊이 있게 분석하고 평가하기 위한 제도이다. 평가는 기획재정부의 성과관리 관련 국장을 추진단장으로 기획재정부의 과장, 관련 부처 담당자, KDI의 연구진 등으로 재정사업 심층평가 추진단을 구성해 실시된다. 심층평가의 주요 평가 요소로는 적절성, 효과성, 효율성, 효용성, 지속 가능성 등이 적용된다(<표 15-4> 참조).

4 감사원

1963년 창립 이래 감사원은 회계검사와 직무감찰을 주임무로 해서 그 기능을 수행해 왔으나, 1970년대 말까지는 회계검사에 치중해 왔다고 할 수 있다. 그러나 1980년대에 들어서부터는 회계검사와 직무감찰이 거의 비슷한 비중으로 다뤄져 오고 있다(감사원, 1983: 438).

회계검사를 수행하든 직무감찰을 수행할 때든 감사원에서는 주로 행정 업무 수행 과정의 합법성과 내적 능률성에는 많은 관심을 보인 반면, 과업의 수행 결과, 즉 측정이나 외적 능률성의 측정에는 관심을 보이지 않았던 것이 사실이다. 어러한 관행은 대체로 1970년대 말까지 계속되어 왔다고 보인다.[4] 그러나 1980년대에 들어서면서부터 감사원은 행정 업무 수행의 효율성 측면에 관심을 보이기 시작했다.

4) 당시의 감사보고서와 사정협의회보고서 참조.

최근에 들어서는(특히 1990년대 중반 이후) 감사원이 성과감사에 감사의 역점을 두기로 함으로써 정책평가를 정규적 관심 사항으로 하고 있음을 알 수 있다.

위와 같은 감사 방향상의 변화는 사실 괄목할 만한 것이라고 볼 수 있으며, 평가적 요소를 내포하고 있는 감사원 업무의 본질상 당연한 귀결이라고 하겠다. 감사 업무의 평가적 성격은 어떤 행정행위를 검토할 때 감사관의 머릿속에 자리 잡고 있는 어떤 표준(standards)과 비교함으로써, 그러한 행위의 적정성 여부를 결정할 때 나타난다. 그러한 표준은 관련 법규나 행정지침일 수도 있고, 미리 정해진 목표일 수도 있으며, 목표가 미리 정해져 있지 않은 경우에는 상식적인 어떤 규범(norm: 예컨대 전국 평균치라든지, 일정 수준 이상의 향상)일 수도 있다.

감사요원이 합법성을 위주로 해서 행정 업무 수행 과정의 적정성을 검토한다는 것은 바로 집행평가 중 정확성 평가를 한다는 것과 마찬가지이며, 어느 기관의 거래 관계를 검토할 때 적정 가격을 지불했는지 혹은 필요 이상으로 높은 가격을 지불했는지를 검토하는 것은 내적 능률성 평가와 관련이 있다. 그리고 감사요원들이 행정 활동을 검토할 때 그것이 원래 의도했던 목표를 달성했는지의 여부를 결정하기 위한 감사를 수행하게 된다면, 이것은 효과성 평가를 하는 셈이 될 것이다.

감사의 이러한 평가적 성격에 비춰 우리나라 감사원은 과거 행정 업무 수행의 정확성이나 내적 능률성의 판단에 치중되어 왔다. 그러나 정부 환경 변화와 감사 수요 확대에 따른 성과평가를 지향하는 현 시점에서 보면, 이제 그러한 집행 과정의 적정성에 관한 검토뿐만 아니라 행정 집행 결과로 나타난 효과 및 외적 능률성, 그리고 정책형성 과정에 대한 검토까지 확대되어야 할 것이다.

5 자체감사기구

행정에 대한 통제 수단의 하나로 구상된 감사는 초기에는 독립적 지위를 갖는 단일의 최고감사기구(예컨대 우리나라의 감사원)에 의해 수행되는 것이 일반적인 현상이었다. 그러나 행정 기능의 양적 증가와 질적 다양화로 인한 감사 요구의 증대로 말미암아 어느 나라에서나 단일 기관이 감사 기능을 수행하는 것은 거의 불가능하게 되었다. 여기에서 도입된 제도가 내부감사 혹은 자체감사제도이다. 미국은 이미 1950년도에 자체감사제도를 도입한 바 있으며(Sperry, Desmond, McGraw, & Schmitt, 1981: 56-58), 우리나라는 1974년 4월 행정감사규정(대통령령 제7082호)을 마련함으로써 자체감사를 제도화했다.

자체감사기구들은 최고감사기구와는 달리 각급 행정기관 내부에 설치되어 있고, 또한 각 기관마다 그것이 행정기관 내부에서 차지하고 있는 위치가 다를 뿐만 아니라 상이한 조직을 가지고 있다. 대부분의 중앙행정기관이 부기관장 직속으로 자체감사기구를 두고 있으나 일부 기관에서는 국장급 부서장 아래 두는 경우가 있다. 자체감사 책임자의 계급 역시 국장급인 경우와 과장급 또는 그 사이인 경우가 있다.

구체적으로 자체감사기구가 수행하는 기능은 무엇인가?

자체감사기구는 행정관리자에 대한 막료기관으로서, 그것이 속해 있는 기관 또는 그 하급기관의 업무 운영 실태를 파악해 정부 시책의 모든 단계에서의 적정 운영 여부와 공무원의 기강 위배 여부 등을 검토·분석한 후 그 내용을 관리층에 보고하며, 필요한 경우에는 관리층이나 담당자에게 필요한 조치를 권고하는 것을 임무로 하고 있다. "정부 시책의 모든 단계에서의 적정 운영 여부를 검토·분석"하기 위해서라도 앞서 논의된 정책평가이론의 광범위한 이용은 필수적이라고 판단된다. 그러나 지금까지의 자체감사 관행을 보면, 효과평가보다는 정확성 평가와 내적 능률성 평가에 국한되고 있어, 이 부분은 최고감사기구의 성과 지향적 감사 전환과 함께 향후 변화되어야 할 부분이다.

6 각종 연구기관

정부기구 및 공공기관에 속해 있는 각종 연구기관도 정부업무평가 체계 내에서 평가자로서의 역할과 기능을 수행하고 있다. 감사원 소속 감사연구원과 국회 소속의 국회예산정책처 및 국회입법조사처는 정부기구에 속한 대표적 연구기관이며, 한국개발연구원, 한국법제연구원, 한국과학기술기획평가원은 공공기관에 해당한다. 아래에서는 이들 기관이 수행하는 평가 관련 연구·지원 활동을 간략히 소개하고자 한다.

1) 감사원 소속 감사연구원

2005년 9월 감사원법 개정에 따라 개원한 평가연구원은 2년여의 기간 동안 국정평가 인프라 구축 지원과 감사원의 감사 활동 지원 업무를 수행해 오다가 2008년 2월 공공 부문 감사제도 및 방법에 대한 연구에 전념을 하기 위해 감사연구원으로 개칭되어 현재에 이르고 있다.

국가감사 체계의 고도화 및 감사의 전문성 확보를 지원하기 위해 감사원에 설치된 감사연구원의 주요 임무는 감사원의 직무 대상기관이 수행하는 주요 정책·사업·기관 운영 등의 회계검사·성과감사 및 직무감찰과 관련된 연구·개발을 수행함에 있다.

구체적으로는 감사제도 및 기법 관련 연구, 국내외 감사 관련 주요 동향 분석, 국내외 연구기관과 협력 체계 구축, 기관별 주요 정책분석 보고서 발간 등의 고유 연구 기능과 차기 연도 감사 사항 개발을 위한 감사환경 분석, 감사 범위의 설정·감사 초점 등에 관한 검토, 서베이(Survey) 설계 및 B/C 분석, 자료 수집과 분석기법 개발, 감사 대상 정책·사업 효과 및 성과분석 등 주요 문제 발생에 관한 원인 분석, 감사 방법과 절차의 과학적 기술 권고 등의 감사 지원 기능을 수행한다.

이와 같이 감사연구원은 감사원이 국가 최고감사기구로서의 역할을 다하는 데 필요한 전문적인 연구·지원 기능을 수행함으로써 정부 정책에 대한 직·간접적인 평가 활동을 수행하고 있다.

2) 국회 소속 국회예산정책처와 국회입법조사처

국회의 독자적인 소속 연구기관으로 국회의 위원회 및 국회의원의 입법 활동을 지원하기 위해 국회법에 근거를 두고 국회예산정책처와 국회입법조사처가 설립되었다. 국회예산정책처는 「국회법」 제22조의 2에 따라 국가의 예산 결산·기금 및 재정 운용과 관련된 사항에 관해 연구 분석·평가하고 의정 활동 지원을 목적으로 2003년에 설립되어 운영되고 있다. 주요 임무로는 「국회예산정책처법」 제3조 5호에 근거해 국가의 예·결산, 기금 및 재정 운용과 관련해 국회의 위원회 또는 국회의원이 요구하는 사항에 대해 조사 및 분석 업무를 수행하고 있다.

국회입법조사처는 「국회법」 제22조의 3에 따라 입법 및 정책과 관련된 사항을 조사·연구하고 관련 정보 및 자료를 제공하는 등 입법정보 서비스와 관련된 의정 활동 지원을 목적으로 2007년에 설립되어 운영되고 있다. 주요 임무로는 다양한 입법 및 정책과 관련된 현안을 중립적·전문적으로 조사·연구해 국회의원의 입법 및 정책 개발 활동을 지원함과 함께 국회의 위원회와 국회의원이 요구하는 사항에 대해 조사·분석해 그 결과를 제공하는 업무를 수행하고 있다.

위의 두 기관은 행정부를 견제하는 입법부 소속 연구기관으로서 정부 정책에 대한 직접평가와 간접평가를 함께 실시하고 있다.

3) 한국개발연구원

한국개발연구원 내 공공투자관리센터는 「사회기반시설에 대한 민간투자법」 제23조에 의거 설치되어, 민간투자사업계획의 검토·평가 및 실시 협약 체결 등 사업시행자 지정과 관련된 업무의 지원 등 민간 투자 지원 업무와 대규모 재정투자 사업에 대한 예비타당성조사, 총사업비 관리를 위한 타당성 재검증 등 재정투자 평가 업무를 수행하고 있다. 특히 1999년 도입된 예비타당성조사는 총사업비(설계비, 보상비, 공사비 등 사업 추진 관련 모든 경비) 500억 원 이상의 대규모 개발사업을 대상으로 개괄적인 조사를 통한 경제성 분석, 정책적 분석, 투자 우선순위, 적정 투자 시기, 재원 조달 방법 등 사업의 타당성 검증을 통해 대형 신규 사업의 신중한 착수와 재정 투자의 효율성을 높이기 위한 재정 부문의 주요 평가제도의 하나이다.[5]

4) 한국법제연구원

한국법제연구원은 연구원 내에 2007년 입법평가연구실을 설치해 입법의 과학화를 통한 입법의 품질 향상과 규범의 현실적합성 확보를 위해 입법평가 연구를 수행하고 있다. 입법에 대한 규범적 분석과 객관적·과학적 분석을 토대로 한 입법평가에 관한 개념에 대해서는 나라별 또는 연구자별 각자 다르게 설명하고 있지만(김수용, 2009: 7-32), 일반적으로 입법평가는 법규범(법률, 명령, 규칙, 조례 등)뿐만 아니라 정책과 규제 등에 대해 발생할 수 있거나 발생한 영향을 평가하는 제도로 이해할 수 있다.[6]

---

5) 구체적 내용은 www.kdi.re.kr 참조.

6) 구체적 내용은 www.klri.re.kr 참조.

5) 한국과학기술기획평가원

국가 과학기술 기획, 기술 예측, 수준 조사, 전략의 수립, 국가연구개발사업 조사 · 분석 · 평가 및 예산의 조정 · 배분을 지원하기 위한 한국과학기술기획평가원은 1999년 2월 정책연구 기능과 연구관리 · 평가 기능 분리를 통해 「과학기술기본법」 제20조(한국과학기술기획평가원의 설립)에 근거해 설치 · 운영되고 있다.

주요 기능의 하나로 국가 R&D 사업에 대한 성과평가, 대형 국가 R&D 사업 예비타당성조사 등을 통해 국가연구개발사업에 대한 분석 · 평가 활동을 수행하고 있다. 평가 관련 구체적 활동으로는 교육과학기술부 직속 출연연구기관의 연구 · 사업 및 경영 성과에 대한 평가와 기초기술연구회의 주요 임무 및 기능에 대한 평가를 직접 수행한다. 이 밖에도 국가연구개발사업에 대한 평가 등을 지원하기 위해 국가연구개발사업조사 · 분석과 주요 사업 및 정책에 대한 심층분석을 실시하고 있다.[7]

제 2 절 국회와 정책평가[8]

국회가 수행해야 할 기능은 대체로 국민의 대표 기능, 정책 결정 기능, 행정에 대한 통제 및 견제 기능 등의 세 가지로 분류해 제시해 볼 수 있다. 국민의 대표 기능이란 유권자의 이익을 대표하고 유권자들에게 도움을 제공하는 것을 가리킨다. 정책 결정 기능은 각종의 법을 제정한다든지 예산을 심의 · 확정하는 기능을 말한다. 그리고 마지막으로 행정에 대한 통제 및 견제 기능이란 책임 있는 행정이 구현되도록 행정을 감시 · 감독하는 것을 일컫는다. 여기에서는 국회가 행정에 대한 통제 및 견제 기능을 효과적으로 수행할 수 있는 방안의 하나로서 정책평가가 어떻게 국회에서 활용될 수 있는가를 보여주고자 한다.

7) 구체적 내용은 www.kistep.re.kr 참조.

8) 이 절은 김명수, 「국회에서의 정책평가의 활용 방안에 관한 연구」, 『한국행정학보』, 제23권 제1호, 1989, 논문에서 인용한 것임.

1 행정에 대한 견제 수단으로서의 정책평가

1) 집행평가와 국회의 행정부 견제

입법부가 행정에 대한 감시 및 견제 기능을 수행하는 목적의 하나는 정책이 입법부의 의도와 일치하게 실시되고 있는지를 검토하는 것이다. 이것은 국회가 설정한 정책이 행정부에 의해 제대로, 즉 본래의 취지에 맞게 그리고 원래 설계된 대로 실행되고 있는지의 여부를 검토한다는 뜻으로 아주 중요한 의미를 갖는다. 이러한 검토 활동이 중요한 의미를 갖는 이유는 정책이 그러한 방식으로 실행되지 않고서는 그러한 정책을 통해 입법부가 달성하고자 의도한 정책 목표를 달성할 수 없을 것이기 때문이다.

정책이 입법부의 의도와 일치하게 실시되고 있는지의 여부를 검토하는 데 가장 적절한 방법이 정책평가의 한 유형인 집행평가를 활용하는 것이라고 하겠다. 집행평가는 정책이나 사업계획의 집행 과정에 관한 평가로서, 대체로 다음과 같은 항목이 주요 검토 대상이 된다.

① 원래 정책이나 사업계획에 명시되었던 여러 활동이 이뤄졌는가?

② 자원이 계획된 대로 사용되었는가?

③ 정책이나 사업계획이 원래 의도했던 집단(target group)을 대상으로 실시되었는가?(Rossi & Freeman, 1982: 37)

이러한 항목들을 다루는 집행평가는 정책이 입법부의 의도에 맞게 운영되고 있는지의 여부에 관심을 가지고 있는 입법부에게 분명히 유용한 정보를 제공해 줄 것임에 틀림없다.

2) 효과평가와 국회의 행정부 견제

입법부가 행정에 대한 견제 기능을 통해 달성하고자 하는 또 하나의 목표는 정책이 효과적인지의 여부와 정책의 영향이 입법부의 표준과 일치하고 있는지의 여부를 검토하는 것이다. 이것은 행정부가 실행에 옮긴 정책이나 사업이 원래 의도했던 목표를 달성했는지의 여부 및 그들이 국민 생활에 끼친 영향을 검토한다는 의미이다. 사실, 어떤 정책이나 사업도 그것이 지향하는 목표 없이 실행되는 상황은 적어도 국민들로부터 거둔 세금으로 이들을 운영하는 공공기관에서는 상정할 수 없는 일이다. 그렇기 때문에, 정책 목적의 달성 여부와 그 영향의 측정은 문제가 되고 있는 정책이나 사업의 성패를 판단할 기준을 제공하는 중요한 의미를 갖는다고 하겠다. 이러한 의미에서 입법부가 정책의 효과에 관심을 갖는 것은 정당하고 당연한 것이다.

정책의 효과 혹은 영향을 측정하는 활동이 바로 효과평가이다. 그러므로 입법부가 정책의 효과에 관심을 가지고 있는 한, 효과평가를 활용하지 않을 수 없다는 것은 필연적이라고 하겠다. 좀 더 구체적으로 효과평가에서 다루는 항목들을 제시해 보면 다음과 같다.

① 의도했던 효과는 나타났는가?

② 나타난 효과는 평가 대상의 특정 정책이나 사업에만 기인한 것인가?

③ 나타난 효과의 크기는 어느 정도인가?

④ 전체적으로 볼 때, 평가 대상 정책이나 사업은 성공적이라고 볼 수 있는가?

⑤ 정책이나 사업이 야기한 직접적 · 간접적 효과는 무엇인가?

위와 같은 측면을 다루는 효과평가는 정책이 야기한 효과 혹은 영향에 관심을 가지고 있는 의원들에게 유용한 정보를 제공해 줄 것임에 틀림없다.

3) 능률성 평가와 국회의 행정부 견제

입법부가 행정부에 대한 견제 기능을 수행하는 또 다른 목적은 낭비와 부정을 방지하고 능률성을 확보하는 것이다. 이것은 행정 업무를 수행할 때 자원의 활용과 관련되는 것이다. 즉, 행정 업무를 수행할 때 예산의 낭비적 사용을 방지하고, 또 사용되는 자원보다 더 많은 혜택이 국민에게 돌아가는 방식으로 자원이 활용되도록 하겠다는 것이다. 자원의 경제적이며 능률적인 활용은 아무리 강조해도 지나침이 없다. 단순한 자원의 절약이 중요한 것이 아니라 일정한 자원의 사용으로 국민생활의 객관적 · 주관적 형태가 어느 정도 향상되었는지가 관심의 초점이 되어야 한다.

정책이나 사업이 어느 정도나 경제적이며 능률적으로 수행되었는가를 검토하는 것이 바로 능률성 평가이다. 따라서 행정부에서 이뤄지고 있는 자원 활용 방식에 관심을 가지고 있는 입법기관으로서는 능률성 평가가 주요한 수단이 된다. 좀 더 구체적으로 능률성 평가에서 다루는 항목들을 살펴보면 다음과 같다.

① 투입과 비교할 때 산출 및 효과는 적정한가?

② 일정한 투입으로 더 많은 산출 및 효과 혹은 더 좋은 산출 및 효과를 얻을 수 없었는가?

③ 일정한 양과 질의 산출 및 효과를 얻는 데 투입을 줄일 수는 없었는가?

2 국회에서의 정책평가에 대한 접근 방식: 세 가지 대안

위에서는 입법부가 행정에 대한 감시 및 견제 기능을 수행하는 데 정책평가가 어떻게 기여할 수 있는지를 보여주었다. 그러나 그것은 오직 논리적 가능성을 증명했을 뿐이다. 그러므로 다음에 고려해야 할 문제는 실제로 이를 수행하는 방식이다.[9)]

즉, 국회가 어떤 형태로 평가자의 역할을 수행할 것인가 하는 것이다. 이 문제에 대해서는 세 가지 대안이 있다. 하나는 국회가 직접 평가를 담당하는 경우이고, 다른 하나는 간접적인 방식으로 평가 기능을 수행하는 것이다. 그리고 또 다른 하나는 이 두 가지 방식을 혼용하는 방식이다.

1) 직접평가

이 경우는 국회의 소속 직원들이 정책이나 사업을 평가해 국회의 해당 상임위원회에 보고하도록 하는 방식이다. 국회의 각 상임위원회의 직원에 의한 평가나 국회사무처의 입법조사국 직원에 의한 평가가 여기에 속할 수 있다. 앞서 소개한 국회 소속의 연구기관인 국회예산정책처와 국회입법조사처에 의한 평가 또한 여기에 속하게 된다.

국회 직원에 의한 평가는 물론 위원회와 국회의원의 입법 활동 등을 지원하기

9) 이것은 평가를 설계하고 그 수행 절차를 다루는 평가 방법과 다르다.

위한 평가는 행정부를 견제하기 위한 주요 활동이다. 따라서 제대로 된 정책평가를 수행하기 위해 평가자에게는 정책평가 이론에 관한 일반적 지식뿐만 아니라 조사연구방법론 및 비용・편익분석의 논리에 대해서도 깊은 이해가 필수적으로 요구된다.

2) 간접평가

이 경우는 국회 소속 직원 이외의 사람이 평가를 수행하고, 국회의 해당 상임위원회가 그 결과를 보고받는 경우이다. 이러한 간접평가의 경우도 여러 가지 형태로 이뤄질 수 있다. 국회 밖의 전문가들에게 용역을 주어 특정한 정책이나 사업에 대한 평가를 수행하도록 할 수도 있고, 각 행정기관에게 소관 정책이나 사업에 대한 평가를 의무화하고 그 결과를 보고받을 수도 있다. 이 경우에도 직접평가의 경우와 마찬가지로 정책평가 이론 일반에 관한 깊이 있는 지식을 갖추는 것이 필요하다. 다만, 단기적으로는 평가이론 중에서도 특히 평가에 대한 평가를 다루는 상위평가(metaevaluation) 이론에 많은 관심을 가져야 할 것이다.[10)]

3) 직접평가와 간접평가의 혼용

이 경우는 필요에 따라 직접평가와 간접평가를 선택적으로 활용하는 방식이다. 현대 국가의 어느 입법기관도 행정부에서 수행하는 무수히 많은 정책이나 사업에 대해 직접평가를 시도한다는 것은 불가능한 일이 될 것이다. 따라서 어느 정도 직접평가를 시도하는 기관의 경우라 할지라도, 결국 주로 의존하는 것은 간접평가이고, 직접평가는 오직 간헐적으로만 수행될 수밖에 없을 것이다.

현재 정부 내에서는 정책평가 기능을 수행하는 정부업무 평가제도가 일반화되어 있으므로, 국회는 그 결과를 보고받아 필요한 정보를 획득할 수 있다. 다만, 이 경우에 하나의 전제가 필요하다. 그것은 현재 시행 중인 정책이나 사업의 진도 점검이나 분석에 치우쳐 있는 평가 관행이 바뀌어야 한다는 것이다. 변화 방향은 효

10) 상위평가에 관해서는 Thomas Cook & Charles Gruder, "Metaevaluation", *Evaluation Quarterly*, 2(1)(February 1978); Richard Leni Berliner, "On Evaluating Evaluations", *Policy Sciences*, 16(2), 1983; Daniel Stufflebeam, "Metaevaluation: Concepts, Standards, and Uses,: in Ronald A. Berk(ed.), *Educational Evaluation Methodology*(Baltimore: The Johns Hopkins University Press, 1981) 참조.

과평가에 더 많은 역점을 두는 것이다. 정부가 단순히 무엇을 했느냐가 중요한 것이 아니라 그 결과로 야기된 변화가 바람직한 것인지의 여부가 더 중요하기 때문이다.

이와 같이 간접적 방식으로 정책평가를 수행한다고 해서 정책평가에서 얻을 수 있는 효과가 감소되는 것은 아니다. 국회가 이와 같은 방식으로 정책평가에 관심을 보이는 것만으로도 행정부에 대해서는 그들의 업무 수행 방식에 긍정적인 영향을 미칠 것이 틀림없기 때문이다. 즉, 단지 법이나 규정에 맞게 업무를 처리한 것만으로 면책이 되는 것은 아니며, 그들의 업무 수행의 결과로 국민 생활의 질이 어느 정도나 향상되었는가의 문제가 더 중요하다는 인식을 새롭게 해줄 것이기 때문이다.

제 16 장 한국 정부의 정부업무평가에 대한 비판적 논의

우리나라는 세계 어느 나라에도 뒤지지 않는 평가의 역사를 가지고 있다. 1960년대 초부터 정부 내 평가 활동이 있어 왔다고 계산한다면, 그 역사는 50년을 넘는 세월에 이른다. 그러나 그 역사가 세계의 주목을 끌지 못했던 것은 분명 정당한 이유가 있었고, 그것은 다름 아닌 심층평가의 결여, 바로 그것이었다. 우리나라가 '자가용 차(my car)' 시대의 도래를 이야기하기 시작했던 1980년대 초부터라도 이러한 시도를 했더라면 우리나라는 지금쯤 적어도 정부업무평가에 관한 한 세계를 선도하는 나라가 될 수도 있었을 것이라는 아쉬움이 있다.

여기에서는 현행법 체계에 따라 이뤄지는 정부업무평가 중에서 중앙행정기관 평가를 중심으로 그 실태를 살펴본 후, 평가가 산출하는 평가정보의 유용성 정도에 관해 논의하고자 한다. 끝으로 정책 결정을 지원할 수 있는 효과평가의 도입 전략을 다루고자 한다.

제 1 절 중앙행정기관 평가의 실제[1)]

성과관리와 평가는 그 실질적 대상이 정책(또는 사업)이 되어야 한다. 따라서 성과관리나 평가에서 관심을 갖고 이뤄져야 하는 모든 활동은 정책과 관련된 여러 요소의 집합을 의미하는 정책체계(policy system)[2] 내에서 다뤄져야 한다. 정부가 추진하는 정책(또는 사업)은 국가(또는 사회) 내 문제 해결을 위해 의제로서 채택되는 것을 시작으로 최종안으로서 정책이 만들어지기까지 정책형성 과정을 거치게 된다. 이 과정에서 정책대안 간의 분석이 이뤄지게 되는데 이 단계에서 다뤄졌던 각종 정보는 이후 정책집행 과정은 물론 정책평가 과정에서 매우 의미 있는 성과정보가 될 것이다. 그뿐만 아니라 정책의 성과와 효과를 측정하고 성패 여부를 판단하는 주요 정보로서 평가를 수행하는 과정에서는 유의미한 평가 자료로서 가치 있는 평가정보를 도출하는 데 도움을 주게 된다.

한마디로 이와 같은 성과정보 내지는 평가정보가 존재하지 않는 사후적 평가 활동으로서의 평가 행위 자체만으로는 '성과관리 기반의 평가'는 근본적으로 불가능한 일이 된다. 따라서 모든 정책(또는 사업)은 평가를 위해서가 아니라 국가 내 문제 해결을 위해서 이를 추진하는 사업 추진 기관(또는 과제 추진 담당자)에는 성과를 관리하기 위한 각종 성과정보의 생산과 수집·관리가 핵심적인 필요 조건이 된다. 다시 말해서, 정부가 하고 있는 일에 대한 정부업무평가는 정책체계 내에서 살아 있는 성과정보를 생산·측정·관리하는 성과관리를 기반으로 이뤄져야 한다.

이하에서는 정부업무평가 내실화를 위한 바람직한 성과관리 구축, 이를 기반으로 이뤄지는 중앙행정기관의 자체평가 개선을 위해 다뤄져야 할 향후 과제를 평가 주체 및 추진 체계, 평가의 범위 및 대상, 평가 결과의 환류 측면에서 언급하고자 한다.

1 평가 주체 및 평가 추진 체계

통합적 정부업무평가에 관한 기본적 사항을 정한 평가기본법에서는 정부업무

1) 이 절은 공병천, 「통합성과관리 체계하에서의 성과관리와 평가에 관한 소고」, 『한국정책학회보』, 제17권 1호, 2008, 논문에서 인용한 것임.

2) 정책체계를 구성하는 요소는 정책 원인으로부터 정책형성 과정, 정책, 정책집행 과정, 정책 효과, 정책평가 과정, 판단 및 환류 등을 의미한다.

평가를 중앙행정기관, 지방자치단체, 중앙행정기관 또는 지방자치단체의 소속기관, 공공기관이 행하는 정책 등을 평가하는 것이라 정의되어 있다(평가기본법 제2조). 여기에서 정책 등을 행하는 법인 또는 단체는 평가 대상기관을 의미하고 있고, 정부업무평가의 실시 주체로는 국무총리 소속하에 설치된 정부업무평가위원회임을 '정부업무평가위원회의 설치 및 임무'(동법 제9조)에 명시적으로 규정하고 있다. 따라서 중앙행정기관은 정부업무평가 체계 내에서는 평가 대상기관이 된다.

한편 정부업무평가위원회 주관으로 실시되는 중앙행정기관 평가는 중앙행정기관이 소관 정책 등을 스스로 평가하는 자체평가와 국무총리가 중앙행정기관을 대상으로 국정을 통합적으로 관리하기 위해 필요한 정책 등을 평가하는 특정평가로 구분된다(동법 제2조 3항과 4항, 제19조~제20조). 다만 특정평가와 달리 자체평가의 경우에는 중앙행정기관의 장이 실시 주체로서 자체평가조직 및 자체평가위원회의 구성·운영을 통해 자체평가를 실시하도록 규정하고 있다(동법 제14조 및 시행령 제11조). 이와 같은 법률 조항의 의미는 중앙행정기관 평가 내의 구성 요소 중 자체평가만이 중앙행정기관이 실시 주체임을 규정하고 있는 것으로 이해된다.

실제로 현행 법·제도하에서의 평가 추진 체계는 평가 시행기관(중앙행정기관의 장, 국무총리)과 부문별로 평가를 총괄하면서 평가 시행기관을 협조하는 역할을 수행하는 기획재정부, 행정자치부 등 개별 부처가 존재한다. 이들 기관은 각 부문에서 이뤄져야 할 평가 대상 과제에 대한 평가 항목 및 항목별 평가지표, 평가지표별 배점에서 측정 방법 및 측정 기준에 이르는 내용을 매뉴얼(manual)화하고, 국무총리 국무조정실은 이들 내용을 종합화해서 세부지침으로 작성하게 된다. 세부지침은 정부업무평가위원회의 심의·의결을 거쳐 각 중앙행정기관에게 발간·배포되고 있다.

이와 같은 추진 체계에서의 자체평가는 법·제도적 측면에서만 보면 그 실시 주체가 각 중앙행정기관이라 할 수 있지만, 운영적 측면에서 평가의 실제를 보면 실질적인 평가 주체가 평가 부문별 평가 내용 및 방법 등을 매뉴얼화해서 이를 지침으로 내려주는 평가협조기관이라 보아도 큰 무리가 없다. 통합적 정부업무평가를 부문별 평가로 세분화한 평가 현실에서는 현재의 평가 협조기관은 개별 평가제도의 소관기관 역할을 여전히 하고 있는 것으로 이해된다.

2 평가의 범위 및 대상

통합적 정부업무평가는 도입 취지에서 제시된 바와 같이 과거 부처 개별 평가 실시로 이뤄졌던 중앙행정기관 대상의 평가 부담을 해소하고자 함에 있다. 현행 평가제도가 도입되기 이전에 국무조정실, 행정자치부, 기획재정부 등이 중앙행정기관을 대상으로 연중 27여 개의 평가를 실시함에 따라 가중되었던 평가 부담을 다부처 평가 업무 및 개별평가를 '같은 시기에 1회에 평가'함으로써 중복적인 평가를 방지함과 아울러 피평가기관의 평가 부담이 완화되었음이 제도 도입에 따른 성과로 제시되고 있다. 그뿐만 아니라 자체평가 중심 체제로의 전환으로 각 부처가 자체평가 역량이 강화되었고 평가 결과를 예산, 인사, 성과급 등에 반영하도록 함으로써 개인, 부서 등에 대한 성과관리가 강화되었음은 평가제도 운영 성과로 언급되고 있다. 이와 같은 성과에도 불구하고 여전히 평가 현실에서는 평가 업무량의 과다, 자율성이 제한된 자체평가, 부처 특성을 반영하지 않은 무리한 서열화 등의 문제가 계속 제기되고 있는 실정이다(정부혁신지방분권위원회, 2007 참조). 그뿐만 아니라 국무총리 · 정부업무평가위원회가 중앙행정기관 평가를 위해 각 부처에 내려준 각종 매뉴얼 및 지침에 제시된 자체평가 부문별 세부 평가 항목 · 평가지표의 일괄 적용으로 자체평가의 취지에 맞지 않는 '대리(代理) 평가'라는 논란을 낳기도 한다(공병천, 2008).

지금이라도 성과 목표 체계에 따른 사업 중심의 실질적인 성과관리가 되기 위한 범위 및 대상 설정을 반영한 평가로 전환되어야 한다. 미국, 캐나다, 프랑스 등 대부분의 선진국의 경우에서도 우리와 다르게 사업(program) 단위로 평가가 이뤄지고 있음은 우리에게 시사하는 바가 크다(김명수, 2005: 158-159).

3 평가 결과의 환류

성과관리 기반의 자체평가에서 평가 결과의 환류는 어떤 의미를 가지고 있는가? 성과관리 기반의 자체평가에서는 성과관리의 범위 및 대상 과제가 어떤 것인지에 따라 자체평가의 범위 및 대상 과제가 선정된다. 따라서 성과관리 기반의 자체평가에서는 평가 결과 내에 평가 대상 과제에 대한 성과 개선 정보와 함께 평가 결과 활용을 위한 의사결정 정보가 담겨 있어야 한다. 이와 같이 성과 개선 정보와 의사결정 정보를 포함한 평가정보의 공개 및 활용이 평가 결과 환류의 주요 내용이다.

평가기본법에는 성과관리 체계 구성 요소의 하나인 성과정보의 공개 및 활용이 명시되어 있지 않기에 바람직한 성과관리를 위해서는 성과보고서 작성 및 이를 통한 성과정보의 공개 및 활용이 평가기본법에 추가되어야 한다. 한 회계연도의 결과보고서에 해당하는 성과보고서는 연 단위의 시행계획에 해당하는 성과관리시행계획에 기초해 과제에 관한 모든 성과정보가 담겨 있기 때문이다. 성과관리 기반의 자체평가 결과 환류는 개별 부처별로 작성한 성과보고서의 성과정보를 포함한 평가 의견이 반영된 자체평가 결과로서 기관 내부적으로는 물론 예산 당국으로 하여금 차기 연도의 예산 배정 관련 의사 결정에 활용될 수 있을 것이다.[3] 이를 반영하듯 「국가재정법」에서는 성과 중심의 재정 운영을 위한 성과보고서 작성을 명시적으로 규정하고 있다.[4]

평가기본법에서 다루고 있는 평가 결과의 공개 및 보고의 주체와 방법, 평가 결과의 조직·인사·예산에의 연계, 자체 시정 조치 및 감사 실시 등만으로는 성과관리 기반의 자체평가 결과 환류가 실질적으로 이뤄지고 있다고 보기는 어렵다.

자체평가 결과보고서는 계층제적 정부업무평가에 따라 상위평가 기구가 요구하는 내용을 중심으로 기술한 것으로 부처의 자율적 성과관리에 따른 성과보고서와는 그 성격이 다르기 때문이다. 한마디로 현재의 평가결과 보고서가 성과보고서를 대치하기는 어렵다. 따라서 펑가 결과 환류를 위해서는 평가 대상이 되는 성과관리 대상 과제별 모든 성과 개선 정보가 포함된 성과보고서 작성이 우선적으로 이뤄져야 한다. 그리고 나서 성과정보를 근거로 설득력 있는 평가자의 평가 의견

3) 성과보고서가 예산 요구 및 심의·의결을 위해서 필요한 성과관리 체계의 주요 구성 요소라면, 평가결과 보고서 특히, 자체평가 결과보고서의 경우는 해당 기관이 한 해 동안 수행한 일(정책 또는 사업 등)에 대해 스스로 자신이 수행한 일을 각종 성과정보가 담긴 평가 자료를 토대로 평가해 기관 내부적으로는 정책에 대한 의사 결정을 위해 필요한 평가정보를 체계적으로 전달할 수 있어야 하고, 외부에는 정책의 타당성과 효과성을 밝힘으로써 책무성을 확보하고자 함에 있다.

4) 「국가재정법」(2007.1. 법률 제8280호) 제8조(성과 중심의 재정 운영) 참조.

(평가 대상 과제의 확대 · 축소 · 유지 등)이 평가결과 보고서에 반영되도록 해야 한다. 그렇게 될 때 평가결과 보고서에 나타난 각종 평가정보는 구체적으로 어떻게 활용될 수 있는지에 대해 분명한 답을 줄 수 있게 된다.

제 2 절 평가정보의 유용성의 정도

평가가 산출하는 정보는 이용 가치가 높아야 한다. 그렇지 않다면 평가는 아예 처음부터 하지 않는 것이 낫기 때문이다. 평가정보의 이용 가치, 즉 유용성은 무엇을 기준으로 판단할 것인가? 평가정보의 유용성은 그것이 얼마나 평가제도가 추구하고 있는 목적과 관련된 정보를 산출하고 있는가 하는 점과 평가정보의 질에 따라 결정되어야 한다. 그렇다면 현행 우리나라의 정부업무 평가제도가 산출하는 정보는 평가제도가 추구하는 목적과 관련된 정보를 산출하고 있는가? 그리고 평가정보의 질은 어떤가?

중앙행정기관인 부 · 처 · 청 · 위원회별 평가보고서[5]를 토대로 우리나라 정부 내에서 이뤄지는 정부업무 평가제도 운영 결과에서 산출되고 있는 평가정보의 특징은 다음과 같이 요약될 수 있다.

① 평가정보는 정부가 수행한 활동(activities)과 활동의 산물(outputs)을 중심으로 이뤄져 있다.

② 정부 업무의 수행 과정과 업무 추진의 진도(progress)에 관한 정보가 많은 비중을 차지한다.

③ 평가 요소별로 평정한 점수와 같은 책무성 향상을 위한 정보가 산출된다.

④ 정부 활동에 투입된 자원에 관한 정보가 나타나 있지 않다.

⑤ 정부 업무의 효과[6]에 관한 정보와 능률성[7]에 관한 정보가 결여되어 있다.

5) 정부업무평가위원회, 2009년도 중앙행정기관 자체평가 결과(주요 정책 부문), 2010.4 참조.

6) 효과성 점검에 의해 파악된 효과가 아닌, 정부 업무(예컨대 주요 정책과제)로 인한 효과.

7) 평가지표에 '자원의 효율적 집행'이 포함되어 있으나, 여기에서는 자원의 사용에 대한 설명이 제시되어 있을 뿐 자원의 절약이나 업무 수행 방식의 혁신을 통한 자원의 능률적 사용에 관한 언급은 찾아볼 수 없다.

⑥ 이러한 평가정보는 점수를 제외하면, 과거 심사분석과 심사평가제도 하에서 산출되었던 평가정보와 거의 차이가 없다.

제시된 평가정보의 특징에 의하면, 현행 평가제도가 산출하는 평가정보는 평가 대상 정책·사업의 효과성과 능률성에 관한 정보를 포함하지 않고 있다. 또한 정부 업무의 경제적 운영 여부를 판단할 수 있는 자원 투입에 관한 정보도 산출되지 않고 있다. 그뿐만 아니라 평가제도 운영의 제일 중요한 목적이라고 할 수 있는 효과성에 관한 정보와 능률성에 관한 정보, 그리고 경제성[8]에 관한 정보가 포함되어 있지 않다. 한마디로 정부 내의 평가정보는 그 유용성이 매우 낮다고 판정할 수밖에 없다. 다만, 평가제도 운영의 또 다른 목적인 책무성 제고를 위한 정보는 점수의 형태로 제시되고 있을 뿐이다.

평가정보에서 평가 대상 정책·사업의 효과성, 능률성, 경제성에 관한 정보를 찾을 수 없다는 것은 무엇을 의미하는가? 정부 업무(정책, 사업, 대책 등)의 시행을 통해 얻은 효과에 관한 정보를 찾을 수 없다는 것은 그러한 정책 또는 사업의 시행을 통해 국민 생활이 어떤 영향을 받았는지에 관한 정보가 없다는 이야기와 같다.

나아가 그러한 정보가 없으면, 효과가 없다고 판단된 정책·사업의 폐기 혹은 규모의 축소 등을 통한 다른 정책·사업에의 예산 재배정을 통한 편익의 창출을 기대할 수 없다는 의미가 된다. 또한 효과가 있다고 판단된 평가 대상 정책·사업의 계속 시행 혹은 확대 시행에 관한 결정의 근거를 찾을 수 없기 때문에 추가적 편익 창출 등의 기회를 얻지 못하게 되는 결과를 초래할 수 있다.

능률성에 관한 정보의 결여는 어떠한 정책·사업이 한정된 국가재원을 더 능률적으로 사용하는지에 대해서도 알 길이 없게 만든다. 그리고 경제성에 관한 정보의 결여는 어떤 정책·사업이 예산 절감의 기회를 상실했는지에 대한 판단도 할 수 없게 만든다.

다른 한편으로 생각하면, 현행 평가제도는 정부 업무의 기획 과정과 집행 과정의 적정성 및 정부 활동 또는 산출 중심의 목표 달성도에 관한 점검정보(monitoring information)를 산출함으로써, 정부 업무의 효과성과 능률성의 향상에 간접적으로

8) 경제성과 능률성의 차이는 전자가 투입의 절감에만 관심을 갖는데 비해, 후자는 투입과 산출 혹은 결과(outcome)와의 관계에 관심을 갖는 것에 있다.

나마 기여할 수 있는 정보를 산출하고 있다고는 이야기할 수 있을 것이다. 그러나 정부 내 평가를 규율하는 평가기본법을 두고 있는 한국 정부에서 본격적인 평가를 등한시한 채 점검 수준의 평가에 만족하고 있는 것은 어울리지 않는 일이라고 하지 않을 수 없다.

산출된 정보의 질에 관해 살펴보자. 산출된 정보의 질은 결국 정보를 산출하기 위해 동원되는 방법의 질에 따라 결정된다고 볼 때, 우리 정부 내에서 이뤄지는 평가 방법의 질은 어떤 수준일까? 기획 과정과 집행 과정 및 산출에 대한 평가는 주로 서면조사를 통해 이뤄진다. 서면조사에서 가장 중요한 것은 문서의 정확성에 대한 확신이라고 할 것이다. 그러한 확신이 없다면 문서의 정확성에 대한 검증 작업이 이뤄져야 할 것이다. 그렇지 않고서는 이러한 문서를 기초로 한 평가정보의 신빙성이 의심받을 것이기 때문이다. 그리고 효과평가와 능률성 평가는 아예 이뤄지지 않으니 그 방법의 질에 대해 논할 여지도 없다. 그렇다면 현 평가제도가 산출하는 전체로서의 평가정보의 질에 대해 어떠한 평가가 가능할 것인가는 자명하다고 하겠다.

이 시점에서 다음과 같은 질문이 심각하게 제기될 수 있다. 평가는 왜 하는가? 책무성 제고가 첫째 목표인가? 즉, 평가의 첫째 목표가 행정에 대한 통제 수단으로 활용하는 것인가? 아마 이러한 질문에 적어도 공개적으로는 긍정적으로 답할 사람은 별로 없을 것이다. 평가제도를 운영하는 목적은 평가 대상 정책·사업의 효과성과 능률성 및 경제성을 향상시키는 것으로 보는 것이 일반적이기 때문이다. 정부가 수행하는 업무의 효과성과 능률성 및 경제성의 향상은 국가 발전, 그리고 국민의 삶의 질과 직접적인 관계가 있기 때문에 매우 중요하다. 그렇기 때문에 그러한 가치를 제고하려는 목적을 가지고 추진되는 평가 활동이 매우 중요한 정부 활동의 하나로 여겨지는 것이다.

이와 같은 시각에서 판단할 때, 현행 우리나라의 정부업무 평가제도 운영은 그 취지를 제대로 살리고 있다고 말하기 어렵다. 그렇다면 어떻게 해야 할 것인가? 지금부터라도 평가의 진정한 취지를 살리기 위한 노력으로 효과평가와 능률성 평가를 도입해야 할 것이다. 다음에서는 정책 결정을 지원할 수 있는 효과평가의 도입 전략을 다루고자 한다.

제 3 절 정책 결정을 지원할 수 있는 효과평가의 수행

효과평가를 수행하기 위해서는 고도의 전문지식과 많은 비용 및 시간이 소요된다는 점에 대해서는 이미 언급한 바 있다. 그렇기 때문에 이 유형의 평가는 몇몇 아주 중요한 정책·사업을 선별해 점진적으로 시행할 필요가 있다는 점을 강조하고자 한다. 예컨대, 부처별로 1년에 하나 혹은 많아야 두 개의 정책·사업을 선정해 효과평가를 실시하고, 그 결과를 종합적으로 관리할 필요가 있다.[9] 그리고 평가기간도 필요에 따라 6개월에서 1년 혹은 1년 6개월 혹은 2년까지도 용인하는 조치가 필요하다. 그러나 모든 정부 업무에 대해 이와 같은 집중적인 효과평가를 적용할 필요가 없다. 자원 제약을 받지 않는 국가를 제외하고 대부분의 나라의 경우에는 이러한 평가의 적용이 불가능하기 때문이다.

여기에서는 우리나라가 오랜 평가의 역사에도 불구하고 지금까지 정부 내에서 심층적 평가가 전혀 이뤄지지 않았던 이유와 우리 정부부처의 평가 관련 역량, 정부업무평가기본법의 정신 등을 감안해 심층평가의 도입 전략을 논하고자 한다.

1 평가정책에 심층적 평가의 의무화 명시

국무조정실은 현재 정부 내 평가 과정에서 중앙기관(central agency)의 역할을 수행하고 있다. 이 중앙기관이 수행해야 할 중요한 기능 중의 하나는 정부 내 평가활동과 관련된 기본적인 평가정책을 마련하는 일일 것이다. 평가정책 가운데 하나의 항목으로서 각급 행정기관으로 하여금 심층평가를 수행하도록 의무화하는 것이 필요하다. 물론 이 항목에는 구체적으로 어떤 성격의 업무가 심층평가의 대상이 되어야 하는지 등을 열거해야 한다. 왜냐하면 모든 평가 대상 업무에 심층평가를 할 이유도 없을 뿐만 아니라 현실적으로도 불가능하기 때문이다.

---

9) 평가 결과를 종합적으로 관리한다는 것은 Cochrane Collaboration과 Campbell Collaboration이 하는 방식으로, 중앙의 정보교환소(clearing house)에 자료를 축적시키고, 이를 필요로 하는 정부기관과 연구소 및 관심 있는 개인에게 접근 가능하게 한다는 의미이다.

사실, 국무조정실과 한때 정부 내 평가 기능을 총괄했던 경제기획원(지금의 기획재정부)은 평가업무편람을 통해 효과평가와 능률성 평가를 하도록 한 바 있다. 그러나 편람은 편람대로, 평가 관행은 관행대로 점검 수준의 진도 파악이 주를 이루는 평가를 계속해 왔던 것이 현실이다. 그러므로 이러한 조치가 취해진 다음에는 국무조정실은 상위 평가기관의 역할을 수행하기 위해 평가정책에 담겨진 의무 사항들이 제대로 이뤄지는지를 평가해야 한다. 물론 상위 평가기관으로서 국무조정실은 평가 기반 및 역량에 부족함이 없어야 할 것이다.

2 평가의 목적에 충실한 평가의 수행

현행 평가의 관행이 정부 업무의 효과에 관한 증거를 산출하지 못하는 것은 심층적 효과평가를 수행하지 않는 데에서 비롯된다. 효과평가를 수행하지 않는 것은 그것에 내재된 어려움도 한몫을 하는 측면이 있으나 평가의 근본 취지를 살리지 못하는 평가제도의 운영이 근본 원인이다. 평가의 목적은 국정 운영의 능률성, 효과성 및 책무성을 확보하는 것인데(정부업무평가 기본법 제2조), 여기에 충실한 평가가 되도록 평가제도 운영에 커다란 변화가 요망된다.

이러한 방향으로의 평가제도의 운영 전환은 정부 업무의 개선을 통한 그 운용의 최적화를 가능케 하는 데 기여할 것이다. 평가가 행정통제의 수단이 아닌 행정기관을 지원하기 위한 성과관리의 주요 수단으로 활용된다면 평가 대상 기관들은 평가를 업무의 개선에 도움이 될 수 있도록 시도할 것이며, 심층적 효과평가 또한 가능케 하는 계기가 마련될 것이다.

3 기관의 필요에 따른 평가제도 운영

현행 평가의 관행이 정부 업무의 효과에 관한 증거를 산출하지 못하는 또 하나의 이유는 평가제도의 출발이 평가 대상 기관들의 자율적 의지에 의한 것이 아니라는 점에 있다. 하기 싫은 일을 억지로 하다 보니, 자체적 판단에 따라 필요한 평가를 시도하지 않고, 규정에 따라 해야 할 최소한의 것만 수행하는 일이 발생할 수 있다. 그러다 보니 평가를 실질적으로 수행해야 하는 행정기관 어느 곳도 기관 내부에 평가역량(evaluation capacity)을 키우는 노력을 기울이지 않게 된다. 하기 싫은 일을 마지못해 하는 기관들에게서 기관 운영의 개선에 평가가 어떻게 기여할 수 있을 것인가에 대한 깊은 고민을 기대할 수 없고, 이런 상황에서 기관 스스로 행정 운영에서 가장 중요한 가치의 하나인 정책·사업의 효과성에 관한 증거를 산출할 수 있는 효과평가를 자발적으로 수행하기를 기대하는 것은 무리이다.

심층평가는 쉽게 수행할 수 있는 것이 아니다. 제일 중요한 것은, 이 유형의 평가가 평가 대상 업무를 추진하고 있는 기관에 도움을 줄 수 있다는 기관의 장(長) 차원의 인식 전환에 있다. 기관의 장 입장에서 평가는 자신이 동원할 수 있는 관리의 한 수단이라는 인식을 가지고, 이를 적극적으로 활용하려는 자세가 필요하다. 평가를 제대로만 수행한다면 그것은 기관의 운영에 필수적인 유용한 정보를 제공할 것이기 때문이다. 이러한 인식이 자리 잡고 있을 때에만 심층평가에 내재된 어려움을 극복하면서 정부 업무만의 진정한 효과에 관한 증거를 산출하는 평가의 시도가 태동할 것으로 사료된다. 그러한 인식 없이는 많은 시간과 자금, 그리고 인력이 소요되는 평가에 기꺼이 투자할 기관의 장은 없을 것이기 때문이다.

4 평가로 인한 평가 대상 기관의 업무 부담 경감

현행 정부 내 평가 관행은 각 기관들로 하여금 각종 평가에 많은 인력과 시간과 비용을 부담하도록 하는 구조적인 문제가 있다. 이러한 상황에서는 기관의 필요에 따른 창의적 평가가 시도될 여지를 남기지 않는다. 따라서 가능한 한, 각급 행정기관의 평가 관련 부담을 줄여 줌으로써, 기관들이 본래의 임무를 충실하게 수행할 수 있는 시간을 늘려 주어야 한다. 이러한 상태에서 기관들은 스스로의 필요에 따라 필요한 유형의 평가를 결정할 수 있을 것이며, 결과적으로 스스로 심층평가를 시도하는 결정을 내릴 것이 기대되기 때문이다.

5 점검과 평가의 균형 유지 노력 필요

현재 정부 내에서 이뤄지고 있는 것과 같은 점검 수준의 평가 활동을 대폭 축소하고, 대신 매우 한정적으로나마 심층평가를 도입함으로써 평가제도의 질을 한 단계 높이는 것이 중요하다. 평가제도의 질을 높이기 위해서는 단지 효과평가를 도입하는 데에서 그치지 않고 점검 활동의 질을 높이는 일도 병행되어야 한다. 또한 점검 활동을 축소하는 방안으로는 점검 대상 정부 업무와 평가지표의 축소를 생각해 볼 수 있을 것이다.

6 자체평가의 역량 제고

현 제도에서는 실질적으로 자체평가가 누구에 의해 수행되는지가 분명하지 않다. 이는 기관에 따라 다른 모습을 보이기 때문이다. 과거처럼 해당 기관 소속의 한두 명이 해당 업무 수행 부서로부터 수집된 자료를 통합하고, 그 자료를 기초로 평가문서를 작성한 후, 자체평가위원회의 심의를 거쳐 확정하는 경우도 있고, 자체평가위원이 직접 평가를 수행하는 경우도 있는 것으로 보인다. 현재 판단하기에 두 가지 형태 어느 것에서도 질 높은 평가를 기대하기는 힘들다. 기관 내부의 평가 결과를 믿기에는 너무나 주관적이고, 또한 자료 조작의 가능성도 배제할 수 없기 때문이다. 자체평가위원에 의한 평가가 비교적 평가의 객관성 면에서 나은 방식이라고 하겠으나, 그들이 평가 활동에 투입할 수 있는 시간 등을 감안할 때 제대로 된 평가를 기대하기는 힘들다.

그러나 중요한 것은, 정부 업무에 대한 평가가 제일 먼저 이뤄지는 자체평가가 제대로 이뤄져야 한다는 것이다. 그 이후에는 아무리 여러 위원회 위원들에 의해 자체평가 결과에 대한 검토가 이뤄진다 해도 평가 자체의 결함에 대한 지적은 가능하지만, 평가의 원래 목적을 달성하는 문제와는 아무런 관련이 없기 때문이다. 그리고 자체평가가 정부 업무의 효과에 관한 증거를 산출할 수 있는 심층평가를 수행하기 위해서는 먼저 자체평가위원회, 그것이 어떤 방식으로 구성되든, 전체로서의 평가 역량이 대폭 개선되어야 한다. 물론, 심층평가는 독립적 위치에 있는 전문가들에 의해 수행되는 것이 가장 바람직하나, 이런 경우에도 자체평가 관련자들의 역량이 적정 수준에 있다고 판단된다면, 양자 사이의 공동 연구도 가능할 것이다.

부록

1. 정부업무평가 기본법
2. 정부업무평가 기본법 시행령

[부록 1]

정부업무평가 기본법

[시행 2014.11.19.] [법률 제12844호, 2014.11.19., 타법 개정]

제1장 총칙

제1조(목적) 이 법은 정부업무평가에 관한 기본적인 사항을 정함으로써 중앙행정기관·지방자치단체·공공기관 등의 통합적인 성과관리 체제의 구축과 자율적인 평가 역량의 강화를 통하여 국정 운영의 능률성·효과성 및 책임성을 향상시키는 것을 목적으로 한다.

제2조(정의) 이 법에서 사용하는 용어의 정의는 다음과 같다.

1. "평가"라 함은 일정한 기관·법인 또는 단체가 수행하는 정책·사업·업무 등(이하 "정책 등"이라 한다)에 관하여 그 계획의 수립과 집행 과정 및 결과 등을 점검·분석·평정하는 것을 말한다.
2. "정부업무평가"라 함은 국정 운영의 능률성·효과성 및 책임성을 확보하기 위하여 다음 각 목의 기관·법인 또는 단체(이하 "평가 대상기관"이라 한다)가 행하는 정책 등을 평가하는 것을 말한다.
   가. 중앙행정기관(대통령령이 정하는 대통령 소속기관 및 국무총리 소속기관·보좌기관을 포함한다. 이하 같다)
   나. 지방자치단체
   다. 중앙행정기관 또는 지방자치단체의 소속기관
   라. 공공기관
3. "자체평가"라 함은 중앙행정기관 또는 지방자치단체가 소관 정책 등을 스스로 평가하는 것을 말한다.
4. "특정평가"라 함은 국무총리가 중앙행정기관을 대상으로 국정을 통합적으로 관리하기 위하여 필요한 정책 등을 평가하는 것을 말한다.
5. "재평가"라 함은 이미 실시된 평가의 결과·방법 및 절차에 관하여 그 평가를 실

시한 기관 외의 기관이 다시 평가하는 것을 말한다.

6. "성과관리"라 함은 정부 업무를 추진함에 있어서 기관의 임무, 중・장기 목표, 연도별 목표 및 성과지표를 수립하고, 그 집행 과정 및 결과를 경제성・능률성・효과성 등의 관점에서 관리하는 일련의 활동을 말한다.
7. "공공기관"이라 함은 다음 각 목의 어느 하나에 해당하는 기관・법인 또는 단체를 말한다.
   가. 「정부투자기관 관리기본법」 제2조의 규정에 의한 정부투자기관
   나. 「정부산하기관 관리기본법」 제2조의 규정에 의한 정부산하기관
   다. 「지방공기업법」 제49조의 규정에 의한 지방공사 및 동법 제76조의 규정에 의한 지방공단
   라. 「정부출연연구기관 등의 설립・운영 및 육성에 관한 법률」 제8조 또는 제18조의 규정에 의한 연구기관 또는 연구회
   마. 「과학기술 분야 정부출연연구기관 등의 설립・운영 및 육성에 관한 법률」 제8조 또는 제18조의 규정에 의한 연구기관 또는 연구회
   바. 「지방자치단체출연 연구원의 설립 및 운영에 관한 법률」 제4조의 규정에 의한 지방자치단체출연연구원
   사. 그 밖에 대통령령이 정하는 기관・법인 또는 단체

제3조(통합적 정부업무 평가제도의 구축) ① 중앙행정기관의 장은 법률 또는 대통령령에 근거하지 아니하고는 다른 평가 대상기관의 정책 등에 대하여 평가를 하여서는 아니 된다.

② 중앙행정기관 및 그 소속기관에 대한 평가는 이 법의 규정에 의하여 통합하여 실시되어야 한다. 이 경우 통합 실시되는 평가의 범위에 관하여 필요한 사항은 대통령령으로 정한다.

③ 제2항의 규정에 불구하고 업무의 특성・평가 시기 등으로 인하여 평가의 통합실시가 곤란한 경우에는 제9조의 규정에 의한 정부업무평가위원회(이하 "위원회"라 한다)와 미리 협의하여 별도로 평가를 실시할 수 있다. 이 경우 지체없이 그 평가 결과를 위원회에 제출하여야 한다.

제4조(성과관리의 원칙) ① 성과관리는 정책 등의 계획 수립과 집행 과정에 대하여는 자율성을 부여하고 그 결과에 대하여는 책임이 확보될 수 있도록 실시한다.

② 성과관리는 정부 업무의 성과・정책품질 및 국민의 만족도가 제고될 수 있도록 실시한다.

제5조(성과관리 전략계획) ① 중앙행정기관의 장은 소속기관을 포함한 당해 기관의 전략 목표를 달성하기 위한 중・장기계획(이하 "성과관리 전략계획"이라 한다)을 수립하여야 한다. 이 경우 중앙행정기관의 장은 성과관리 전략계획에 이와 관련이

있는 다른 법령에 의한 중·장기계획을 포함할 수 있다.

② 중앙행정기관의 장은 성과관리 전략계획에 당해 기관의 임무·전략 목표 등을 포함하여야 하고 최소한 3년마다 그 계획의 타당성을 검토하여 수정·보완 등의 조치를 하여야 한다.

③ 중앙행정기관의 장은 성과관리 전략계획에 「국가재정법」 제7조의 규정에 따른 국가재정운용계획을 반영하여야 한다. 〈개정 2006.10.4.〉

④ 중앙행정기관의 장은 성과관리 전략계획을 수립한 때에는 이를 지체없이 국회 소관 상임위원회에 보고하여야 한다.

⑤ 지방자치단체의 장 및 공공기관의 장은 제1항 및 제2항의 규정에서 정하는 사항에 기초하여 성과관리 전략계획을 수립할 수 있다.

제6조(성과관리 시행계획) ① 중앙행정기관의 장은 성과관리 전략계획에 기초하여 당해 연도의 성과 목표를 달성하기 위한 연도별 시행계획(이하 "성과관리 시행계획"이라 한다)을 수립·시행하여야 한다.

② 성과관리 시행계획에는 당해 기관의 임무·전략 목표, 당해 연도의 성과 목표·성과지표 및 재정 부문에 관한 과거 3년간의 성과 결과 등이 포함되어야 한다. 이 경우 성과지표는 가능한 한 객관적·정량적(定量的)으로 성과 목표를 측정할 수 있도록 설정하되, 객관적·정량적으로 설정하기가 어려운 경우에는 다른 형태로 작성하여야 한다.

③ 중앙행정기관의 장은 성과관리 시행계획을 수립한 때에는 이를 지체없이 국회 소관 상임위원회에 보고하여야 한다.

④ 중앙행정기관의 장은 성과관리 시행계획에 대한 이행 상황을 반기별로 점검하여야 한다.

⑤ 국무총리는 중앙행정기관의 성과관리 실태 및 그 결과가 자체평가 및 특정평가에 반영되도록 하여야 한다.

⑥ 지방사치단체의 장 및 공공기관의 장은 제1항 및 제2항의 규정에서 정하는 사항에 기초하여 성과관리 시행계획을 수립·시행할 수 있다.

제 2 장 정부업무 평가제도

제7조(정부업무평가의 원칙) ① 정부업무평가를 실시함에 있어서는 그 자율성과 독립성이 보장되어야 한다.

② 정부업무평가는 객관적이고 전문적인 방법을 통하여 결과의 신뢰성과 공정성이 확보되어야 한다.

③ 정부업무평가의 과정은 가능한 한 평가 대상이 되는 정책 등의 관련자가 참여할 수 있는 기회가 보장되고 그 결과가 공개되는 등 투명하여야 한다.

제8조(정부업무평가 기본계획의 수립) ① 국무총리는 위원회의 심의·의결을 거쳐 정부 업무의 성과관리 및 정부업무평가에 관한 정책 목표와 방향을 설정한 정부업무평가 기본계획(이하 "정부업무평가 기본계획"이라 한다)을 수립하여야 한다.

② 국무총리는 정부업무평가 기본계획에 다음 각 호의 사항을 포함하여야 하고 최소한 3년마다 그 계획의 타당성을 검토하여 수정·보완 등의 조치를 하여야 한다.

1. 정부업무 성과관리 및 평가에 관한 정책의 기본 방향에 관한 사항
2. 정부업무 평가제도의 발전 방향에 관한 기본적인 사항
3. 정부업무평가와 관련한 연구·개발에 관한 사항
4. 각종 평가제도와 평가 방법 등의 실효성 확보에 관한 사항
5. 평가 관련 인력의 전문성·독립성 확보에 관한 사항
6. 제13조 제1항의 규정에 의한 전자통합 평가체계(이하 "전자통합 평가체계"라 한다)의 구축·운영 및 개선에 관한 사항
7. 평가 관련 예산·조직 등의 지원에 관한 사항
8. 그 밖에 대통령령이 정하는 평가 업무의 발전에 관한 주요 사항

③ 국무총리는 정부업무평가 기본계획에 기초하여 전년도 평가 결과를 고려하고 평가 대상기관의 의견을 들은 후 위원회의 심의·의결을 거쳐 매년 3월 말까지 다음 각 호의 사항을 포함한 정부업무평가에 관한 연도별 시행계획(이하 "정부업무평가 시행계획"이라 한다)을 수립하고, 이를 평가 대상기관에 통지하여야 한다.

1. 당해 연도의 정책 등에 대한 성과관리 및 정부업무평가의 기본 방향
2. 당해 연도의 정책 등에 대한 자체평가에 관한 사항
3. 당해 연도의 정책 등에 대한 특정평가에 관한 사항
4. 당해 연도의 정책 등에 대한 공공기관 평가에 관한 사항
5. 그 밖에 당해 연도의 정책 등에 관한 정부업무평가에 관하여 필요한 사항

④ 국무총리는 제2항 및 제3항의 규정에 의한 정부업무평가 기본계획 및 정부업무평가 시행계획을 수립한 때에는 국무회의에 보고하여야 한다.

제9조(정부업무평가위원회의 설치 및 임무) ① 정부업무평가의 실시와 평가 기반의 구축을 체계적·효율적으로 추진하기 위하여 국무총리 소속하에 정부업무평가위원회를 둔다.

② 위원회는 다음 각 호의 사항을 심의·의결한다.

1. 국가 차원의 중장기 평가 기반의 구축·운영계획의 수립 및 추진에 관한 사항
2. 정부업무평가 기본계획 및 정부업무평가 시행계획의 수립에 관한 사항
3. 정부업무평가의 기획·조정·총괄에 관한 사항

4. 정부업무 평가제도와 관련된 성과관리에 관한 사항
5. 정부업무평가 결과의 활용 및 평가제도 간 연계 방안에 관한 사항
6. 정부업무평가 결과의 보고에 관한 사항
7. 평가 관련 기관 간 협조 및 평가 업무의 조정에 관한 사항
8. 특정평가계획의 수립 및 시행에 관한 사항
9. 자체평가제도의 운영 · 개선에 관한 사항
10. 자체평가계획의 조정에 관한 사항
11. 자체평가 결과의 확인 · 점검에 관한 사항
12. 자체평가 결과에 대한 재평가에 관한 사항
13. 평가제도 운영 실태의 점검에 관한 사항
14. 새로운 평가제도의 도입에 관한 사항
15. 이 법 또는 다른 법률에 의하여 위원회의 업무로 규정된 사항
16. 그 밖에 위원장이 정부업무 평가제도의 발전을 위하여 위원회의 심의 · 의결이 필요하다고 인정하는 사항

제10조(위원회의 구성 및 운영) ① 위원회는 위원장 2인을 포함한 15인 이내의 위원으로 구성한다.
② 위원장은 국무총리와 제3항 제2호의 자 중에서 대통령이 지명하는 자가 된다.
③ 위원은 다음 각 호의 자가 된다. 〈개정 2008.2.29., 2013.3.23., 2014.11.19.〉
1. 기획재정부 장관, 행정자치부 장관, 국무조정실장
2. 다음 각 목의 어느 하나에 해당하는 자로서 대통령이 위촉하는 자
가. 평가 관련 분야를 전공한 자로서 대학이나 공인된 연구기관에서 부교수 이상 또는 이에 상당하는 직에 있거나 있었던 자
나. 1급 이상 또는 이에 상당하는 공무원의 직에 있었던 자
다. 그 밖에 평가 또는 행정에 관하여 가목 또는 나목의 자와 동등한 정도로 학식과 경험이 풍부하다고 인정되는 자
④ 위원회의 사무를 처리하기 위하여 간사 1인을 두되, 간사는 국무조정실 소속 공무원 중에서 국무총리가 지명하는 자가 된다. 〈개정 2008.2.29., 2013.3.23.〉
⑤ 공무원이 아닌 위원의 임기는 2년으로 하되, 1차에 한하여 연임할 수 있다.
⑥ 위원회의 회의는 재적위원 과반수의 출석으로 개의하고 출석위원 과반수의 찬성으로 의결한다.
⑦ 위원은 업무에 직접 관여하는 등 직접적인 이해관계가 있거나 공정을 기할 수 없는 현저한 사유가 있는 경우에는 그 사안에 한하여 심의 · 의결에 참여할 수 없으며 위원이 그러한 사유가 있다고 판단하는 때에는 스스로 그 사안의 심의 · 의결에서 회피할 수 있다.

⑧ 위원장은 필요한 경우에 관계 중앙행정기관의 장이 위원회에 출석하여 발언하게 할 수 있다.

⑨ 위원회의 심의·의결 사항 중 자체평가 및 특정평가에 관한 안건을 미리 검토·조정하고 위원회로부터 위임받은 사항을 처리하기 위하여 위원회에 실무위원회를 둘 수 있다.

⑩ 위원회 및 실무위원회의 구성·운영 등에 관하여 필요한 사항은 대통령령으로 정한다.

제11조(평가총괄 관련 기관) ① 위원회는 중앙행정기관의 자체평가에 관한 업무를 효율적으로 추진하기 위하여 대통령령이 정하는 평가의 부문별 총괄 관련 중앙행정기관(이하 "평가총괄 관련 기관"이라 한다)에 대하여 부문별 자체평가 결과의 확인·점검을 요청할 수 있다.

② 위원회는 필요한 경우 평가총괄 관련 기관의 자체평가 결과에 대한 확인·점검에 민간 전문가를 참여하게 할 수 있다.

③ 평가총괄 관련 기관은 소관 부문에 대한 다음 각 호의 사항에 관하여 위원회에 의견을 제시할 수 있다.

1. 평가제도의 운영·개선, 평가지침 및 평가지표의 작성
2. 자체평가 결과의 확인·점검, 재평가의 실시 여부
3. 그 밖에 자체평가의 운영에 필요한 사항

제12조(평가 대상기관과의 협조) 국무총리는 평가 대상기관에 대하여 정부업무평가 기본계획 및 정부업무평가 시행계획의 수립·시행 등에 필요한 자료 제공 등을 요구할 수 있으며 평가 대상기관은 특별한 사정이 없는 한 이에 응하여야 한다.

제13조(전자통합 평가체계의 구축 및 운영) ① 국무총리는 정부업무평가를 통합적으로 수행하기 위하여 전자통합 평가체계를 구축하고, 각 기관 및 단체가 이를 활용하도록 할 수 있다.

② 전자통합 평가체계는 평가 과정, 평가 결과 및 환류 과정의 통합적인 정보관리 및 평가 관련 기관 간 정보 공유가 가능하도록 하여야 한다.

③ 국무총리는 전자통합 평가체계를 효율적으로 운영하기 위하여 필요한 경우에는 평가 관련 기관·법인 또는 단체에 위탁하여 관리·운영하게 할 수 있다.

④ 전자통합 평가체계의 구축 및 운영에 관하여 필요한 사항은 대통령령으로 정한다.

제3장 정부업무평가의 종류 및 절차

제14조(중앙행정기관의 자체평가) ① 중앙행정기관의 장은 그 소속기관의 정책 등을

포함하여 자체평가를 실시하여야 한다.

② 중앙행정기관의 장은 자체평가조직 및 자체평가위원회를 구성·운영하여야 한다. 이 경우 평가의 공정성과 객관성을 확보하기 위하여 자체평가위원의 3분의 2이상은 민간위원으로 하여야 한다.

③ 중앙행정기관의 장은 「책임운영기관의 설치·운영에 관한 법률」 제12조의 규정에 의하여 소속 책임운영기관에 대한 평가를 하는 경우에는 그 결과를 제1항의 규정에 의한 자체평가에 활용할 수 있다.

④ 제2항의 규정에 의한 자체평가위원회의 구성·운영에 관하여 필요한 사항은 대통령령으로 정한다.

제15조(중앙행정기관의 자체평가계획의 수립) 중앙행정기관의 장은 정부업무평가 시행계획에 기초하여 당해 정책 등의 성과를 높일 수 있도록 다음 각 호의 사항이 포함된 자체평가계획을 매년 수립하여야 한다.

1. 당해 중앙행정기관의 임무, 전략 목표 및 성과 목표에 관한 사항
2. 당해 연도 주요 정책 등의 내용에 관한 사항
3. 자체평가의 기본 방향에 관한 사항
4. 자체평가조직 및 자체평가위원회의 구성·운영에 관한 사항
5. 자체평가 대상 및 방법에 관한 사항
6. 자체평가 결과의 활용 및 조치에 관한 사항
7. 그 밖에 자체평가에 관한 주요 사항

제16조(중앙행정기관의 자체평가의 절차) ① 중앙행정기관의 장은 당해 연도의 주요 정책 등에 대한 자체평가계획을 수립하여 매년 4월 말까지 위원회에 제출하여야 한다.

② 위원회는 필요한 경우 중앙행정기관에 자체평가계획의 보완 또는 관련 자료의 제출을 요청할 수 있다.

③ 중앙행정기관의 장은 전년도 정책 등의 추진 실적을 기준으로 자체평가를 실시하고 그 결과를 매년 3월 말까지 위원회에 제출하여야 한다.

④ 중앙행정기관의 자체평가의 절차 등에 관하여 필요한 사항은 대통령령으로 정한다.

제17조(자체평가 결과에 대한 재평가) 국무총리는 중앙행정기관의 자체평가 결과를 확인·점검 후 평가의 객관성·신뢰성에 문제가 있어 다시 평가할 필요가 있다고 판단되는 때에는 위원회의 심의·의결을 거쳐 재평가를 실시할 수 있다.

제18조(지방자치단체의 자체평가) ① 지방자치단체의 장은 그 소속기관의 정책 등을 포함하여 자체평가를 실시하여야 한다.

② 지방자치단체의 장은 자체평가조직 및 자체평가위원회를 구성·운영하여야 한다. 이 경우 평가의 공정성과 객관성을 담보하기 위하여 자체평가위원의 3분의 2이

상은 민간위원으로 하여야 한다.

③ 지방자치단체의 장은 정부업무평가 시행계획에 기초하여 소관 정책 등의 성과를 높일 수 있도록 제15조 각 호의 사항이 포함된 자체평가계획을 매년 수립하여야 한다.

④ 행정자치부 장관은 평가의 객관성 및 공정성을 높이기 위하여 평가지표, 평가방법, 평가 기반의 구축 등에 관하여 지방자치단체를 지원할 수 있다. 〈개정 2008.2.29., 2013.3.23., 2014.11.19.〉

⑤ 그 밖에 지방자치단체의 자체평가의 대상 및 절차 등에 관하여 필요한 사항은 지방자치단체의 장이 정한다.

제19조(특정평가에 관한 사항) 국무총리는 정부업무평가 시행계획에 특정평가에 관한 다음 각 호의 사항을 반영하여야 한다.

1. 당해 연도 특정평가의 기본 방향에 관한 사항
2. 당해 연도 특정평가의 대상에 관한 사항
3. 특정평가의 방법에 관한 사항
4. 특정평가 결과의 활용 및 조치에 관한 사항
5. 그 밖에 특정평가에 관한 주요 사항

제20조(특정평가의 절차) ① 국무총리는 2 이상의 중앙행정기관 관련 시책, 주요 현안 시책, 혁신관리 및 대통령령이 정하는 대상 부문에 대하여 특정평가를 실시하고, 그 결과를 공개하여야 한다.

② 국무총리는 특정평가를 시행하기 전에 평가 방법 · 평가 기준 · 평가지표 등을 마련하여 특정평가의 대상 기관에 통지하고 이를 공개하여야 한다.

③ 국무총리는 특정평가를 위하여 특정평가의 대상 기관에 필요한 자료를 요구하거나 평가 업무 수행자로 하여금 특정평가 대상 기관을 방문하여 평가에 관한 자료를 확인 · 점검하게 할 수 있다.

④ 국무총리는 특정평가 결과에 대하여 위원회가 의결한 때에는 이를 특정평가 대상 기관에 통보하여야 한다.

⑤ 그 밖에 특정평가의 절차에 관하여 필요한 사항은 대통령령으로 정한다.

제21조(국가위임사무 등에 대한 평가) ① 지방자치단체 또는 그 장이 위임받아 처리하는 국가사무, 국고보조사업 그 밖에 대통령령이 정하는 국가의 주요 시책 등(이하 이 조에서 "국가위임사무 등"이라 한다)에 대하여 국정의 효율적인 수행을 위하여 평가가 필요한 경우에는 행정자치부 장관이 관계 중앙행정기관의 장과 합동으로 평가(이하 "합동평가"라 한다)를 실시할 수 있다. 〈개정 2008.2.29., 2013.3.23., 2014.11.19.〉

② 행정자치부 장관은 지방자치단체를 합동평가하고자 하는 경우에는 위원회의 심의 · 의결을 거쳐야 한다. 〈개정 2008.2.29., 2013.3.23., 2014.11.19.〉

③ 행정자치부 장관은 지방자치단체에 대한 합동평가를 실시한 경우에는 그 결과를 지체없이 위원회에 보고하여야 한다. 〈개정 2008.2.29., 2013.3.23., 2014.11.19.〉

④ 행정자치부 장관은 지방자치단체에 대한 합동평가를 효율적으로 추진하기 위하여 행정자치부 장관 소속하에 지방자치단체 합동평가위원회를 설치・운영할 수 있다. 〈개정 2008.2.29., 2013.3.23., 2014.11.19.〉

⑤ 제1항의 규정에 불구하고 중앙행정기관의 장은 국가위임사무 등에 대하여 업무의 특성・평가 시기 등으로 인하여 별도로 평가를 실시하여야 하는 불가피한 사유가 있는 경우에는 평가 대상・방법 등에 관하여 위원회와 협의를 거쳐 이를 평가할 수 있다. 이 경우 그 평가 결과를 지체없이 위원회에 제출하여야 한다.

⑥ 제4항의 규정에 의한 지방자치단체 합동평가위원회의 구성・운영 및 국가위임사무 등의 평가에 관한 절차는 대통령령으로 정한다.

제22조(공공기관에 대한 평가) ① 공공기관에 대한 평가(이하 "공공기관평가"라 한다)는 공공기관의 특수성・전문성을 고려하고 평가의 객관성 및 공정성을 확보하기 위하여 공공기관 외부의 기관이 실시하여야 한다.

② 다음 각 호의 법률에 의한 평가를 실시한 경우에는 이를 이 법에 의한 공공기관평가로 본다. 〈개정 2010.1.25., 2014.5.28.〉

1. 「정부투자기관 관리기본법」 제7조의 규정에 의한 평가
2. 「정부산하기관 관리기본법」 제11조의 규정에 의한 평가
3. 「국가재정법」 제82조에 따른 평가
4. 「과학기술기본법」 제32조 제3항에 따른 평가
5. 「지방공기업법」 제78조의 규정에 의한 평가
6. 「정부출연연구기관 등의 설립・운영 및 육성에 관한 법률」 제28조의 규정에 의한 평가
7. 「과학기술 분야 정부출연연구기관 등의 설립・운영 및 육성에 관한 법률」 제28조의 규정에 의한 평가
8. 「지방자치단체출연 연구원의 설립 및 운영에 관한 법률」 제10조 제3항 제4호의 규정에 의한 평가

③ 제2항의 규정에 의한 평가 대상이 아닌 공공기관에 대하여는 소관 중앙행정기관의 장이 평가계획을 수립하여 평가를 실시할 수 있다.

④ 제2항 또는 제3항의 규정에 의한 공공기관평가를 실시하는 기관은 미리 그 평가계획을 위원회에 제출하여야 한다.

⑤ 위원회는 제4항의 규정에 의하여 제출된 평가계획에 대하여 의견을 제시할 수 있다.

⑥ 제2항 또는 제3항의 규정에 의하여 공공기관평가를 실시한 기관은 그 결과를

지체없이 위원회에 제출하여야 한다.

제4장 정부업무 평가기반 구축의 지원

제23조(정부업무 평가기반 구축의 지원) ① 정부는 평가 역량의 강화를 위하여 필요한 조직과 예산 등을 최대한 지원하여야 한다.

② 정부는 중앙행정기관 · 지방자치단체 및 공공기관에 대한 평가의 제도적 정착 및 활성화를 위하여 평가 방법과 평가지표의 개발 · 보급 등 필요한 조치와 지원을 하여야 한다.

③ 정부는 평가와 관련된 기관에 대한 지원 방안 및 평가에 관한 전문인력을 효율적으로 활용하기 위하여 필요한 방안을 강구하여야 한다.

제24조(평가예산) ① 중앙행정기관의 장은 정책 등의 평가에 소요되는 적정 비용을 포함하여 예산을 요구하여야 한다.

② 지방자치단체는 정책 등의 평가에 소요되는 적정 비용을 예산에 반영하여야 한다.

③ 위원회는 평가비용의 확보를 위하여 필요한 때에는 기획재정부 장관에게 의견을 제시할 수 있다. 〈개정 2008.2.29.〉

제25조(평가제도 운영 실태의 확인 · 점검) 국무총리는 평가제도의 운영 실태를 확인 · 점검하고, 그 결과에 따라 제도 개선 방안의 강구 등 필요한 조치를 할 수 있다.

제5장 평가 결과의 활용

제26조(평가 결과의 공개) 국무총리 · 중앙행정기관의 장 · 지방자치단체의 장 및 공공기관평가를 실시하는 기관의 장은 평가 결과를 전자통합 평가체계 및 인터넷 홈페이지 등을 통하여 공개하여야 한다.

제27조(평가 결과의 보고) ① 국무총리는 매년 각종 평가결과보고서를 종합하여 이를 국무회의에 보고하거나 평가보고회를 개최하여야 한다.

② 중앙행정기관의 장은 전년도 정책 등에 대한 자체평가 결과(위원회에서 심의 · 의결된 것을 말한다)를 지체없이 국회 소관 상임위원회에 보고하여야 한다.

제28조(평가 결과의 예산 · 인사 등에의 연계 · 반영) ① 중앙행정기관의 장은 평가 결과를 조직 · 예산 · 인사 및 보수 체계에 연계 · 반영하여야 한다.

② 중앙행정기관의 장은 평가 결과를 다음 연도의 예산요구시 반영하여야 한다.

③ 기획재정부 장관은 평가 결과를 중앙행정기관의 다음 연도 예산편성 시 반영하

여야 한다. 〈개정 2008.2.29.〉

제29조(평가 결과에 따른 자체 시정 조치 및 감사) 중앙행정기관의 장은 평가의 결과에 따라 정책 등에 문제점이 발견된 때에는 지체없이 이에 대한 조치계획을 수립하여 당해 정책 등의 집행 중단·축소 등 자체 시정 조치를 하거나 이에 대하여 자체감사를 실시하고 그 결과를 위원회에 제출하여야 한다.

제30조(평가 결과에 따른 보상 등) ① 중앙행정기관의 장은 평가의 결과에 따라 우수 사례로 인정되는 소속 부서·기관 또는 공무원에게 포상, 성과급 지급, 인사상 우대 등의 조치를 하고, 그 결과를 위원회에 제출하여야 한다.

② 정부는 정부업무평가의 결과에 따라 우수기관에 대하여 표창 수여, 포상금 지급 등의 우대 조치를 할 수 있다.

제6장 보칙

제31조(중앙행정기관의 소속기관에 대한 성과관리 및 자체평가) 중앙행정기관의 장은 그 소속기관 중 규모 및 업무의 특성 등에 비추어 성과관리 및 평가를 자체적으로 수행하게 할 필요가 있는 소속기관에 대하여는 스스로 성과관리 및 자체평가를 하게 할 수 있다.

제32조(그 밖의 행정기관의 성과관리 및 자체평가) 평가 대상기관이 아닌 행정기관의 장은 이 법의 성과관리 및 자체평가의 예에 따라 성과관리 및 자체평가계획을 수립·시행하고 그 결과를 공개하도록 노력하여야 한다.

제33조(권한의 위임 또는 위탁) ① 국무총리는 특정평가의 효율적인 실시를 위하여 필요한 경우에는 이 법에 의한 권한의 일부를 대통령령이 정하는 바에 따라 관계 중앙행정기관의 장에게 위임할 수 있다.

② 국무총리·중앙행정기관의 장 및 지방자치단체의 장은 평가의 객관성과 전문성의 제고를 위하여 필요한 경우에는 평가 업무의 일부를 평가에 관한 전문연구기관에 위탁할 수 있다.

제34조(벌칙 적용에서의 공무원 의제) 제10조 제3항·제10항, 제11조 제2항, 제14조 제2항, 제18조 제2항, 제20조 제3항 또는 제21조 제4항의 규정에 의한 평가 관련 위원회의 위원과 자체평가 결과에 대한 확인·점검에 참여하는 자 중 공무원이 아닌 자 및 제33조 제2항의 규정에 의하여 평가 업무를 위탁받아 수행하는 자는 그 평가 업무에 관하여는 「형법」 제127조, 제129조 내지 제132조의 적용에 있어서는 이를 공무원으로 본다.

부칙 <제12844호, 2014.11.19.> (정부조직법)

제1조(시행일) 이 법은 공포한 날부터 시행한다. 다만, 부칙 제6조에 따라 개정되는 법률 중 이 법 시행 전에 공포되었으나 시행일이 도래하지 아니한 법률을 개정한 부분은 각각 해당 법률의 시행일부터 시행한다.

제2조부터 제5조까지 생략

제6조(다른 법률의 개정) ①부터 〈253〉까지 생략

〈254〉 정부업무평가 기본법 일부를 다음과 같이 개정한다.

제10조 제3항 제1호를 다음과 같이 한다.

1. 기획재정부 장관, 행정자치부 장관, 국무조정실장

제18조 제4항 및 제21조 제1항부터 제4항까지 중 "안전행정부 장관"을 각각 "행정자치부 장관"으로 한다.

〈255〉부터 〈258〉까지 생략

제7조 생략

[부록 2]

정부업무평가 기본법 시행령

[시행 2014.11.19.] [대통령령 제25751호, 2014.11.19., 타법 개정]

제1조(목적) 이 영은 「정부업무평가 기본법」에서 위임된 사항과 그 시행에 관하여 필요한 사항을 규정함을 목적으로 한다.

제2조(중앙행정기관의 범위) 「정부업무평가 기본법」(이하 "법"이라 한다) 제2조 제2호 가목에서 "대통령령이 정하는 대통령 소속기관 및 국무총리 소속기관 · 보좌기관"이라 함은 다음 각 호의 기관을 말한다. 〈개정 2008.2.29., 2013.3.23.〉

1. 대통령 소속기관: 방송통신위원회
2. 국무총리 소속기관: 국무조정실, 국민권익위원회

제3조(공공기관에 속하는 기관 · 법인 또는 단체) 법 제2조 제7호 사목에서 "대통령령이 정하는 기관 · 법인 또는 단체"라 함은 「정부산하기관 관리기본법」 제3조 제1항 각 호의 기관 또는 단체로서 동조 제2항 각 호의 어느 하나에 해당하는 기관 또는 단체(동법 별표 제1호 및 제8호의 기관 또는 단체를 제외한다) 중 소관 중앙행정기관의 장이 법 제9조에 따른 정부업무평가위원회(이하 "위원회"라 한다)와 협의하여 지정하는 기관 또는 단체를 말한다.

제4조(통합 실시되는 평가의 범위) 법 제3조 제2항 후단에 따라 통합 실시되는 평가의 범위는 다음 각 호와 같다. 〈개정 2008.7.3., 2009.8.21.〉

1. 「국가연구개발사업 등의 성과평가 및 성과관리에 관한 법률」 제8조에 따른 연구개발사업에 대한 자체 성과의 평가
2. 「인적자원개발기본법」 제8조에 따른 교육인적자원개발 시행계획의 추진 실적에 대한 평가
3. 「공무원교육훈련법」 제15조에 따른 중앙행정기관의 교육훈련에 대한 평가
4. 삭제 〈2010.5.4.〉
5. 「국가정보화 기본법」 제10조 제5호에 따른 기본계획 및 시행계획의 주요 시책에 대한 추진실적 분석 및 점검
6. 「국가정보화 기본법」 제25조 제2항 제5호에 따른 지식정보자원 관리의 평가
7. 「행정규제기본법」 제34조에 따른 규제개혁 실태 등에 대한 평가

8. 「공공기관의 정보공개에 관한 법률」 제24조에 따른 정보공개제도의 운영 실태에 대한 평가
9. 「개방형 직위의 운영 등에 관한 규정」 제16조에 따른 개방형 직위의 운영 실태에 대한 조사·평가
10. 「행정기관의 조직과 정원에 관한 통칙」 제27조의2에 따른 정부행정조직의 운영에 대한 분석·평가
10의2. 「국가재정법」 제8조 제6항 및 같은 법 시행령 제3조에 따른 재정사업 자율평가
11. 그 밖에 위원회가 평가의 통합 실시가 필요하다고 인정하여 평가 주관기관과 협의하여 정하는 평가

제5조(정부업무평가 기본계획의 평가 업무 발전에 관한 사항) 법 제8조 제2항 제8호에서 "그 밖에 대통령령이 정하는 평가 업무의 발전에 관한 주요 사항"이라 함은 다음 각 호의 사항을 말한다.

1. 정부업무평가의 효율적 실시를 위한 평가의 연차적 통합 또는 연계 방안에 관한 사항
2. 정부업무평가 결과와 조직·예산·인사 및 보수 체계 등과의 연계 방안에 관한 사항

제6조(정부업무평가위원회의 운영 등) ① 법 제10조 제2항에 따른 정부업무평가위원회의 위원장(이하 "위원장"이라 한다)은 각자 위원회를 대표하고, 위원회의 업무를 통할한다.

② 위원장 모두가 부득이한 사유로 직무를 수행할 수 없는 때에는 국무총리가 지명한 위원이 그 직무를 대행한다.

③ 위원장은 위원회를 소집하고 그 의장이 된다.

④ 위원장이 회의를 소집하고자 하는 경우에는 긴급한 경우를 제외하고는 회의의 일시·장소 및 부의 사항을 정하여 회의 개최 7일 전까지 각 위원에게 통지하여야 한다.

⑤ 위원회는 평가 업무의 효율적 추진을 위하여 필요한 경우에는 관계 중앙행정기관의 장에게 인력 등 업무에 관한 지원을 요청할 수 있다. 〈신설 2008.7.3.〉

⑥ 제1항부터 제5항까지에서 규정한 사항 외에 위원회의 운영 등에 필요한 사항은 위원회의 의결을 거쳐 공동위원장이 정한다. 〈신설 2008.7.3.〉

제7조 삭제 〈2008.7.3.〉

제8조(평가총괄 관련 기관) 법 제11조 제1항에서 "대통령령이 정하는 평가의 부문별 총괄 관련 중앙행정기관"이라 함은 다음 각 호의 구분에 의한 중앙행정기관을 말한다. 〈개정 2008.2.29., 2008.7.3., 2013.3.23., 2014.11.19.〉

1. 주요 정책 부문: 국무조정실
2. 재정사업 부문: 기획재정부
3. 조직·정보화 부문: 행정자치부
4. 인사 부문: 인사혁신처
5. 삭제 〈2008.7.3.〉

제9조(전자통합 평가체계 관리·운영의 위탁에 따른 지원) 국무총리는 법 제13조 제3항에 따라 전자통합 평가체계의 관리·운영을 위탁하는 경우에는 예산의 범위 안에서 필요한 지원을 할 수 있다.

제10조(중앙행정기관의 자체평가) ① 법 제14조 제1항에 따라 자체평가를 실시하는 관계 중앙행정기관의 장은 법 제8조 제3항에 따른 정부업무평가 시행계획을 기초로 하여 자체평가의 대상이 되는 정책·사업·업무 등(이하 "정책 등"이라 한다)을 스스로 선정하되, 다음 각 호의 정책 등이 포함되도록 하여야 한다.
1. 그 기관의 임무를 달성하기 위한 기본적·필수적 정책 등
2. 그 연도의 성과 목표를 달성하기 위한 정책 등
3. 자체평가 결과와 조직·예산·인사 및 보수 체계 등과의 연계를 위하여 필요한 정책 등

② 중앙행정기관의 장은 하나의 정책 등이 여러 부문에 중첩되는 경우에는 평가의 중복을 방지하기 위하여 어느 하나의 부문으로 분류하여 평가할 수 있다.

제11조(자체평가위원회의 구성·운영) ① 법 제14조 제2항에 따라 중앙행정기관에 두는 자체평가위원회(이하 "자체평가위원회"라 한다)는 위원장 1인을 포함한 10인 이상 30인 이내의 위원으로 구성한다.

② 자체평가위원회의 위원장은 제3항에 따른 민간위원 중에서 그 중앙행정기관의 장이 지명한다.

③ 자체평가위원회의 위원은 평가 또는 소관 업무에 전문적인 지식과 경험이 풍부한 자 또는 관계 공무원 중에서 그 중앙행정기관의 장이 위촉 또는 지명한다.

④ 제1항 내지 제3항에 정한 것 외에 자체평가위원회의 구성·운영 등에 관하여 필요한 사항은 그 중앙행정기관의 장이 정한다.

제12조(자체평가의 절차 등) ① 중앙행정기관의 장은 가능한 한 계량화된 평가지표에 의한 측정을 통하여 자체평가를 실시하여야 한다.

② 위원회는 자체평가의 효율적 운영과 공정성 및 객관성 확보를 위하여 필요한 경우에는 모든 중앙행정기관에 공통되는 평가 방법·평가 기준 및 평가지표를 설정하여 제시할 수 있다.

③ 중앙행정기관의 장은 제2항에 따른 공통의 평가 방법·평가 기준 및 평가지표 외에 그 기관의 특성을 반영할 수 있는 지표를 개발하여 평가에 활용할 수 있다.

④ 중앙행정기관의 장은 자체평가의 대상이 되는 정책 등에 대하여 다른 평가 주관기관에 의한 평가 결과가 있는 경우에는 이를 자체평가에 활용할 수 있다.

제13조(재평가의 실시) 국무총리는 법 제17조에 따른 재평가를 실시하기 위하여 필요한 때에는 자료를 요구하거나 평가 업무 수행자로 하여금 현장을 방문하여 평가에 관한 자료를 확인·점검하게 할 수 있다.

제14조(특정평가의 대상 부문) 법 제20조 제1항에서 "대통령령이 정하는 대상 부문"이라 함은 다음 각 호의 부문을 말한다.

1. 각 중앙행정기관이 공통적으로 추진하여야 하는 시책으로서 지속적인 관리가 필요한 부문
2. 사회적 파급 효과가 큰 국가의 주요 사업으로서 특별한 관리가 필요한 부문
3. 기관 또는 정책 등의 추진에 대한 국민의 만족도를 측정하는 부문
4. 그 밖에 특정평가를 위하여 필요하다고 인정하여 위원회의 심의·의결을 거쳐 정하는 부문

제15조(특정평가의 절차 등) ① 국무총리는 특정평가를 효율적으로 실시하기 위하여 필요한 경우에는 민간 전문가로 하여금 연구·조사를 하게 할 수 있다.

② 국무총리는 특정평가를 실시함에 있어서 관계 전문가, 관련 연구기관 및 단체의 협조 또는 지원을 요청할 수 있다.

③ 위원회가 특정평가에 관하여 심의하는 경우에는 평가 대상기관의 의견을 들어야 한다.

제16조(국가의 주요 시책 등) 법 제21조 제1항에서 "그 밖에 대통령령이 정하는 국가의 주요 시책 등"이라 함은 다음 각 호의 시책을 말한다.

1. 국가적인 정책 목표와 방향을 제시하여야 할 필요가 있는 시책
2. 중앙행정기관과 지방자치단체 간에 긴밀히 협력하여 추진하여야 할 필요가 있는 시책

제17조(합동평가의 실시 등) ① 행정자치부 장관은 법 제21조 제1항에 따른 국가위임사무 등에 대하여 합동평가(이하 "합동평가"라 한다)를 실시하고자 하는 때에는 관계 중앙행정기관의 장과의 협의 및 법 제21조 제4항에 따른 지방자치단체합동평가위원회(이하 "지방자치단체합동평가위원회"라 한다)의 심의를 거쳐 합동평가 실시계획을 수립하여야 한다. 〈개정 2008.2.29., 2013.3.23., 2014.11.19.〉

② 행정자치부 장관은 제1항에 따라 합동평가 실시계획을 수립한 때에는 평가 실시 3월 이전에 이를 위원회에 제출하여야 한다. 〈개정 2008.2.29., 2013.3.23., 2014.11.19.〉

③ 제1항에 따른 합동평가 실시계획에는 다음 각 호의 사항이 포함되어야 한다.

1. 합동평가의 목적 및 필요성에 관한 사항
2. 합동평가의 대상 및 범위에 관한 사항

3. 합동평가의 시기 및 방법에 관한 사항
4. 합동평가 대상의 선정 및 평가지표의 설정에 관한 사항
5. 합동평가 결과의 활용 방안에 관한 사항
6. 관계 중앙행정기관과 공동으로 운영하는 지방자치단체합동평가반의 구성 및 운영에 관한 사항
7. 합동평가와 관련되는 중앙행정기관의 의견 등

제18조(지방자치단체 합동평가위원회의 구성·운영 등) ① 지방자치단체 합동평가위원회는 위원장 1인을 포함한 20인 이하의 위원으로 구성하되, 평가의 객관성 및 공정성을 확보하기 위하여 위원의 3분의 2 이상은 평가에 관한 전문적인 지식과 경험이 풍부한 민간 전문가로 구성하여야 한다.

② 지방자치단체 합동평가위원회의 위원장은 제3항의 민간위원 중에서 행정자치부 장관이 지명한다. 〈개정 2008.2.29., 2013.3.23., 2014.11.19.〉

③ 지방자치단체 합동평가위원회의 위원은 다음 각 호의 자가 된다. 〈개정 2008.2.29., 2013.3.23., 2014.11.19.〉

1. 행정자치부 장관이 소속 공무원 또는 평가에 관한 전문적인 지식과 경험이 풍부한 자 중에서 지명 또는 위촉하는 자
2. 합동평가에 참여하는 관계 중앙행정기관의 장이 소속 공무원 또는 평가에 관한 전문적인 지식과 경험이 풍부한 자 중에서 추천하고 행정자치부 장관이 지명 또는 위촉하는 자

④ 지방자치단체 합동평가위원회의 위원(공무원인 위원을 제외한다)의 임기는 2년으로 한다.

⑤ 그 밖에 지방자치단체 합동평가위원회의 구성·운영에 관하여 필요한 사항은 지방자치단체 합동평가위원회의 심의를 거쳐 행정자치부 장관이 정한다. 〈개정 2008.2.29., 2013.3.23., 2014.11.19.〉

제19조(중앙행정기관의 공공기관에 대한 평가) 중앙행정기관의 장은 법 제22조 제3항에 따라 소관 공공기관에 대하여 평가를 실시하고자 하는 때에는 자체평가위원회의 심의를 거쳐야 한다.

제20조(수당 등) 평가 관련 각종 위원회의 위원장 및 위원 그 밖에 이해관계인·참고인 및 관계 공무원 등에 대하여는 예산의 범위 안에서 수당·여비 그 밖에 필요한 경비를 지급할 수 있다. 다만, 공무원이 그 소관 업무와 직접 관련되어 위원회 등에 출석하는 경우에는 그러하지 아니하다.

제21조(권한의 위임 또는 위탁) ① 국무총리는 법 제33조 제1항에 따라 법 제20조의 혁신관리에 대한 특정평가의 실시를 위하여 필요한 권한을 행정자치부 장관에게 위임한다. 〈개정 2008.2.29., 2013.3.23., 2014.11.19.〉

② 제1항에 따라 혁신관리에 대한 특정평가의 실시에 관한 권한을 위임받은 행정자치부 장관은 혁신관리에 대한 평가 대상·평가 방법·평가 기준 및 평가지표 등(이하 이 조에서 "평가지표 등"이라 한다)을 마련하여 이를 위원회에 제출하여야 한다. 이 경우 행정자치부 장관은 혁신관리에 대한 평가지표 등이 다른 특정평가 부문의 평가지표 등과의 형평성이 유지되도록 하여야 한다. 〈개정 2008.2.29., 2013.3.23., 2014.11.19.〉

③ 국무총리, 중앙행정기관의 장 및 지방자치단체의 장은 법 제33조 제2항에 따라 평가 업무의 일부를 위탁하는 경우에는 위탁 업무의 원활한 추진을 위하여 필요한 범위 안에서 해당 전문연구기관의 운영 및 연구 활동 등에 소요되는 비용 등의 일부를 지원할 수 있다.

부칙 <제25751호, 2014.11.19.> (행정자치부와 그 소속기관 직제)

제1조(시행일) 이 영은 공포한 날부터 시행한다. 다만, 부칙 제5조에 따라 개정되는 대통령령 중 이 영 시행 전에 공포되었으나 시행일이 도래하지 아니한 대통령령을 개정한 부분은 각각 해당 대통령령의 시행일부터 시행한다.

제2조부터 제4조까지 생략

제5조(다른 법령의 개정) ①부터 〈405〉까지 생략

〈406〉 정부업무평가 기본법 시행령 일부를 다음과 같이 개정한다.

제8조 제3호를 다음과 같이 하고, 같은 조에 제4호를 다음과 같이 신설한다.

3. 조직·정보화 부문: 행정자치부

4. 인사 부문: 인사혁신처

제17조 제1항·제2항, 제18조 제2항, 같은 조 제3항 제1호·제2호, 같은 조 제5항, 제21조 제1항, 같은 조 제2항 전단 및 후단 중 "안전행정부 장관"을 각각 "행정자치부 장관"으로 한다.

〈407〉부터 〈418〉까지 생략

참고 문헌

국내 문헌

감사원(1983). 『국정과 감사: 감사원 20년』, 서울: 감사원.

——— (1984). 『신규감사반교본(투자기관)』.

——— (2007). 『Performance Measurement/Management』, 평가연구원 주관 워크숍 강연자료, 서울: 감사원, 2007.9.

경제기획원(1983a). 『심사분석편람』.

——— (1983b). 『한국의 사회지표』.

——— (1986). 『1985년도 정부 주요 업무 심사분석보고서』.

공병천(2003). 「정부기관평가제도의 탐색적 연구: 중앙행정기관평가를 중심으로」, 『한국정책학회보』, 제12권 제4호.

——— (2005a). 「상위평가에 관한 비판적 논고」, 『한국행정연구』, 제14권 1호.

——— (2005b). 「한국과 프랑스의 정책평가제도 비교 연구」, 『한국정책학회보』, 제14권 3호.

——— (2006). 「통합성과관리를 위한 자체평가와 성과관리의 연계」, 『한국행정연구』, 제15권 제3호.

——— (2009). 「통합성과관리체계하에서의 성과관리와 평가에 관한 소고」, 『한국정책학회보』, 제17권 제1호.

——— (2010). 「정부 성과의 관리실태 및 국가최고감사기구의 역할: 감사원 성과검사를 중심으로」, 『한국정책학회보』, 제18권 제4호.

공병천 외(2006). 『중앙행정기관 자체평가 내실화를 위한 기초연구』, 서울: 감사원 평가연구원.

구연창(1981). 『환경법론』, 서울: 법문사.

국무조정실 (1998). 『1998년도 정부업무 심사평가 지침』.

―――(2005). 『통합국정평가제도 시범실시 지침』, 2005.1.

―――(2007). 『정부업무평가백서』.

―――(2015). 「2015년도 정부업무평가 시행계획」, 2015.4.

국무조정실 심사평가조정관실 (2007). 『2007년도 정부업무평가 세부시행계획』<자체평가매뉴얼/특정평가 세부지침>, 2007.6.

국무조정실 · 정부업무평가위원회 (2007). 「2006년도 정부업무평가 결과」.

국무조정실 · 정부업무평가위원회, 심사평가조정관실 (2007). 『2007년도 정부업무평가 시행계획』.

국무조정실 · 정책평가위원회 (2002). 『2000년도 정부업무 심사평가 지침』, 2000. 2.

―――(2003). 『2003년도 정부업무평가지침』, 2003.1.

국무총리실 (2011). 「2011년도 정부업무평가 시행계획(안)」, 2011.1.

―――(2012). 「2012년도 정부업무평가 시행계획(안)」, 2012.1.

권영찬 (1978). 『기획론』, 서울: 법문사.

김경동 · 이온죽 (1986). 『사회조사연구방법』, 서울: 박영사.

김광웅 (1984). 『행정과학서설』, 서울: 박영사.

김동건 (1984). 『현대재정학』, 서울: 박영사.

김만기 · 구자용 · 김명수 (1985). 「의회행정」, 박동서 편, 『의회와 입법과정』, 서울: 법문사.

김명수 (1978). 「정부계획사업평가모형」, 『한국행정학보』, 제12호.

―――(1982a). 「공공정책의 평가방법에 관한 연구」, 『한국외국어대학교 논문집』, 제15집.

―――(1982b). 「정책분석의 틀」, 『한국정치학회보』, 제16집.

―――(1985). 「평가 대상으로서의 정책과 사업」, 『한국외국어대학교 논문집』, 제18집.

―――(1989). 「국회에서의 정책평가의 활용 방안에 관한 연구」, 『한국행정학보』, 제23권 제1호.

―――(2003a). 『공공정책평가론』, 서울: 박영사.

―――(2003b). 「중앙행정기관과 평가제도의 운영에 대한 비판적 검토」, 『정책분석평가학회보』, 제13권 제2호.

―――(2005). 「성과 중심의 국정 운영을 위한 평가 기능 정립」, 평가연구원 개원기념 특별세미나 논문집, 감사원.

김명수 · 박경효 (1996). 「한국 정부의 심사평가제도에 대한 비판적 고찰」, 『한국정책학회보』, 제5권 제1호.

김수용 (2009). 「입법평가의 개념과 제도화 방안」, 『입법평가연구』, 창간호, 2009.6.

김해동 (1982). 『조사방법론: 이론과 기법』, 서울: 법문사.

노화준 (1986). 『정책평가론』, 서울: 법문사.

―――(2006). 『정책분석론』, 서울: 법문사.

박동서 (1981). 『한국행정론』, 서울: 법문사.
박영희 (1983). 『재무행정론』, 서울: 다산출판사.
박재신 (2005). 「국정평가기본법(안)의 의의 및 특징」, 국정평가기본법안(정부제출)에 관한 공청회 자료집, 국회정무위원회.
박중훈 (2005). 『성과평가제도 및 운영실태에 대한 분석과 개선방안』, 서울: 한국행정연구원.
백종기 (1984). 『행정학』, 서울: 박영사.
송자 · 정종길 (1982). 『회계감사』, 서울: 법문사.
안병만 (1985). 『한국정부론』, 서울: 다산출판사.
안병준 (1979). 「정책평가에 대한 소고」, 『연세행정논총』, 제6집.
안해균 (1982). 『현대행정학』, 서울: 다산출판사.
——— (1984). 『정책학원론』, 서울: 다산출판사.
안형식 (2001). 「근거 중심 의학의 개념과 발전 방안」, 『건강보장연구』, 통권 5호.
유 훈 (1982). 『행정학원론』, 서울: 법문사.
——— (1986). 『정책학원론』, 서울: 법문사.
윤정길 (1984). 『발전기획능력론』, 서울: 범론사.
이근주 (2001). 「미국GPRA의 현황과 평가」, 『한국행정연구』, 제10권 제1호.
이윤식 외 (2005). 「통합국정평가제도의 필요성과 구축 방안」, 『한국사회와 행정연구』, 제16권 3호.
——— (2006). 「참여정부의 정부업무 평가체계 구축 방향에 관한 연구」, 『한국정책학회보』, 제13권 1호.
이종수 (2009). 『행정학사전』, 서울: 대영문화사.
이종익 (1981). 『재무행정론』, 서울: 박영사.
정부업무평가위원회 (2007). 『2006년도 정부업무 평가결과(종합보고서)』, 2007.2.28.
——— (2010). 『2009년도 중앙행정기관 자체평가 결과: 주요 정책 부문』, 2010.4.
정부업무평가위원회 · 국무조정실 (2007). 『2006년도 정부업무평가 결과(주요 정책 과제 부문)』, 2007. 2. 28.
정부혁신지방분권위원회 (2007). 『국가평가인프라 구축 사례분석 결과 보고』, 2007.7.27.
정책평가위원회 (2002). 『정부업무평가백서』.
정정길 (1982). 「정책과정과 정책문제 채택」, 김운태박사 회갑기념논문집편찬위원회, 『한국정치행정의 체계』, 서울: 박영사.
정정길 · 김명수 (1985). 「정책학개론」, 『한국행정학보』, 제19권 제2호.
제갈돈 (2005). 「통합국정평가제도 구축의 필요성과 효과」, 국정평가기본법안(정부 제출)에 관한 공청회 자료집, 국회정무위원회.
차의환 (1999). 『정책평가의 이론과 실제』, 서울: 한울아카데미.
한국대학교협의회 (1999). 『국내 대학평가기구의 발전 방안 연구』.

허범(1976). 「정책의 본질」, 유훈 외 공저, 『행정학개론』, 서울: 법문사.

국외 문헌

Aberbach, Joel D.(1979). "Changes in Congressional oversight", *American Behavioral Scientist*, 22.

Adams, Bruce & Betsy Sherman (1978). "Sunset Implementation: A Positive Partnership to Make Government Work", *Public Administration Review*(January/February).

Alkin, Marvin C., R. Daillak, & P. White (1979). *Using Evaluations: Does Evaluations Make a Difference?*(Beverly Hills, California: Sage Publications).

Anderson, James E. (1979). *Public Policy-Making*, Second Edition(New York: Holt, Rinehart and Winston).

Anthony, Rorbert (1965). *Planning and Control Systems: A Framework for Analysis*(Boston: Graduate School of Business Administration, Harvard University).

Aucoin (1995). "The new public management in comparative perspective"(Montreal, Canada: Institute for Research on Public Policy).

Bakvis, Herman & David MacDonald (1993). "The Canadian Cabinet: Organization, Decision-Rules, and Policy Impact", in Michael M. Atkinson, *Governing Canada: Institutions and Public Policy*(Toronto: Harcourt Brace & Company).

Behn, Robert D. (2002). "The Psychological Barriers to Performance Management: Or Why Isn't Everyone Jumping on the Performance-Management Bandwagon?", *Public Performance & Management Review*, 26(1).

——— (2003). "Why Measure Performance?: Different Purpose Requirement Different Measures", *Public Administrative Review(PAR)*.

Bernstein, Ilene Nagel & Howard E. Freeman (1975). *Academic and Entrepeneurial Research: The Consequences of Diversity in Federal Evaluation Studies*(New York: Russell Sage Foundation).

Bernstein, D. (1999). "Comments on Perrin's effective use and misuse of performance measurement", *American Journal of Evaluation*, 20(1).

Bernstein, Samuel & Patrick O'Hara (1979). *Public Administration: Organization, People, and Public Policy*(New York: Harper and Row, Publishers).

Blodgett, Terrell & Gerald Newfarmer (1996). "Performance Measurement: The Hottest Topic in Government Today", *Public Management*(January).

Bogdan, R. & S. Taylor (1975). *Introduction to Qualitative Research Methods*(New York: John Wiley).

Britan, Gerald M. (1981). "Contextual Evaluation: An Ethnographic Approach to Program Assessment", in Ross F. Connor(ed.), *Methodological Advances in Evaluation Research*(Beverly Hills, California: Sage Publications).

Brooks, Stephen (1993). *Public Policy in Canada: An Introduction, Second Edition*(Toronto: McClelland & Stewart Inc.).

Brown Richard & Ray Pethtel (1974). "A Matter of Facts: State Legislative Performance Auditing", *Public Administration Review*(July/August).

Bullock, Charles, James Anderson, & David Brady (1983). *Public Policy in the Eighties*(Belmont California: Wadsworth, Inc.).

Bullock, H., J. Mountford, & R. Stanley (2001). *Better Policy-Making*, Centre for Management and Policy Studies(November).

Burkhead, Jesse (1966). *Government Budgeting*(New York: John Wiley & Sons, Inc.).

Cabinet Office(UK)(2003). *Trying It Out.*

Campbell, Donald & Julian Stanley (1963/1967) *Experimental and Quasi-experimental Designs for Research*(Chicago: Rand McNally & Company).

Campbell, John P. (1969). "Reforms as Experiments", *American Psychologist*, Vol.24(April).

——— (1979). "On the Nature of Organizational Effectiveness", in Paul S. Goodman, J. M. Pennings, & Associates, *New Perspectives on Organizational Effectiveness*(San Francisco: The Jossey-Bass Publishers).

Canadian Heritage (1996). *A Look at Review in the Federal Government in 1996*(November).

Caputo, David C. (1973). "Evaluating Urban Public Policy: A Developmental Model and Some Reservations", *Public Administration Review*(March/April).

Carley, Michael (1981). *Social Measurement and Social Indicators: Issues of Policy and Theory*(London: George Allen & Unwin).

Chelimsky, Eleanor(ed.)(1985). *Program Evaluation: Patterns and Directions*(Washington D. C.: American Society for Public Administration).

Chou, Ya-lun (1969). *Statistical Analysis*(New York: Holt, Rinehart and Winston, Inc.).

Ciarlo, James A.(ed.)(1981). *Utilizing Evaluation: Concepts and Measurement Techniques* (Beverly Hills, California: Sage Publications).

Clark, Robert F. (1979). "The Proverbs of Evaluation: Perspectives from CSA's Experience", *Public Administration Review*(November/December 1979). The Comptroller General of the United States, Standards for Audit of Governmental Organizations, Programs, Activities & Functions.

Coalition for Evidence-based Policy (2006). "Which Study Designs Can Produce Rigorous Evidence of Program Effectiveness?", *CEBP Working Paper*(January).

Cochrane, A. (1999). *Effectiveness and Efficiency*(Cambridge University Press).

Cook, Thomas & Charles Gruder (1978). "Metaevaluation Reserarch", *Evaluation Quarterly*, 2(1)(February).

Cook, Thomas & Charles Reichardt (1979). *Qualitative and Quantitative Methods in Evaluation Research*(Berverly Hills, California: Sage Publications).

Cook, Thomas J. & Frank P. Scioli (1975). *Methodologies for Analyzing Public Policy* (Transaction Publishers).

Cook, T. D. & J. R. Shadish (1982). "Meta-Evaluation: An Assessment of the Congressionally Mandated Evaluation System for Community Mental Health Centers", in *Innovative Approaches to Mental Health Evaluation*, G. J. Stahler & W. R. Tash(ed.) (Rockville, MD: Academic Press).

Coombs, Fred (1980). "The Bases of Noncompliance with a Policy", *Policy Studies Journal*, 8(6)(Summer).

Craft, Ralph (1973). *Strengthening the Arkansas Legislature*(New Brunswick, New Jersey: Rutgers University).

Crane, John A. (1982). *The Evaluation of Social Policies*(Boston: Kluwer · Nijhoff Publishing).

Cronbach, L., S. Ambron, S. Dornbusch, R. Hess, R. Hornik, D. Phillips, D. Walker, & S. Weiner (1980). *Toward Reform of Program Evaluation*(San Francisco: Jossey-Bass Publishers).

CRS Report for Congress (2004). *The Information Quality Act: OMB's Guidance and Initial Implementation*(2004.9).

Davies, Philip (1999). "What is Evidence-Based Education?", *British Journal of Educational Studies*, 47(2).

——— (2004). "Is Evidence-Based Government Possible?", Presented at the 4th Annual Campbell Collaboration Colloquium(Washington D. C.).

Deck, Glen E. (1981). "Sunset Laws and Performance Audits: A Partnership for Improving Government", *GAO Review*(Summer).

Deniston, O. Lynn, Irwin Rosenstock, & V. Getting (1968). "Evaluation of Program Effectiveness", *Public Health Reports*, 83(4)(October).

Deniston O. Lynn, William Welch, & V. A. Getting (1968). "Evaluation of Program Efficiency", *Public Health Reports*, 83(7)(July).

Denzin, Norman K. (1978). *The Research Act*(New York: McGraw-Hill).

Department of Health (1992). *Housing and Community Services(Australia), 1993-95 Portfolio Evaluation Plan*(Canberra: Australian Government Publishing Service).

Dimock, Marshall & Gladys Dimock (1964). *Public Administration*, Third Edition(New York:

Holt, Rinehart and Winston, Inc.).

Dolbeare, Kenneth(ed.)(1975). *Public Policy Evaluation*(Beverly Hills, California: Sage Publications).

Dror, Yehezkel (1968). *Public Poilcy-making Reexamined*(Scranton, Pennsylvania: Chandler Publishing Company).

———(1971). *Ventures in Policy Sciences*(New York: American Elsevier Publishing Company, Inc.).

———(1971). *Design for Policy Sciences*(New York: Elsevier North-Holland, Inc.).

———(1976). *Policy Analysis: What Governments Do, Why They Do It, and What Difference It Make*(Alabama: The University of Alabama Press).

Dye, Thomas R. (1978). *Understanding Public*, Third Edition(Englewood Cliffs, New Jersey: Prentice-Hall, Inc.).

———(1979). "Politics versus Economics: The Development of the Literatulu on Policy Determination", *Policy Studies Journal*, 7(4)(Summer).

Easton, David (1965). *A Framework for Political Analysis*(Englewood Cliffs, New Jersey: Prentice-Hall, Inc.).

Epstein, Irwin & Tony Tripool (1977). *Research Techniques for Program Planning, Monitoring, and Evaluation*(New York: Columbia University Press).

Eulau, Heinz & Robert Eyestone (1968). "Policy Maps of City Councils and Plicy Outcoms", *American Political Science Review*, 62(1).

Evaluation & Data Development, Strategic Policy, Human Resources Development Canada (1996). *Formative Evaluation of Prince Edward Island Choice and Opportunity*(July).

———(1997). *Evaluation of Survivor Benefits and Other Features of the Canada Pension Plan*(May).

Eyestone, Robert (1978). *From Social Issues to Public Policy*(New York: John Wiley & Sons, Inc.).

Filstead, William (1970). *Qualitative Methodology: Firsthand Involvement with the Social Word*(Chicago: Markham Publishing Co.).

Franklin, Jack & Jean Thrasher (1976). *An Introduction to Program Evaluation*(New York: John Wiley & Sons, Inc.).

Freeman, Howard (1975). "Evaluation Research and Public Policies", in Gene Lyons(ed.), *Social Research and Public*(Hanover, New Hampshire: University Press of New England).

Frohock, Fred (1979). *Public Policy: Scope and Logic*(Englewood Cliffs, New Jersey: Prentice-Hall).

Froman, Jr., Lewis A. (1968). "Public Policy," in *International Encyclopedia of Social*

Sciences, Vol. 13.

GAO (1996a). "Executive Guide Effectively Implementing the Government Performance Results Act." GAO/GGD/AIMD－99－215.

——— (1996b). "Executive Guide Effectively Implementing the Government Performance Results Act." GAO/GGD－96－118.

——— (1999). "Managing For Results." GAO/GGD/AIMD－99－215.

Geist, Benjamin (1984). "Auditing Government Policies", *International Journal of Government Auditing*(October).

Gilbert, G. Ronald (1984). "Policy Analysis in Support of Congressional Oversight," *Making and Managing Policy*(Marcel Dekker, Inc.).

Glaser, Edward & Thomas Backer (1972). "Outline of Questions for Program Evaluators Utilizing the Clinical Approach", *Evaluation*, 1(1)(Fall).

Gordon, George (1978). *Public Administration in America*(New York: St. Martin's Prees).

Gray, J. A. M. (1997). *Evidence-Based Health Care: How to Make Health Policy and Management Decisions*(New York and London: Churchill Livingstone).

Greenberg, Edward S. (1979). *Understanding Modern Government*(New York: John Wiley & Sons, Inc.).

Greer, Thomas V. & Joanne G. Greer (1982). "Problems in Evaluating Costs and Benefits of Social Programs", *Public Administration Review*(March/ April).

Gross, Paul F. (1973). "A Critical Review of Some Basic Considerations in Post-secondary Education Evaluation", *Policy Sciences*, 4(2).

Grote, D. (2000). "Public sector organizations: Today's innovative leaders in performance management", *Public Personnel Management* 29(1).

Grumm, John (1975). "The Analysis of Policy Impact", in F. I. Greenstein & N. W. Polsby(eds.), *Handbook of Political Science*, Vol.6(Reading, Mass.: Addison-Wesley Publishing Co.).

Guba, Egon G. (1975). "Problems in Utilizing the Results of Evaluation", *Journal of Research and Development in Education*, 8(3)(Spring).

Gulick, Luther (1937). "Notes on the Theory of Organization", in Luther Gulick & Lyndall Urwick(eds.), *Papers on the Science of Administration*(New York: Institute of Public Administration).

Haider, Donald F. (1977). "Zero Base: Federal Style", *Public Administration Review*(July/August).

Harris, Joseph P. (1964). *Congressional Control of Administration*(Washington D. C.: The Brookings Institution).

Hatry, Harry, Louis Blair, Donald Fisk, & Wayne Kimmel (1976). *Program Analysis for State and Local Government*(Washington D. C.: The Urban Institute).

Hatry, Harry, Richard Winnie, & Donald Fisk (1973). *Practical Program Evaluation for State and Local Government Officials*(Washington D. C.: The Urban Institute).

Havens, Harry (1981). "Program Evaluation and Program Management", *Public Administration Review*(July/August).

Henry, Nisholas (1980). *Public Administration and Public Affairs*, Second Edition(Englewood Cliffs, New Jersey: Prentice-Hall, Inc.).

Hill, P., H. Bedau, R. Chechile, W, Crochetiere. B. Kellerman, D. Oujian, S. Pauker, & J. Rubin (1979). *Making Decisions: A Multidisciplinary Introduction*(Reading, Mass.: Addison-Wesley Publishing Co.).

Horst, Pamela, Joe Nay, John Scanlon, & Joseph Wholey (1974). "Program Management and the Federal Evaluator", *Public Administration Review*(July/August).

Hudson, Joe, John Mayne, & Ray Thomlison (1992). *Action-Oriented Evaluation in Organizations: Canadian Practices*(Toronto: Wall & Emerson, Inc.).

Jackson, Robert & Doreen Jackson (1994). *Politics in Canada: Culture, Institutions, Behaviour and Public Policy*, Third Edition(Scarborough, Ontario: Prentice-Hall Canada Inc.).

JCSEE (1981). *The Joint Committee on Standards for Educational Evaluation, Standards for Evaluations of Educational Programs, Projects and Materials*(New York: McGraw-Hill Book Company).

Jones, Charles O. (1977). *An Introduction to the Study of Public Policy*, Second Edition(North Scituate, Massachusetts: Duxbury Press).

Jones, Charles & R. Thomas(eds.)(1976). *Public Policy-Making in a Federal System*(Beverly Hills, California: Sage Publications).

Kettle, D. F. (1997). *The global revolution in public management: Driving themes, missing links Journal of Policy Analysis and Management*, 16(3).

Kiefer, L., J. Frank, E. Di Ruggiero, M. Dobbins, D. Manuel, P. Gully, & D. Mowar (2005). "Fostering Evidence-based Decision-making in Canada", *Canadian Journal of Public Health*, 96(3)(May-June).

Kusek, Jody Zall & Ray C. Rist (2004). *Ten Steps to a Results-Based Monitoring and Evaluation System*(Washington D. C.: The World Bank).

Land, Kenneth C. & Seymour Spilerman(eds.)(1975). *Social Indicator Models*(New York: Russell Sage Foundation).

Larsen, J. K. & P. D. Werner (1981). "Measuring utilization of mental health program consultation", in J. A. Ciarlo(ed.), *Utilizing Evaluation: Concepts and Measurement*

Techniques(Beverly Hills California: Sage).

Larson, Richard & Leni Berliner (1983). "On Evaluating Evaluations", *Policy Sciences*, 16(2).

Lasswell, Harold (1951). "The Policy Orientation", in Daniel Lerner & Harold Lasswell(eds.), *The Policy Sciences*(Stanford: Stanford University Press).

le May, Andree (2005). "EBM and Quality Improvement", 「보건의료체계에서 근거중심의학의 현재와 미래」(건강보험심사평가원).

Levitan, Sar A. & Gregory K. Wurzburg (1979). *Evaluating Federal Social Programs An Uncertain Art*(Kalamazoo, Michigan: W. E. Upjohn Institute for Employment Research).

Leviton, Laura C. & Edward F. X. Hughes (1981). "Research on the Util\ization of Evaluation: A Review and Synthesis", *Evaluation Review*, 5(4)(August).

Lineberry, Robert (1977). *American Public Policy*(New York: Harper and Row).

Long, A. (1996). *Health services research—a radical approach to research and development divide.*

Lowi, Theodore (1964). "American Business, Public Policy, Case Studies, and Political Theory", *World Politics*, XVI(July).

——— (1972). "Four Systems of Policy, Politics and Choice", *Public Administration Review*(July).

Lowi, Theodore & A. Stone(eds.)(1978). *Nationalizing Government: Public Policies in America*(Beverly Hills, California: Sage Publications).

Lyons, William V. & Larry W. Thomas (1982). "Oversight in State Legislatures: Structural-Attitudinal Interaction", *American Politics Quarterly*, 10.

Martin, Bernard H. (2004). "The Coalition for Evidence-based Policy: Its Impact on Policy and Practice."

McCurdy, Howard E. (1977). *Public Administration: A Synthesis*(Menlo Park, California: Cummings Publishing Co.).

McDavid, James C., & Laura R. Hawthorn (2006). *Program Evaluation and performanc measurement: An intriduction to practice*(Thousand Oaks, California: Sage Publications).

McQueen, Cameron (1992). "Program Evaluation in the Canadian Federal Government", in Hudson, Mayne, & Thomlison, *Action-Oriented Evaluation in Organizations: Canadian Practices*(Toronto: Wall & Emerson, Inc.).

MacRae, Duncan & James Wilde (1979). *Policy Analysis for Public Decisions*(North Scituate, Massachusetts: Duxbury Press).

Mayer, Robert & E. Greenwood (1980). *The Design of Social Policy Research*(Englewood Cliffs, New Jersey: Prentice-Hall).

Mayne, John & Joe Hudson (1992). "Program Evaluation: An Overview", in Hudson, Mayne,

& Thomlison, *Action-Oriented Evaluation in Organizations: Canadian Practices* (Toronto: Wall & Emerson, Inc.).

Mitroff, Ian (1983). "Beyond Experimentation: New Methods for a New Age", in Edward Seidman(ed.), *Handbook of Social Intervention*(Beverly Hills, California: Sage Publications).

Moenting, Henno (1997). *Country Paper: Canada, Paper submitted to the Tokyo International Audit Forum*(June 24-30).

Morrow, William (1980). *Public Administration: Politics, Policy, and the Political System*, Second Edition(New York: Random House, Inc.).

Mosher, Frederick (1979). *The GAO: The Quest for Accountability in American Government*(Boulder, Colorado: Westview Press).

Murphy, Jerome T. (1980). *Getting the Facts: A Fieldwork Guide for Evaluators and Policy Analysts*(Santa Monica, California: Goodyear Publishing Company, Inc.).

Nachmias, David (1979). *Public Policy Evaluation: Approaches and Methods*(New York: St. Martin's Press).

NAD(National Audit Office) (1999). *Modernizing Government*(June).

Nakamura, Robert T. & Frank Smallwood (1980). *The Politics of Policy Implementation*(New York: St. Martin's Press).

Nigro, Felix A. & Lloyd G. Nigro (1977). *Modern Public Administration, Fourth Edition*(New York: Harper & Row Publishers).

Nutley, S., H. Davies, & I. Walter (2002). *Evidence based policy and practice: Cross sectors lessons from the UK*, Working Paper 9 (ESRC UK Centre for Evidence Based Policy Making and Practice).

Office of the Auditor General of Canada (1981). *An Approach to Comprehensive Auditing* (September).

Ogul, Morris S. (1976). *Congress Oversees the Bureaucracy: Studies in Legislative Supervision*(Pittsburgh: University of Pittsburgh).

——— (1993). *Report of the Auditor General of Canada to the House of Commons*, Chapters. 8, 9, 10.

——— (1996). *Report of the Auditor General of Canada to the House of Commons Chapter 3: Evaluation in the Federal Government*(May).

OMB (2002). *Managing For Results: Budget and Performance Integration: Program Performance Assessment*(mimeograph)(June).

——— (2004a) *The Federal Government is Results-Oriented: A Report to Federal Employees*(August).

——— (2004b). *FY 2006 Budget.*

——— (2004c). *What Constitutes Strong Evidence of a Program's Effectiveness?.*

——— (2007). *Guide to the Program Assessment Rating Tool*(PART)(January).

Ostrom, Elinor, R. Parks, G. Whitaker, & S. Percy (1979). "The Public Service Production Process: A Framework for Analyzing Police Services", in R. Baker & F. Meyer(eds.), *Evaluating Law Enforcement Policies*(Lexington, Mass.: D. C. Heath and Company).

Osborne, David & Peter Plastrik (2006). *The Reinventor's Fieldbook: Tools for Transforming Your Government*(San Francisco, California: Jossey-Bass).

Patton, Michael (1978). *Utilization–Focused Evaluation*(Beverly Hills, California: Sage Publications).

——— (1980). *Qualititative Evaluation Methods*(Beverly Hills, California: Sage Publications).

Patton, Michael, P. Grimes, K. Guthrie, N, Brennan, B. French, & D. Blyth (1977). "In Search of Impact: An Analysis of Federal Health Evaluation Research", in Carol Weiss(ed.), *Using Social Research in Public Policy-making*(Lexington, Massachusetts: D. C. Heath and Company).

Patton, M. Q. et al. (1977). "In Search of Impact: An Analysis of Utilization of Federal Health Evaluation Research", in Carol Weiss(ed.), *Using Social Research in Public Policy Making*, Lexington(Mass.: D. C. Heath and Company).

Pawson, Ray (2002a). "Evidence-based Policy: In Search of a Method", *Evaluation*. 8.

——— (2002b). "Evidence-based Policy: The Promise of 'Realist Synthesis", *Evaluation*. 8.

Pincus, J. (1980). *Educational Evaluation in the Public Policy Setting*(Santa Monica, California: Rand Corporation).

Poister, Theodore H. (1978). *Public Program Analysis Applied Research Methods*(Baltimore: University Park Press).

Poland, Orville F. (1974). "Why Does Public Administration Ignore Evaluation?", *Public Administration Review*(July/August).

Posavac, Emil J. & Raymond G. Carey (1985). *Program Evaluation: Methods and Case Studies*, Second Edition(Englewood Cliffs, New Jersey: Prentice-Hall, Inc.).

Pressman, Jeffrey & Aaron Wildavsky (1973). *Implementation*(Berkeley: University of California Press).

Prime Minister and the Minister for the Cabinet Office(UK)(1999). *Modernizing Government*(The Stationery Office, 30 March).

Program Evaluation Section (1996). *Department of Justice Canada, Summative Evaluation of Justice Canada's Contribution to the Interdepartmental Child Development Initiative* (September).

Program Evaluation Section (1996). *Department of Justice Canada, A Statistical Analysis of the Impact of the 1977 Firearms Control Legislation*(July).

Pyhrr, Peter A. (1977). "The Zero Base Approach Government Budgeting", *Public Administration Review*(January/February).

Quade, E. S. (1968). *Analysis for Public Decisions*, Second Edition(New York: Elsevier Science Publishing Co.).

Ranney, Austin (1968). *Political Science and Public Policy* (Chicago: Markham Publishing Company).

Rein, Martin (1970). "The Evaluation of Broad-Aim Programs: Experimental Design, Its Difficulties, and an Alternative", *Administrative Science Quarterly*, Vol.15.

Ripley, Randall & Grace Franklin (1982). *Bureaucracy and Policy Implementation*(Homewood Ill.: The Dorsey Press).

Rist, Ray C. (1990). *Program Evaluation and the Management of Government*(New Brunswick, New Jersey: Transaction Publishers).

Roethlisberger, F. J. & W. J. Dickson (1939). *Management and the Worker*(Cambridge: Harvard University Press).

Rondinelli, Dennis A. (1939). "Projects as instruments of development administration," *Public Administration and the Worker*(Cambridge: Harvard University Press).

——— (1983). "Projects as instruments of development administration", *Public Administration and Development*, Vol.3.

Rossi, P., M. Lipsey, & H. Freeman (2004). *Evaluation: A Systematic Approach*, Seventh Edition(Thousand Oaks, California: Sage Publications).

Rossi, P., H. Peter, & Howard E. Freeman (1982). *Evaluation: A Systematic Approach*(Beverly Hills, California: Sage Publications).

——— (1989). *Evaluation: A Systematic Approach*(Newbury Park, Califormia: Sage Publications).

Rossi, P., H. Peter, Howard E. Freeman, & Sonia Wright (1979). *Evaluation: A Systematic Approach*(Beverly Hills, California: Sage Publications).

Rossi, P., H. Peter, Mark W. Lipsey, & Howard E. Freeman (2004). *Evaluation: A Systematic Approach*(Seventh Edition, Thousand Oaks, California: Sage Publications).

Rutman, Leonard (1980). *Planning Useful Evaluation: Evaluability Assessment*(Beverly Hills, California: Sage Publications).

——— (ed.)(1977). *Evaluation Research Methods*(Beverly Hills, California: Sage Publications).

Sackett, D. et al. (1996). "Evidence-Based Medicine: what it is and what it isn't", *British Medical Journal*, 312.

Sackett, D., S. Strauss, W. Richardson, & R. Haynes (2004). *Evidence-based medicine: how to practice and teach EBM*(Churchill Livingstone, London).

Salasin, Sisan & Laurence Kivens (1975). "Fostering Federal Program Evaluation: A Current OMB Initiative", *Evaluation*, 2(2).

Segsworth, R. V. (1990). "Policy and Program Evaluation in the Government of Canada", in Rist(ed.), *Program Evaluation and the Management of Government*(New Brunswick, New Jersey: Transaction Books).

Scioli, Frank P. (1979). "Problems and Prospects for Policy Evaluation", *Public Administration Review*(January/February).

Scriven, Michael (1967). "The Methodology of Evaluation", in Ralph Tyler, R. Gagnee, & M. Scriven(eds.), *Perspectives of Curriculum Evaluation*(Chicago: Rand McNally).

——— (1981). *Evaluation Thesaurus*(Third Edition)(Inverness, California: Edgepress).

Shortell, Stephen & William Richardson (1978). *Health Program Evaluation*(St. Louis: The C. V. Mosby Co.).

Smith, H. W. (1975). *Strategies of Social Research: The Methodological Imagination* (Englewood Cliffs, New Jersey: Prentice-Hall, Inc.).

Smith, H. W. & L. Nick (ed.)(1981). *New Techniques for Evaluation*(Beverly Hills, California: Sage Publications).

Sperry, R., T. D. Desmond, K. McGraw, & B. Schmitt (1981). *GAO 1966~1981: An Administrative History*(Washington, D. C.: General Accounting Office).

Stahler, Gerald J. & William R. Tash(eds.) (1982). *Innovative Approaches to Mental Health Evaluation*(New York: Academic Press).

Stevenson, John F. (1981). "Assessing evaluation utilization in human service agencies", in J. A. Ciarlo(ed.), *Utilzing evaluation*(Beverly Hills, California: Sage Publications).

Stevenson, John F., Richard H. Longabaugh, & Dwight N. McNeil (1979). "Metaevaluation in the Human Services", in Herbert C. Schulberg & Jeanett M. Jerrell(eds.), *The Evaluator and Management*(Beverly Hills, California: Sage Publications).

Stokey, Edith & Richard Zeckhauser (1978). *A Primer for Policy Analysis*(New York: W. W. Norton & Company, Inc.).

Strategic Policy Making Team, Cabinet Office(UK)(1999). *Professional Policy Making for the Twenty First Century*(September).

Stufflebeam, Daniel (1981). "Metaevaluation: Concepts, Standards, and Uses", in Ronald A. Berk(ed.), *Educational Evaluation Methodology: The State of the Art*(Baltimore: The Johns Hopkins University Press).

Suchman, Edward A. (1967). *Evaluative Research: Principles and Pratice in Public Service &*

Social Action Programs(New York: Russell Sage Foundation).

Susna De, Tania Dmytraczenko, Derick Brinkerhoff, & Marie Tien (2003). *Has Improved Availability of Health Expenditure Data Contributed to Evidence-Based Policymaking? Country Experiences with National Health Accounts*. Partners for Health Reformplus. (Abt Associates Inc).

Thomas, John Clayton (1981). "Patching up Evaluation Designs: The Case for Process Evaluation", in Dennis Palumno & Marvin Harder, *Implementing Public Policy*(Lexington, Mass.: D. C. Heath and Company).

Treasury Board of Canada (1995). *Strengthening Government Review*(November).

Treasury Board Secretariat Government Review and Quality Services Division (1994). "Treasury Board of Canada, Treasury Board Manual on Review," *Internal Audit and Evaluation*(May 26).

United States Department of Commerce (1976). *Social Indicators.*

United States Department of Health, Education, and Welfare (1969). *Toward a Social Report*(Washington, D. C.: U. S. Government Printing Office).

United States General Accounting Office (U. S. GAO)(1983). *The Evaluation Synthesis*(April).

——— (1984a). "WIC Evaluations Provide Some Favorable But No Conclusive Evidence on the Effects Expected for the Special Supplemental Program for Women, Infants and Children"(January).

——— (1984b). *Designing Evaluations*(July).

Walker, David (2007). "The Evolving Role of Supreme Audit Institution in Addressing Fiscal and Other Sustainability Challenges", 감사원 평가연구원, 「미래 국가재정의 과제와 성과평가」(제2회 평가연구 국제세미나).

Weaver, R. Kent & Bert A. Rockman (1993). *Do Institutions Matter?: Government Capabilities in the United States and Abroad*(Washington, D. C.: The Brookings Institution).

Weiss, Carol (1972). *Evaluation Research: Methods of Assessing Program Effectiveness* (Englewood Cliffs, New Jersey: Prentice-Hall, Inc.).

——— (1977). *Using Social Research in Public Policy Making*(Lexington, Mass.: D. C. Heath and Company).

Weiss, Robert S. & Martin Rein (1970). "The Evaluation of Broad-Aim Programs: Experimental Design, Its Difficulties, and an Alternative", *Administrative Science Quarterly*, Vol.15.

Wholey, Joseph S. (1978). *Zero Bass Budgeting and Program Evaluation*(Lexington, Massachusetts: D. C. Heath and Company).

——— (1979). *Evaluation: Promise and Performance*(Washington, D. C.: The Urban

Institute).

———(1983). *Evaluation and Effective Public Management*(Boston: Little, Brown and Company).

Wholey, Joseph S., John Scanlon, Hugh Duffy, James Fukumoto, & Leona Vogt (1973). *Federal Evaluation Policy: Analyzing the Effects of Public Programs*(Washington D. C.: The Urban Institute).

Wholey, Joseph S., Kathryn E. Newcomer, & Associates (1989). *Improving Government Performance*(San Francisco: Jossey-Bass Publishers).

———(1997). *Clarifying Goals, Reporting Results. In Using Performance Measurement to Improve Public and Nonprofit Programs*, New directions for Evaluation 75, edited by Kythryn E. Newcomer(San Francisco, CA: Jossey-Bass Publishers).

Wildavsky, Aaron (1981). "Budgetary Reform in an Age of Big Government", in Thomas Vocino & Jack Rabin(eds.), *Contemporary Public Adminstration*(New York: Harcourt Brace Jovanovich Inc.).

Williams, Walter (1975). "Implementation Analysis and Assessment", *Policy Analysis*, Vol.1(Summer).

Wilson, James Q. (1973). "On Pettigrew and Armor", *The Public Interest*, Vol.31(Spring).

Worthen, Blaine & James Sanders (1973) *Educational Evaluation: Theory and Practice* (Washington, Ohio: Charles A. Jones).

Young, C. J. & J. Comptois (1979). "Increasing congressional utilization of evaluation", in E. Zweig(ed.), *Evaluation in legislation.*(Beverly Hills, California: Sage Publications).

Zweig, Franklin M.(ed.)(1979). *Evaluation in Legislation*(Beverly Hills, California: Sage Publications).

찾아보기

[인명]

[사항]

ㄱ

ㄴ

ㄷ

ㅊ

ㅌ

ㅍ

저자 소개

김명수(金明守)

서울대학교 문리과대학 독어독문학과 졸업(문학사)
서울대학교 행정대학원 졸업(행정학 석사)
Brigham Young University 졸업(M.P.A.)
The University at Albany, State University of New York 졸업(Ph.D.)
한국외국어대학교 기획실장, 교무처장, 공공정책연구소장, 사회과학대 학장, 부총장(서울)
미국 아시아재단 Fellow(미국의 정책평가, 감사체계, 감찰관제도 연구)
국제행정학회 정책평가실무위원회(현 IERG) 정회원
(사)한국정책분석평가학회 회장, (사)한국정책학회 회장
정부투자기관 경영실적평가단 교수, 서울특별시투자기관 경영평가단 단장
국무총리실 정책평가위원, 국무총리행정심판위원
감사원 평가연구원 자문위원장, 평가포럼 공동대표
한국행정학회 공공감사연구회 회장
현) 한국외국어대학교 행정학과 명예교수

『세계의 감사원』(공저, 2009)
『자체감사론』(공저, 2007)
『정책평가와 공공감사』(2007)
『공공정책평가론』(전정판, 2003)
『공공감사론』(공저, 1995)
「Causes of Corruption and Irregularities」(2000)
「21세기 바람직한 국가감사의 체계와 발전전략」(1998)
「The Performance Monitoring System in the Korean Government, With Special Reference to Health Care」(1997)
「Regulation and Corruption」(1997)

공병천(孔炳天)

한국외국어대학교 서양학대학 폴란드어과 졸업(문학사)
한국외국어대학교 대학원 행정학과 졸업(행정학 석・박사)
한국행정학회, 한국정책학회, 한국정부학회, 한국거버넌스학회 평생회원
한국정책학회, 정책분석평가학회, 한국공공관리학회, 국가정책연구, 감사논집 편집위원
공정거래위원회 정책평가위원
한국행정연구원 정책평가센터 수석연구원
감사원 감사연구원 연구관
국립목포대학교 지방자치연구소장
현) 국립목포대학교 행정학과 교수

『세계의 감사원』(공저, 2009)
『정부평가의 이해와 실제』(공저, 2007)
『정책평가와 성과관리』(공저, 2006)
「정부평가제도의 연계성 분석」(2014)
「정부기관 만족도 조사의 빛과 그림자」(공저, 2013)
「성과관리 제도・운영 분석 및 정책과제」(2012)

정책평가론

펴낸날 제1판 제1쇄 2016년 2월 20일
지은이 김명수 · 공병천
펴낸이 임춘환
펴낸곳 도서출판 대영문화사
주소 서울특별시 용산구 청파로 61길 5(청파동 1가) 제일빌딩 2층
등록 1975년 12월 26일 제3-16호
전화 (02)716-3883, (02)714-3062
팩스 (02)703-3839
홈페이지 http://www.dymbook.co.kr

ISBN 978-89-7644-548-3
값 14,000원